아라가야의 전환기, 4세기

아라가야의 전환기, 4세기

초판 1쇄 발행   2019년 12월 31일

지은이   전덕재, 남재우, 위가야, 정대홍, 김규운
          김현희, 이춘선, 심광주, 이관희, 이혁희
펴낸이   윤관백
펴낸곳   도서출판 선인

등록   제5-77호(1998.11.4)
주소   서울시 마포구 마포대로 4다길 4 곳마루빌딩 1층
전화   02)718-6252 / 6257
팩스   02)718-6253
E-mail   sunin72@chol.com

정가   37,000원
ISBN   979-11-6068-340-0 94900
          979-11-6068-244-1(세트)

창원대학교 경남학연구센터 아라가야학술총서 2

아라가야의 전환기, 4세기

전덕재, 남재우, 위가야, 정대홍, 김규운

김현희, 이춘선, 심광주, 이관희, 이혁희

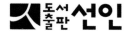 도서출판 선인

'아라가야학술총서2'를 발간하며

올해도 아라가야 역사를 이해하는데 한걸음 더 나아갈 수 있게 되었습니다. 말이산고분군, 남문외고분군 그리고 가야리 유적(전 아라가야 왕궁지) 등의 발굴성과 때문입니다. 말이산 13호분의 경우 1918년 일제강점기 일본에 의해 발굴되었지만 몇 장의 사진과 도면으로만 보고되어 고분의 성격을 이해할 수 없었습니다. 하지만 백년 만에 이루어진 발굴로 인해 중요한 사실을 확인할 수 있었습니다. 고분의 덮개돌 13매 중 5번째 개석에서 별자리가 무덤 주인공을 향해 새겨져 있어 당시 아라가야인들의 천문에 대한 이해를 확인할 수 있었습니다. 또한 13호분은 고분을 높고 크게[高大] 보이기 위한 '고(高)암반대'축조기법이 활용되고 있음을 알게 되었습니다.

말이산 45호분 발굴에서는 대형목곽묘가 확인되었는데, 아라가야가 토기의 나라임을 또 한번 입증했습니다. 화려한 토기들과 상형토기들이 고스란히 드러났습니다. 집모양토기, 배모양토기, 등잔모양토기, 사슴모양 뿔잔 등이 그것입니다. 말 그대로 상형토기 박물관이었습니다. 그리고 이때까지 '전아라가야왕궁지'로 전해져 왔던 가야리 유적이 아라가야의 중심토성으로 확인되어 사적(제554호)으로 지정되었습니다.

학술서적 발간도 아라가야 역사의 폭과 깊이를 더할 수 있습니다. 2018년부터 함안군과 창원대학교 경남학연구센터는 아라가야 학술심포지엄을 개최하고 그 결과를 정리하여 학술총서로 발간하고 있습니다. 지난 12월 초에 '아라가야의 전환기, 4세기'라는 주제로 학술회의를 개최했습니다. 그 결과를 묶어 아라가야학술총서2 '아라가야의 전환기, 4세기'를 출판하게 되었습니다. 가야사에서의 4세기는 한국고대사에서의 4세기 만큼이나 중요한 전환의 시기였습니다. 4세기는 가야를 전후기로 나누는 기점이기도 하고, 가야사의 시작이라는 입장도 있습니다. 이에 4세기대의 아라가야의 모습을 살펴보려 했습니다.

한국사에서의 4세기, 4세기대 가야사 속의 아라가야, 4세기 아라가야의 성장, 아라가야의 목곽묘, 4세기대 아라가야 토기의 전파와 분포, 아라가야의 상형토기 등에 대한 내용을 담았습니다. 그리고 가야리 유적의 사적 지정을 위한 학술심포지엄 결과도 부록으로 수록하였습니다.

아라가야 역사 연구가 진전되고 있는 것은 학심포지엄에 참여해 주시고, 함안지역에 대한 관심과 애정을 보여주시는 함안군민들 덕분입니다. 감사의 마음을 말로 다 할 수 없습니다. 학술심포지엄에서 발표해 주시고 논문으로 다듬어 보내주신 선생님들, 학술심포지엄진행과 학술서적 발간에 도움주신 함안군관계자들에게도 고마움을 전합니다. 아울러 보기 좋은 책으로 만들어주신 도서출판 선인의 식구들에게도 매번 감사합니다.

2019. 12

함안군수 조근제
함안군의회 의장 박용순
창원대학교 경남학연구센터장 남재우

목 차

【부록】 가야리 유적(전 아라가야 왕궁지)

한국사에서의 4세기

동아시아 국제정세와 삼국·가야의 동향을 중심으로

전덕재 | 단국대학교 사학과

Ⅰ. 머리말

4세기는 중국이 東晉과 5胡 16國으로 분열된 상황에서 삼국과 가야가 자체의 성장과 내부 통합을 도모하면서 중국의 여러 왕조 및 왜국과 교섭·갈등하고, 그들 상호간에도 교섭과 갈등이 본격화되었던 시기였다. 고구려는 3세기 후반에 중앙집권적인 국가체제를 정비한 다음, 4세기 전반에 遼東으로 진출하려다가 전연의 저항에 부딪쳐 뜻을 이루지 못하였다. 이때 고구려는 백제와 신라 등에 대해 별로 관심을 기울이지 않았기 때문에 고구려와 두 나라 사이의 교섭과 갈등이 크게 이슈가 되지 않았다.

3세기 후반부터 4세기 전반에 걸쳐 백제와 신라는 마한과 진한 소국에 대한 통제를 강화하여 내부의 통합을 공고하게 다지는 한편, 자신의 세력권을 고수하고, 상대방의 세력권을 침탈하기 위해 마한과 진한의 경계지점인 충북 일원에서 여러 차례 충돌하였다. 다만 4세기 전반 이후에 두 나라는 충돌을 자제하였고, 이때 신라는 주로 倭國의 침략을 방비하는 데에 전력을 기울였다. 3세기 후반부터 사로국, 즉 신라가 낙동강수로와 남해안의 해상교통을 장악하였기 때문에 4세기에 金官國과 安羅國을 비롯한 가야 여러 나라는 대외교섭과 자체적인 성장에 어려움을 겪었고, 이로 말미암아 특정 나라를 중심으로 통합하는 것이 쉽지 않았던 것으로 짐작된다.

고구려는 355년에 전연과 조공－책봉관계를 체결한 후, 요동진출을 접어두고 한반도 중부지역으로 진출하는 방향으로 전략을 수정하였다. 이에 대해 마한의 잔여 세력을 통합하는 데에 주력하였던 백제 근초고왕이 위기를 직감하고, 고구려의 남침에 대비하여 가야와 왜, 신라 및 동진과 교섭하여 우호관계를 잇따라 맺었다. 백제 근초고왕이 주변의 여러 나라를 백제편으로 끌어들인 상황에서 고구려가 369년부터 백제를 공격하기 시작하였다. 백제는 주변 여러 나라의 침략을 우려하지 않고 고구려와의 전쟁에 군사력을 집중하여 마침내 371년 고구려의 평양성을 공격하여 승리하는 성과를 거두었다.

평양성전투에서 참패한 고구려는 한동안 대외팽창을 자제하고 내부의 지배체제를 새롭게 정비한 다음, 대외적으로 신라와의 연대를 모색하였다. 한편 신라 역시 평양성전투 이후 백제가 왜 및 가야와 연대하여 자신을 협공할 수도 있다고 예견하였고, 백제－왜－가야 연합세력을 견제하기 위해서는 고구려와의 연결이 필요하다고 인식하였다. 이에 고구려와 신라의 이해관계가 일치하여 두 나라는 375년 무렵에 우호관계를 맺었고, 고구려는 이에 힘입어 375년부터 다시 백제를 공격하기 시작하였다. 신라는 고구려의 도움을 받아 377년과 382년에 前秦에 사신을 파견하여 자신의 존재를 중국에 널리 알렸을 뿐만 아니라 고구려의 선진문물을 받아들여 자체의 발전을 도모하면서 내부 통합을 강화하였다. 391년 광개토왕의 즉위 이후 고구려가 백제를 압도하면서 백제와 왜의 연대가 더 공고해졌고, 반면 신라는 스스로 고구려의 복속국임을 자처하였는데, 이에 따라 한반도에서 고구려－신라 연합세력 대 백제－가야－왜 연합세력과의 대결구도가 명확하게 드러나게 되었다. 한편 고구려는 396년 이후 후연이 황위계승분쟁으로 국력이 약화된 틈을 타 요동지역을 공격하여 차지하였다.

백제는 5세기 후반에, 신라는 6세기 전반에 중앙집권국가를 정비하였고, 반면에 가야는 백제와 신라의 견제를 받아 내부 통합을 이루어 중앙집권국가로 발전하는 데에 실패하였다. 따라서 4세기는 고구려만이 중앙집권국가로 성장하였고, 신라와 백제, 가야는 여전히 연맹체 국가 단계를 벗어나지 못한 단계였다고 볼 수 있다. 당시 고구려는 백제와 신라, 가야와의 교섭보다는 요동에 진출한 다음, 그것을 발판으로 중원지역으로 진출하려는 의도를 가지고 중국 여러 왕조와의 대결에 집중하였다. 백제와 신라는 우선 마한과 진한 소국에 대한 통제를 강화하고, 궁극적으로 그들을 자국의 지방통치조직으

로 편제하여 중앙집권적인 국가체제를 정비하는 데에 치중하였고, 대외적으로 두 나라
는 자신의 세력권을 공고하게 다지기 위해 국지전의 성격을 지닌 전쟁을 충북 일원에서
치렀다. 4세기 후반에 고구려가 남진정책을 추진하면서 한반도 정세에 변동이 나타났
고, 궁극적으로 고구려-신라 연합세력과 백제-가야-왜 연합세력이 대결하는 형세로
한반도의 정세가 재편되었으며, 5세기 전·중반까지 전자가 후자를 압도하는 양상을 보
였다고 정리할 수 있다.

　본 논고는 4세기 국제정세의 변동과 삼국 및 가야의 동향에 대해 고찰하기 위해 준비
된 것이다. Ⅱ장에서는 4세기 전반에 고구려가 요동으로 진출하려다가 慕容部 鮮卑族,
즉 前燕에 의해 좌절되는 과정 및 백제와 신라, 가야의 동향에 대해 정리할 예정이다.
그리고 Ⅲ장에서는 4세기 후반에 고구려가 남진을 추진하면서 한반도의 정세가 크게
변동하였고, 이 와중에서 삼국 및 가야의 관계에 변동이 발생한 사실을 고찰한 다음, 이
어 後燕의 국력이 약화된 틈을 타 고구려가 요동으로 진출한 사실을 살필 예정이다. 필
자는 본 논고에서 4세기 국제정세의 변동과 그에 따른 삼국 관계의 추이에 초점을 맞추
어 정리하였기 때문에 세세한 사항에 대해 일일이 치밀한 고증을 하지 않았음을 밝혀둔
다. 또한 본 논고는 기존의 연구 성과를 바탕으로 정리한 것이기 때문에 불가피하게 최
근의 연구 성과를 반영하지 못한 면도 없지 않다는 점도 지적하여 두고자 한다. 향후
본 논고를 기초로 하여 한국사에서의 4세기가 지니는 역사적 의미와 더불어 당시 삼국
및 가야의 동향에 대한 이해와 연구에 커다란 진전이 있기를 기대해 마지않는다. 많은
질정을 바란다.

Ⅱ. 4세기 전반 국제정세의 변동과 삼국·가야의 동향

1. 鮮卑 慕容部의 성장과 고구려의 대응

　西晉은 274년에 幽州를 분할하여 平州를 설치하고, 그것으로 하여금 遼東·遼西地域
의 군·현 및 한반도의 낙랑·대방군을 관할하게 하였다. 이후부터 平州刺史 東夷校尉
가 동이지역을 관장하였다.[1] 290년 武帝의 사망 이후 西晉 내부에서 황위계승분쟁으로

국력이 약화되자, 5胡가 서진을 침략하여 중국이 커다란 혼란에 빠졌다. 이러한 틈을 타서 요서지역과 인접한 華北地域에서 石勒이 세력을 확대하였고, 幽州刺史 王浚도 중앙정부의 통제를 벗어나 독자세력화를 모색하였다. 한편, 요서와 요동지역에서 선비족 慕容部가 石勒, 王浚, 고구려, 선비족 宇文部와 段部 등과 대립 갈등하면서 세력을 확장하였다.

魏나라 초기에 선비족 모용부가 遼西에 入居하여 西晉의 昌黎郡을 중심으로 활동하였다. 모용부의 서쪽에는 鮮卑族 段部가, 모용부의 북서쪽에는 宇文部가 자리 잡고 있었다. 283년에서 285년 사이에 慕容廆가 涉歸의 뒤를 이어 鮮卑族 慕容部를 통솔하였다. 모용외는 285년에 먼저 松花江流域에 위치한 夫餘를 정벌하였다. 이때 부여왕 依慮가 모용부의 침략을 받아 자살하였고, 모용외는 부여의 國城을 도륙하고 만여 인을 포로로 잡아 돌아왔다고 한다. 286년에 의려를 이어 왕위에 오른 夫餘後王 依羅가 요동군의 치소인 襄平(중국 遼寧省 遼陽市)에 있는 西晉의 東夷校尉 何龕에게 구원을 청하였다. 하감은 督郵 賈沈을 보내 부여의 재건을 돕도록 하였고, 가침이 모용외의 군대를 공격하여 격파하자, 마침내 의라가 부여를 회복하였다고 한다. 이후 모용외는 부여 사람들을 잡아다가 중국에 팔았는데, 이에 대해 西晉의 황제가 官物로 노비가 된 부여인을 사서 돌려보내는 한편, 司 · 冀州에 명하여 부여인을 매매하는 것을 금지시키는 조치를 취하였다.[2]

289년에 모용외가 서진에 來降하였고, 이에 대해 서진은 모용외를 鮮卑都督으로 책봉하였다. 모용외는 요동지역에 대한 영향력을 확대하기 위해 293년과 296년에 고구려를 침략하였으나, 고구려의 강력한 저항에 부딪쳐 요동지역으로 진출하는 데에 실패하였다.[3] 299년에 왕준이 幽州의 薊에 진출하자, 고구려 미천왕은 302년에 군사 3만을 보내

---

[1] 임기환, 「3세기~4세기 초 위 · 진의 동방정책」, 『역사와 현실』 36, 2000, 24~25쪽; 정지은, 「3~4세기 백제의 대중교섭과 동이교위」, 『역사와 현실』 112, 2019.

[2] 武帝時 頻來朝貢. 至太康六年 爲慕容廆所襲破 其王依慮自殺 子弟走保沃沮. 帝爲下詔曰 夫餘王世守忠孝 爲惡虜所滅 甚愍念之. 若其遺類足以復國者 當爲之方計 使得存立. 有司奏護東夷校尉鮮于嬰不救夫餘 失於機略. 詔免嬰 以何龕代之. 明年 夫餘後王依羅遣詣龕 求率見人還復舊國 仍請援. 龕上列 遣督郵賈沈以兵送之. 廆又要之於路 沈與戰 大敗之. 廆衆退 羅得復國. 爾後每爲廆掠其種人 賣於中國. 帝愍之 又發詔以官物贖還 下司冀二州 禁市夫餘之口(『晉書』 권97 열전제67 東夷 夫餘國).

[3] 慕容廆來侵. 王欲往新城避賊 行至鵠林 慕容廆知王出 引兵追之. 將及 王懼. 時 新城宰北部小兄高奴子領五百騎迎王 逢賊奮擊之 廆軍敗退. 王喜 加高奴子爵爲大兄 兼賜鵠林爲食邑(『삼국사기』 고구려본기 제5 봉상왕 2년 가을 8월).

玄菟郡을 공격하여 8천 명을 사로잡아 평양으로 이주시켰다.⁴⁾ 같은 해에 선비족 宇文單于 莫圭가 모용외의 棘城(중국 遼寧省 錦州市)을 공격하였다가 패배하였다. 왕준은 모용외의 세력이 커지자, 303년에 우문부와 단부에 자신의 딸을 출가시켜 혼인을 맺은 다음, 다음해에 이들을 끌어들여 司馬穎의 본거지인 鄴을 공격하여 함락시켰다. 이후 화북지역에서 세력을 키운 석륵이 幽州와 冀州地域으로 진출하여 왕준과 대립하였다.

309년 9월에 석륵이 常山(중국 河北省 石家庄市 부근)을 공격하자, 왕준은 10만이 넘는 군사를 보내 석륵의 군대를 飛龍山에서 격파하였다. 이해에 동이교위 李臻이 王浚이 西晉을 共輔하자던 약속을 어겼다면서 아들 李成을 보내 토벌에 나섰는데, 이 틈을 타서 평소 이진과 사이가 좋지 않았던 遼東太守 龐本이 이진을 주살하였다. 이에 대해 요동의 塞에 가까이 있던 선비 素喜連과 木丸津이 이진의 원수를 갚는다면서 요동지역의 여러 현을 공략하였다. 새로 동이교위에 임명된 封釋이 이들을 능히 제압하지 못하자, 요동지역에 거주하던 주민들 상당수가 모용외에게 의탁하였다. 311년에 封釋이 병으로 사망한 이후 선비 段部가 공손하지 않자, 왕준이 拓拔猗盧와 모용외에게 많을 재물을 주어 단부를 공격하게 하였는데, 이때 모용외는 단부를 공격하여 遼西郡治인 陽樂까지 진출하였다. 이해 12월에 왕준이 그의 妻舅 崔毖를 東夷校尉로 임명하고, 후에 平州刺史를 더하였다. 한편 모용외는 이해 12월에 慕容部衆을 이끌고 동쪽으로 나아가 소희련과 목환진을 공격하여 격파하고, 요동지역까지 영향력을 확대하였다.⁵⁾

요동지역에서 동이교위부의 지배력이 약화되고, 선비족 소희련과 목환진의 침략으로 요동지역의 정세가 혼란해지자, 이 틈을 타서 고구려 미천왕이 311년 8월에 군사를 보내 西安平을 공격하여 차지하였다.⁶⁾ 이후 고구려는 313년에 西晉의 통제력이 완전히 상실된 낙랑군을 공격하여 병합하였고, 모용외는 張統이 낙랑유민 천여 인을 이끌고 來投하자, 요서지역에 樂浪郡을 僑置하고 장통을 낙랑태수에 임명하였다.⁷⁾ 314년 2월에 석

慕容廆來侵 至故國原見西川王墓 使人發之 役者有暴死者. 亦聞壙內有樂聲 恐有神乃引退. 王謂羣臣曰 慕容氏兵馬精强 屢犯我疆場 爲之奈何. 相國倉助利對曰 北部大兄高奴子賢且勇 大王若欲禦寇安民 非 高奴子無可用者 王以高奴子爲新城太守. 善政有威聲 慕容廆不復來寇(上同, 봉상왕 5년 가을 8월).

4) 王率兵三萬 侵玄菟郡 虜獲八千人 移之平壤(上同, 미천왕 3년 가을 9월).

5) 지배선,『중세동북아연구 – 모용왕국사 –』, 일조각, 1986, 36~37쪽; 여호규,「4세기 동아시아 국제질서 와 고구려 대외정책의 변화」,『역사와 현실』36, 2000, 38~39쪽.

6) 遣將襲取遼東西安平(『삼국사기』고구려본기제5 미천왕 12년 가을 8월).

7) 侵樂浪郡 虜獲男女二千餘口(上同, 미천왕 14년 겨울 10월).

륵이 유주를 급습하고, 3월에 王浚의 본거지인 薊를 공격하여 평정한 다음, 곧이어 왕준을 죽이고 유주를 차지하였다. 이때 왕준 휘하의 중국 유민이 대거 모용외에게 귀부하였다고 한다.[8] 석륵이 유주지역을 차지하면서 모용외와 본격적으로 대결하기 시작한 시기인 314년 9월에 고구려 미천왕은 帶方郡을 공격하여 병합하였다.[9] 이후부터 고구려는 본격적으로 요동지역으로의 진출을 모색하였다.

316년에 흉노족이 세운 漢에 의해 西晉이 멸망하였고, 그 다음해에 琅邪王 司馬睿가 建康(중국 南京)에서 晉王을 칭하고, 318년에 황제에 즉위하였는데, 사마예가 再建한 晉을 흔히 東晉이라고 부른다. 한편 319년 11월에 석륵이 大單于 趙王을 칭하면서 본격적으로 세력을 확장하기 시작하였다. 이해 12월에 왕준이 사망한 이후 고립무원에 빠진 동이교위 최비가 요동진출을 모색하던 고구려, 그리고 段部와 宇文部를 설득하여, 삼국이 함께 모용부의 본거지인 棘城을 공격하였다. 이에 대해 모용외는 성문을 굳게 닫고, 대신 우문부의 병사에게 소와 술을 식량으로 보냈는데, 고구려와 단부가 우문부와 모용외는 한패라고 의심하고, 각각 군사를 이끌고 돌아갔다. 우문부의 大人 宇文悉獨官은 홀로 모용외를 공격하였다가 크게 패하자, 최비가 수십 기를 거느리고 고구려로 奔走하였다. 모용외는 낙랑태수 張統을 보내 고구려의 장수 如弩가 지키고 있던 河城(遼河 부근)을 습격하여 함락시키고 무리 천여 인을 사로잡아 돌아갔다. 최비의 고구려 망명 이후, 요동군지역은 선비족 모용부가 차지하게 되었다. 320년 3월에 동진에서 모용외를

遼東張統據樂浪帶方二郡 與高句麗王乙弗利相攻 連年不解. 樂浪王遵說統帥其民千餘家歸廆 廆爲之置樂浪郡 以統爲太守 遵參軍事(『資治通鑑』 권88 晉紀10 建興 원년 4월).

8) 二月 -- 石勒纂嚴 將襲王浚 而猶豫未發. -- 勒曰 吾所未了 右候已了之 吾復何疑. 遂以火宵行 至柏人 殺主簿游綸 以其兄統在范陽 恐洩軍謀故也. 遣使奉箋送質於劉琨 自陳罪惡 請討浚以自效. 琨大喜 移檄州郡 稱己與猗盧方議討勒 勒走比伏無地 求拔幽都以贖罪. 今便當遣六修南襲平陽 除僭僞之逆類 降知死之連羯. 順天副民 翼奉皇家 斯乃曩年積誠靈祐之所致也. 三月 軍達易水 王浚督護孫緯馳遣白浚 將勒兵拒之 游統禁之. 浚將佐皆曰 胡貪而無信 必有詭計 請擊之. 浚怒曰 石公來 正欲奉戴我耳 敢言擊者斬 衆不敢復言 浚設饗以待之. 壬申 勒晨至薊 叱門者開門 猶疑有伏兵 先驅牛羊數千頭 聲言上禮 實欲塞諸街巷. 浚始懼 或坐或起. 勒既入城 縱兵大掠 浚左右請御之 浚猶不許. 勒升其聽事 浚乃走出堂皇 勒衆執之. 勒召浚妻 與之並坐 執浚立於前. 浚罵曰 胡奴調乃公 何凶逆如此. 勒曰 公位冠元台 手握強兵 坐觀本朝傾覆 曾不救援 乃欲自尊爲天子 非凶逆乎. 又委任奸貪 殘虐百姓 賊害忠良 毒遍燕土 此誰之罪也. 使其將王洛生以五百騎先送浚於襄國. 浚自投於水 束而出之 斬於襄國市. 勒殺浚麾下精兵萬人 浚將佐等爭詣軍門謝罪. -- 劉翰不欲從石勒 乃歸段匹磾 匹磾遂據薊城. 王浚從事中郞陽裕 耽之兄子也 逃奔令支 依段疾陸眷. 會稽朱左車 魯國孔纂 泰山胡母翼自薊逃奔昌黎 依慕容廆 是時中國流民歸廆者數萬家 廆以冀州人爲冀陽郡 豫州人爲成周郡 青州人爲營丘郡 并州人爲唐國郡(『資治通鑑』 권89 晉紀11 建興 2년).

9) 秋九月 南侵帶方郡(『삼국사기』 고구려본기제5 미천왕 15년).

平·州諸軍事 安北將軍 平州刺史로, 321년 12월에 使持節 都督幽州東夷諸軍事 車騎將軍 平州牧 遼東郡公으로 책봉한 사실을 통해 이러한 사실을 입증할 수 있다. 이해에 모용외는 皝을 세자로 삼고, 관료조직을 정비하면서 王國體制를 갖추었던 것으로 알려졌다.[10] 고구려는 320년 12월에 군사를 보내 요동을 공격하였으나, 慕容仁에게 패배하여 요동진출에 실패하였다.[11]

322년에 모용외가 段部를 공격하여 令支(중국 河北省 遷安市 서남의 趙店子)를 차지하였고, 323년에 趙王(後趙王) 석륵이 화합하기 위해 모용외에게 사신을 파견하였으나, 모용외는 이를 거절하고 사신을 동진의 수도인 建康(建鄴)으로 압송하였다. 이에 대해 325년에 석륵이 宇文乞得歸에게 官爵을 주고 모용외를 공격하게 하였는데, 모용외가 우문부의 군대를 맞아 싸워 크게 물리쳤다. 329년 9월에 석륵이 前趙를 멸망시키고, 그 다음해 9월에 후조의 황제에 등극하였다. 후조가 유주와 산동반도를 차지하며 세력을 확장하자, 331년에 고구려는 모용외를 견제하기 위해 肅愼, 즉 挹婁와 함께 후조에 사신을 보내 楛矢를 헌상하며 우호를 다졌다.[12] 이해에 宇文屋孤도 후조에 名馬를 헌상하였던 것에서 당시에 후조와 고구려, 우문부가 서로 연합하여 모용외를 압박하려는 움직임이 있었음을 짐작해볼 수 있는데, 이에 대해 모용외는 331년 겨울에 동진에 사신을 파견하여 北伐을 요청하였음이 확인된다.[13] 고구려가 후조와 친밀한 관계를 맺었음은 북한에서 출토되었다고 알려진 延熙二年(335)銘 토기,[14] 帶方故地에서 발견된 建武九年(343)銘 塼, 建武十六年(350)銘 塼 등을 통해서 입증할 수 있다. 여기서 연희, 건무는 모두 후조의 연호이기 때문이다. 여기다가 336년 3월에 고구려가 東晉에 사신을 파견하였는데,[15] 이것 역시 後趙의 도움을 받았을 가능성이 높다고 판단된다.

---

[10] 지배선, 앞의 책, 1986, 42~46쪽; 여호규, 앞의 논문, 2000, 40~41쪽.

[11] 遣兵寇遼東 慕容仁拒戰破之(『삼국사기』 고구려본기제5 미천왕 21년 겨울 12월).
高句麗冠遼東 慕容仁與戰大破之 自是不敢犯仁境(『자치통감』 권91 진기13 太興 3년 12월).

[12] 時(建平 元年) 高句麗肅愼致其楛矢 宇文屋孤 並獻名馬于勒(『晉書』 권105 載記第5 石勒).

[13] 慕容廆遣使與太尉陶侃箋 勸以興兵北伐 共淸中原. 僚屬宋該等共議 以廆功一隅 位卑任重 等差無別 不足以鎭華夷 宜表請進廆官爵. 參軍韓恆駁曰 夫立功者患信義不著 不患名位不高. 桓文有匡復之功 不先求禮命以令諸侯. 宜繕甲兵 除群凶 功成之後 九錫自至. 比於邀君以求寵 不亦榮乎. 廆不悅 出恆為新昌令. 於是東夷校尉封抽等疏上侃府 請封廆為燕王 行大將軍事. 侃復書曰 夫功成進爵 古之成制也. 車騎雖未能為官摧勒 然忠義竭誠 今騰箋上聽 可不遲速 當在天台也(『資治通鑑』 권94 晉紀16 咸和 6년 겨울).

[14] 김정배, 「북한 출토 연희2년명 토기」, 『태동고전연구』 10, 1993; 여호규, 앞의 논문, 2000, 42쪽.

[15] 遣使如晉貢方物(『삼국사기』 고구려본기제6 고국원왕 6년 봄 3월).

333년 5월에 모용외가 사망하고, 그의 아들 皝이 뒤를 이어 慕容部를 통솔하였다. 그런데 皝의 嗣位에 慕容翰과 慕容仁이 반발하며 모용부에서 분란이 일어났다. 모용황의 庶兄 모용한은 段部로 도망하였고, 同母弟 모용인은 스스로 車騎將軍 平州刺史 遼東公이라고 칭하면서 요동군지역을 중심으로 모용황에 반기를 들었다. 모용황이 모용인의 반란을 평정하고 다시 요동군지역을 관할하기 시작한 것은 336년 정월이었는데, 이때 모용인의 휘하에서 활동하였던 佟壽와 郭充이 고구려로 망명하였다.[16] 모용인의 반란으로 慕容部의 요동지역에 대한 통제력이 약화된 틈을 타서 고구려는 335년 정월에 撫順 방면에 新城을 쌓아 모용부의 침략에 대비하였다.[17] 한편 333년 7월에 石勒이 사망하고, 334년에 그의 조카인 石虎가 석륵의 아들 石弘를 밀어내고 후조의 황제에 등극하였다.

모용외 시대에 모용부와 단부는 우호적인 관계를 유지하였으나 325년 12월에 段遼가 段部의 大人 段牙를 시해하고 段部를 통솔하면서 모용외와 대립하기 시작하였으며, 모용외 사후에 慕容翰이 단부로 망명하면서 모용황이 통솔한 모용부와의 관계가 더욱 벌어졌다. 한편 333년 8월에 宇文逸豆歸가 乞得歸를 시해하고 우문부를 통솔하였다. 336년 6월과 7월에 걸쳐 段遼와 宇文逸豆歸가 각기 군대를 보내 모용황을 공격하였으나, 모용황의 군대가 이들을 모두 물리쳤다. 단요는 337년 6월에도 군대를 보내 모용부를 습격하였다가 실패하였다. 338년 정월에 단요가 後趙의 幽州를 공격하자, 후조의 石虎와 모용황이 연합하여 단요의 군대를 격파하였는데, 이 소식을 들은 단요는 이해 12월에 슈支를 등지고 密雲山(중국 북경시 密雲縣 동북)으로 달아나 雄據하였다. 이후 단요는 모용황에게 항복하였고, 339년 4월에 모용황에게 반기를 들려고 하다가 살해당하였다.[18]

후조와 모용부가 연합하여 단부를 공격하여 멸망시키고, 338년 3월에 후조와 모용부는 서로 요서지역을 분할하여 차지하였다. 그러나 후조가 단요의 정복에 훨씬 더 많은 군대를 보냈음에도 불구하고 상대적으로 전리품을 적게 받자, 이에 338년 4월에 석호가 모용황을 공격하기 위하여 사방으로 招誘하니, 모용황의 부하인 成州內史 崔燾, 居就令 游泓, 武原令 常霸, 東夷校尉 封抽, 護軍 宋晃 등이 여기에 호응하였다고 한다. 석호는

---

16) 지배선, 앞의 책, 1986, 66~68쪽.
17) 築國北新城(『삼국사기』 고구려본기제6 고국원왕 6년 봄 3월).
18) 지배선, 앞의 책, 1986, 68~71쪽.

이들과 함께 337년 10월에 燕王을 칭한 모용황의 본거지인 棘城을 공격하였다가 패배하였다. 석호 패배 이후 최도와 상패는 석호의 鄴으로 달아났고, 봉추와 송황은 고구려로 망명하였다. 석호는 전연 공격에 실패한 이후 渡遼將軍 曹伏을 보내 靑州의 무리를 거느리고 바다를 건너 遼西의 蹋頓城에 鎭守하게 하였다가 물이 없어서 돌아오게 한 다음, 다시 그들을 海島에 머물게 하고, 곡물 3百萬斛을 운반하여 주었다. 또한 배 300척에 곡식 30만 곡을 싣고 고구려에 이르게 하였으며, 典農將軍 王典으로 하여금 무리 1만여 명을 거느리고 海濱에서 屯田하도록 하였을 뿐만 아니라 靑州에 배 千隻을 만들도록 명령하여 전연을 정벌할 것을 도모하기도 하였다.[19] 후조의 석호는 요동반도와 산동반도를 연결하는 해로를 이용하여 전연을 압박하면서 동시에 고구려와 연합하여 전연을 견제하는 전술을 구사하였음을 엿볼 수 있다.

모용황은 후조와의 전쟁에서 승리한 이후, 한편으로 고구려를 압박하면서도, 다른 한편으로 우문부와 후조를 공격하면서 세력을 확대하였다. 먼저 전연의 모용황이 339년 9월에 군대를 보내 고구려의 신성을 공격하자, 고국원왕이 맹약을 요구하여 돌아왔다고 한다.[20] 그 다음해에 고구려 고국원왕은 世子를 전연의 모용황에게 보내 朝會하였는데,[21] 전연의 공격에 고구려가 수세적인 입장을 취하였음을 알려주는 측면으로 주목된다. 339년 이후 요서지역에서 여러 차례에 걸쳐 전연과 후조의 공방전이 전개되었다. 이 무렵에 후조가 고구려 및 우문부와 연합하여 전연을 압박하자, 慕容翰이[22] 우문부를 치기 전에 고구려를 먼저 정복하자고 제안하였다. 고구려는 342년 봄에 丸都城을 수리하고, 이해 8월에 고국원왕이 환도성으로 거처를 옮겨 전연의 침략에 대비하였다. 이해 10월에 전연의 모용황은 5만의 군대를 보내 고구려를 급습하여 환도성을 함락시키고,

---

[19] 趙王虎遺渡遼將軍曹伏將靑州之衆戍海島 運谷三百萬斛以給之. 又以船三百艘運穀三十萬斛詣高句麗 使典農中郎將王典帥衆萬餘屯田海濱. 又令靑州造船千艘 以謀擊燕(『資治通鑑』 권96 진기18 咸康 4년 5월).
季龍謀伐昌黎 遣渡遼曹伏將靑州之衆渡海 戍蹋頓城 無水而還 因戍於海島 運穀三百萬斛以給之. 又以船三百艘運穀三十萬斛詣高句麗 使典農中郎將王典率衆萬餘屯田于海濱 又令靑州造船千艘(『晉書』 卷106 載記6 石季龍).

[20] 燕王皝 自以稱王 未受晉命 冬 遣長史劉翔 參軍鞠運 來獻捷論功 且言權假之意. 并請刻期大擧 共平中原 皝擊高句麗 兵及新城 高句麗王釗 乞盟乃還(『자치통감』 권96 진기18 咸康 5년).

[21] 皝稱燕王. 其年 皝伐高句麗王釗 乞盟而還 明年(338) 釗遣其世子 朝於皝(『晉書』 卷109 載記第9 慕容皝 咸康 3년).

[22] 慕容翰은 333년에 段部로 도망갔다가 단부가 멸망하자, 다시 宇文部로 망명하였다가 340년에 前燕으로 돌아온 바 있었다.

미천왕의 시신과 어머니 주씨, 왕비를 인질로 잡아가는 한편, 남녀 5만여 구를 포로로 노획하여 퇴각하였다. 다음해에 고구려는 고국원왕의 아우를 전연에 보내 신하를 자청하며 조회하고 진기한 물건 천여 점을 바치며 미천왕의 시신과 인질들을 돌려보내달라고 요청하였으나, 모용황은 미천왕의 시신만을 돌려보내주고 인질들은 여전히 남겨두었다.[23]

전연이 고구려를 정복한 후인 343년 2월에 宇文逸豆歸가 군대를 보내 전연을 공격하였다가 패배하였다. 우문부의 무리 대부분이 전연에 항복하였고, 일두귀는 漠北으로 도망갔다가 345년에 고구려로 망명하였다. 후조의 석호는 우문부를 구원하려 하였지만, 뜻을 이루지 못하였다. 이어 343년 6월에 석호가 전연을 공격하였다가 패배하였다. 이후 모용황은 345년 정월에 慕容恪으로 하여금 고구려의 南蘇城을 공격하여 차지하고, 수자리 군사를 두고 돌아갔으며, 그 다음해에는 전연 가까이로 이주한 부여를 공격하여 그 王 玄과 5만여 구의 포로를 사로잡았다. 이 무렵에 전연이 선비의 별종인 庫莫奚를 공격하자, 그들이 松漠으로 도망갔다고 한다. 이로써 오늘날 중국 동북지방의 대부분이 전연의 세력권에 편입되었다고 볼 수 있다.[24]

348년 9월에 모용황이 사망하고, 그의 뒤를 이어 慕容儁이 燕王에 즉위하였다. 349년 4월에 동진에서 모용준을 使指節 侍中 大都督 都督河北諸軍事 幽·冀·幷·平四州牧 大將軍 大單于 燕王에 책봉하였다. 이달에 후조의 石虎가 사망하고, 그의 아들 石世가 황제에 즉위하였다. 이후 황위계승분쟁으로 후조의 국력이 크게 약화되었고, 351년 2월에 冉閔이 반란을 일으키자, 石祇는 스스로 帝號를 버리고 전연에 趙王이라고 칭하면서 군사를 요청하였다. 351년 3월에 석기가 시해되면서 후조는 멸망하였고, 352년 5월에 전연이 후조의 鄴城(河北省 邯鄲市 臨漳県과 河南省 安陽市 安陽県의 경계)을 공격하여 冉閔을 죽이면서 전연이 후조의 영역 대부분을 차지하게 되었다. 이해 12월에 모용준은 薊에서 비로소 황제를 칭하면서 帝國體制를 정비하고, 353년에 도읍을 龍城(중국 遼寧省 朝陽市 雙塔区)에서 薊(현재 중국의 북경시)로 옮겼다.

전연의 모용준이 화북지방과 산동지방, 요서와 요동지역을 차지하고 황제를 칭하자,

---

23) 高句麗王釗遣其弟稱臣入朝於燕 貢珍異以千數. 燕王皝乃還其父屍 猶留其母為質(『資治通鑑』 卷97 晉紀19 建元 元年 봄 2월).

24) 이상의 내용은 지배선, 앞의 책, 1986, 89~97쪽이 참조된다.

355년에 고구려는 전연에 사신을 보내 인질과 조공을 바치면서 어머니 周氏를 돌려보내
줄 것을 요청하였다. 이에 모용준이 이를 허락하고, 殿中將軍 刁龕을 보내 고국원왕을
征東大將軍 營州刺史로 삼고, 樂浪公으로 책봉하였다.[25] 이로써 전연과 고구려는 조공
－책봉관계를 맺게 되었는데, 전연의 입장에서는 江南의 東晉, 中原의 前秦과 대결하기
위해 배후에 위치한 고구려와의 화해가 절실하였기 때문에 고구려의 요구를 수용하였
다고 이해할 수 있고, 고구려의 입장에서는 중원국가로 발돋움한 前燕의 위상을 받아들
이면서 어머니 주씨를 돌려받는 실리를 취하였다고 이해할 수 있다. 전연에 의해 요동
진출이 좌절된 고구려는 이후 南進政策을 적극 추진하였다.

2. 백제와 신라, 가야의 동향

『삼국사기』 고구려본기에 전하는 4세기 전반의 대외관계 기록을 살펴보면, 고구려의
낙랑·대방군 병합, 선비족 모용부의 前燕 및 後趙와 관련된 기록만을 찾을 수 있고, 백
제와 신라 관련 기록은 하나도 발견할 수 없다. 4세기 전반에 고구려는 西晉의 혼란을
틈타 낙랑·대방군을 병합한 후에 요동진출을 도모하면서 선비족 모용부, 즉 전연 및
후조와 관계하였고, 반면에 한반도 중·남부지역으로의 진출에 별로 관심을 두지 않았
음을 반영한 것이다. 기존의 연구에 따르면, 고구려는 290년대에 5部體制를 극복하고
중앙집권적인 국가체제를 정비하였다고 한다.[26] 이러한 사실과 앞에서 살핀 사실을 종
합하면, 고구려는 290년대에 중앙집권적인 통치체제를 정비하고, 4세기 전반에 國力을
기울여 遼東으로 진출하려다가 선비족 모용부, 즉 前燕의 강력한 저항에 부딪쳐 뜻을
이루지 못하였다고 정리할 수 있을 것이다.

백제본기 책계왕 3년(298) 9월 기록에 漢이 貊人과 함께 쳐들어오자, 왕이 나아가 막
았으나 군사에게 해를 입어 죽었다고 전한다. 여기서 漢은 중국 군현인 낙랑군 또는 대
방군을 가리킨다고 보이고, 貊人은 종래에 고구려로 보기도 하였으나, 근래에 강원도
영서지역에 거주하는 領西濊로 이해하는 견해가 제기되어 널리 수용되고 있다.[27] 이에

---

25) 十二月 高句麗王釗 遣使詣燕 納質修貢 以請其母 燕主儁許之 遣殿中將軍刁龕 送釗母周氏 歸其國 以
   釗為征東大將軍營州刺史封樂浪公 王如故(『자치통감』 권100 진기22 永和 11년).
26) 여호규, 『고구려 초기 정치사 연구』, 신서원, 2014, 502~535쪽.
27) 윤선태, 「마한의 진왕과 신분고국－영서예지역의 역사적 추이와 관련하여－」, 『백제연구』 34, 2001,

따르면, 298년에 낙랑군 또는 대방군이 영서예와 함께 백제를 공격하여 책계왕을 살해하였다고 볼 수 있을 것이다.

책계왕 즉위년(286) 기록에 책계왕이 帶方王의 딸 寶菓를 맞이하여 부인으로 삼았고, 고구려가 帶方을 정벌하자, 대방이 백제에게 구원을 요청하매, 책계왕이 장인과 사위의 나라이므로 도와주지 않을 수 없다고 말하고는 대방을 구원하니, 고구려가 원망하였다고 전한다. 또한 여기에서 책계왕이 고구려의 침략을 염려하여 阿且城과 蛇城을 쌓았다고 하였다. 280년대 후반에 고구려가 낙랑군과 대방군을 공격하자, 대방군이 백제와 연합하여 고구려에 대응하였고, 그것을 계기로 백제와 고구려가 적대하였음을 알려주는 자료이다. 그런데 그 이후 백제와 대방군 사이에 갈등이 생겼으며, 책계왕 13년 9월 기록은 낙랑군 또는 대방군이 영서예를 동원하여 백제를 침략한 사실을 반영한 것으로 볼 수 있다. 책계왕의 뒤를 이어 그의 맏아들 분서왕이 즉위하고, 그는 304년(분서왕 7)에 군사를 보내 낙랑의 서쪽을 습격하여 빼앗았는데, 이에 대해 낙랑태수가 자객을 보내 그를 시해하였다. 낙랑군과 대방군이 고구려에 병합되기 이전에 백제가 낙랑군과 대방군에 진출하려다가 뜻을 이루지 못하였다고 이해할 수 있다.

백제본기 비류왕 34년(337) 2월 기록에 신라가 사신을 보내 와서 예방하였다고 전하는데,[28] 동일한 기록은 신라본기 흘해이사금 35년(337) 2월 기록에서도 발견할 수 있다.[29] 『삼국사기』 찬자가 백제본기를 찬술하면서 신라본기의 기록을 그대로 인용한 것으로 이해된다. 신라본기와 백제본기에 286년(고이왕 53; 유례이사금 3) 정월에 백제가 신라에 사신을 보내 화친을 청하였다고 전한다.[30] 286년 이전 신라본기와 백제본기 기록에서 두 나라가 槐谷城(충북 괴산), 烽山城(경북 영주), 腰車城, 沙峴城(충북 괴산군 사리면), 圓山鄉, 缶谷城, 蛙山城(충북 보은), 狗壤城(충북 옥천), 母山城(충북 진천), 獐山城 등에서 싸웠다는 사실을 확인할 수 있다. 반면에 286년 이후 신라와 백제가 싸웠음을 전하는 기록은 찾을 수 없고, 단지 286년과 337년에 백제와 신라가 상대방에 사신

23쪽; 임기환, 「『삼국사기』 온조왕본기 영역 획정기사의 성립 시기」, 『역사문화연구』 47, 2013, 28쪽; 전덕재, 『삼국사기 본기의 원전과 편찬』, 주류성, 2018a, 427~429쪽.

[28] 新羅遣使來聘(『삼국사기』 백제본기제2 비류왕 34년 봄 2월).

[29] 遣使聘百濟(『삼국사기』 신라본기제2 흘해이사금 35년 봄 2월).

[30] 百濟遣使請和(『삼국사기』 신라본기제2 유례이사금 3년 봄 정월).
遣使新羅請和(『삼국사기』 백제본기제2 고이왕 53년 봄 정월).

을 파견한 기록만이 전하는 것을 살필 수 있다. 373년(나물이사금 18) 백제 禿山城主가 신라에 투항할 때까지 신라와 백제가 싸웠다는 기록이 전하지 않는다. 이와 같은 사료적 환경에 유의한다면, 286년 이전까지 충북 일원과 경북 북부지역에서 신라와 백제가 치열하게 항쟁하다가 280년대 후반부터 373년까지 우호관계를 계속 유지하였다고 정리할 수 있을 것이다. 그러나 여기서 문제는 신라본기와 백제본기 초기 기록의 기년을 그대로 믿을 수 없기 때문에 이와 같이 단정하기가 쉽지 않다는 데에 있다.

필자는 전에 4세기 후반 이전 백제본기에 전하는 신라 관련 기록은 대체로 신라본기의 기록이 원전임을 밝힌 바 있다.[31] 4세기 후반 이전 신라본기 이사금시기의 기록에서 신라와 백제가 충북 일원과 경북 북부지역에서 충돌하였음을 살필 수 있는데, 그렇다면 두 나라가 충북 일원과 경북 북부지역에서 충돌한 시기를 실제로 언제로 볼 수 있을까가 궁금하다. 신라본기에 일성이사금 5년 10월에 신라가 鷄立嶺의 길을 열었고, 아달라이사금 5년 3월에 竹嶺을 개통하였다고 전한다. 신라가 소백산맥을 넘어 충북지역으로 진출하기 위해서는 계립령과 죽령을 개통하는 것이 필수적이다. 그런데 신라가 소백산맥을 넘어 충북 일원에서 백제와 싸우기 위해서는 진한지역을 대표하는 소국으로 부상하는 것이 전제된다. 『晉書』四夷 東夷傳 辰韓條에 '武帝 太康 원년(280)에 그(진한) 왕이 사신을 보내 方物을 바쳤다. 2년에 또 와서 朝貢하였다. 7년(286)에 또 왔다.'라고 전한다. 여기에 전하는 진한왕은 사로국의 왕을 가리키며, 이를 근거로 하여 280년대에 사로국이 진한을 대표하여 西晉에 사신을 파견하였다고 이해할 수 있다.[32] 따라서 사로국(신라)이 진한지역을 대표하는 소국, 즉 맹주국으로 부상한 시기는 3세기 후반이라고 볼 수 있고, 자연히 충북 일원과 경북 북부지역에서 백제와 충돌한 것도 그 이후라고 봄이 합리적이라고 하겠다.

한편 『양서』백제전에 '都城은 固麻라고 부르며, 邑을 檐魯라고 일컫는데, 중국의 말로 군현과 같다. 그 나라에는 22담로가 있으며, 모두 (왕의) 子弟와 宗族으로 나누어 雄據하게 하였다.'라고 전한다. 백제는 사비시대에 方·郡·城을 설치하여 지방을 통치하였다. 방군성제를 시행하기 이전에 백제가 설치한 지방통치조직이 바로 담로였던 것이다. 담로제를 언제 실시하였는가를 둘러싸고 논의가 분분하지만, 근래에 王·侯制의 실

---

31) 전덕재, 앞의 책, 2018a, 386~395쪽.
32) 전덕재, 「이사금시기 신라의 성장과 6부」, 『신라문화』 21, 2003, 187~190쪽.

시와 연동하여 5세기 후반 개로왕대에 담로제를 실시하였다고 보는 것이 널리 받아들여지고 있다.[33]

그렇다면 5세기 후반 이전에 백제는 지방을 어떻게 통제하였을까가 궁금한데, 필자는 전에 금동관모의 출토지역을 분석하여 5세기에 백제가 직접적으로 통치한 영역은 한강 유역권을 벗어나지 못하였고, 나머지 경기도 남부와 충청도, 전북지역은 재지지배자의 지배기반을 그대로 인정해주고 간접적으로 통제하였다고 이해하는 견해를 제기한 바 있다.[34] 한편 현재 백제가 마한지역을 대표하는 존재로 부상한 시기는 3세기 중·후반 고이왕대로 보는 것이 통설이다.

이상에서 살핀 바에 따른다면, 3세기 후반 이후에 백제와 신라는 진한 또는 마한 소국이나 읍락집단 지배자의 자체적인 지배기반을 용인해주면서 간접적으로 그들을 통제하고 있는 상황에서 충북 일원과 경북 북부지역에서 충돌하였다고 정리할 수 있다. 3세기 후반 마한과 진한의 경계선은 소백산맥이었다고 추정되는데, 결국 백제와 신라는 한편으로 자신들의 세력권을 확고하게 유지하기 위해, 다른 한편으로 여차하면 다른 나라에 복속된 소국이나 읍락집단을 자국에게 복속시키기 위해 충북 일원과 경북 북부지역에서 자주 국지적인 전투를 벌인 것으로 이해할 수 있다.[35] 이러한 측면에서 286년 이후에 신라와 백제가 충북 일원과 경북 북부지역에서 충돌한 사실을 전혀 전하지 않는 신라본기와 백제본기의 기록은 그대로 믿기 어렵다고 볼 수 있을 것이다. 다만 337년 이후에 두 나라가 충돌하였다는 기록이 전하지 않는 바, 340년대부터 373년까지 실제로 두 나라 사이에 별다른 충돌이 없었을 가능성이 높다고 판단된다.

4세기 전반 신라본기의 대외관계 기록 가운데 백제 관련 기록과 낙랑·대방 관련 기록 각각 1건을 제외한 나머지는 모두 倭와 관련된 것이다. 신라본기 기림이사금 3년(300) 3월 기록에 樂浪과 帶方 두 나라가 와서 항복하였다고 전한다. 『三國志』魏書 東夷傳 濊條에 '單單大領의 서쪽은 낙랑에 속하게 하고, 領의 동쪽에 있는 7縣은 (東部)都

---

33) 김영심, 「백제 지방통치체제 연구—5~7세기를 중심으로—」, 서울대학교 박사학위논문, 1997, 94~100쪽; 홍승우, 「백제 율령 반포 시기와 지방지배」, 『한국고대사연구』 54, 2009, 251~253쪽; 전덕재, 「백제의 율령 반포 시기과 그 변천」, 『백제문화』 47, 2012, 110~112쪽.

34) 전덕재, 「4~7세기 백제의 경계와 그 변화—경기와 충청지역을 중심으로—」, 『백제문화』 58, 2018b, 105~106쪽.

35) 전덕재, 위의 논문, 107~108쪽.

尉가 주관하게 하였으며, 모두 濊(人)로 백성을 삼았다.'라고 전한다. 한편 『삼국사기』 백제본기 온조왕 18년 11월 기록에 '왕이 樂浪의 牛頭山城을 습격하려고 臼谷에 이르렀으나 큰 눈을 만나 곧 돌아왔다.'고 전한다. 우두산성은 강원도 춘천시에 위치하였고, 단단대령은 鐵嶺으로 이해하는 것이 일반적이다. 두 기록을 통해 강원도 춘천지역을 중심으로 하는 영서지역이 낙랑군의 지배를 받았음을 엿볼 수 있다. 이에 따른다면, 기림이사금 3년 3월 기록에 보이는 낙랑과 대방은 낙랑군과 대방군을 가리키는 것이 아니라 이들의 지배를 받았던 강원도 영서지역의 일부 세력이 300년 무렵에 3세기 후반부터 쇠퇴하기 시작한 두 군의 통제에서 벗어나 신라에 臣屬한 사실을 반영한다고 봄이 합리적일 것이다.[36]

신라본기에서 유례이사금 4년 4월, 9년 6월, 11년 여름에 왜가 신라를 침략하였다고 하였다. 한편 기림이사금 3년 정월에 신라가 왜국과 사신을 교환하였고, 흘해이사금 3년 3월에 왜국의 왕이 사신을 보내 (자신의) 아들을 위해 혼인을 청하였으므로 아찬 急利의 딸을 보냈다고 신라본기에 전한다. 한편 흘해이사금 35년(344) 2월에 왜국에서 사신을 보내와 혼인을 요청하였으나, 딸이 이미 시집갔다고 하여 사절하였고, 다음해 2월에 왜왕이 서신을 보내와 국교를 단절한 다음, 그 이듬해에 왜가 風島를 거쳐 金城을 에워싸고 공격하였다고 한다. 이후에도 왜는 나물이사금 9년(364) 4월, 나물이사금 38년(393) 5월에 신라를 침략한 바 있다. 신라본기의 기록에 따르면, 신라와 왜국이 사신을 교환한 기림이사금 3년(300) 정월부터 신라가 혼인을 거절한 흘해이사금 35년(344) 2월까지 두 나라가 우호관계를 유지하다가, 왜왕이 국교의 단절을 선언한 흘해이사금 36년(345) 2월부터 393년까지 계속해서 두 나라는 사이가 좋지 않았다고 볼 수 있다. 이 사금시기 신라본기 기록의 기년을 그대로 믿기 어렵지만, 그러나 흘해이사금이 실제로 4세기 전반에 즉위한 사실만은 어느 정도 긍정할 수 있는 점, 『삼국사기』 석우로열전에 흘해이사금의 아버지인 于老가 왜군에게 죽임을 당한 이후 우로의 부인이 왜의 사신을 불태워 죽이자 왜군이 신라의 金城을 공격하였다고 전하는 점[37] 등을 감안하건대, 우로

---

36) 정구복 등, 『개정증보 역주 삼국사기』 3(주석편상), 한국학중앙연구원출판부, 2012, 79~80쪽; 전덕재, 「우주수의 설치와 변천에 관한 고찰」, 『강원문화연구』 28, 2009, 87~88쪽.

37) (沾解王) 七年癸酉 倭國使臣葛那古在館 于老主之. 與客戲言 早晚以汝王爲鹽奴 王妃爲爨婦. 倭王聞之 怒 遣將軍于道朱君討我 大王出居于柚村. 于老曰 今玆之患 由吾言之不愼 我其當之. 遂抵倭軍 謂曰 前日之言 戲之耳 豈意興師至於此耶. 倭人不答 執之 積柴置其上燒殺之乃去. 于老子幼弱不能步 人抱以

가 죽임을 당한 300~310년대 또는 320년대부터 340년 무렵까지[38] 신라와 왜는 우호관계를 유지하다가 340년대부터 5세기까지 긴장관계를 유지하였다고 보아도 크게 잘못은 아닐 것이다.

4세기 전반의 신라본기 기록에 고구려, 가야 관련 내용이 전혀 보이지 않는다. 그러나 신라본기 초기기록의 기년이 문제가 많다는 점을 감안하건대, 이사금시기의 기록에서 4세기 전반 신라와 고구려, 신라와 가야의 관계를 시사해주는 내용을 考究할 수 있는 단서를 찾을 수 있을 것으로 기대된다. 4세기 전반 신라와 고구려의 관계를 추적하고자 할 때, 다음의 기록을 주목할 필요가 있다.

> (助賁王) 16년에 고구려가 북쪽 변경을 침략하자 나가 쳤으나 이기지 못하고 물러나 馬頭柵을 지켰다. 밤이 되어 군사들이 추위에 괴로워하자, 우로는 몸소 다니며 위로하고, 손수 섶에 불을 피워 따뜻하게 해주니, 여러 사람들이 마음속으로 감격하고 기뻐하여 마치 솜을 두른 것같이 여겼다(『三國史記』 列傳第5 昔于老).

이와 동일한 내용은 신라본기 조분이사금 16년 10월 기록에도 전하고 있다. 한편 신라본기에는 이로부터 3년 뒤인 첨해이사금 2년 2월에 고구려에 사신을 보내 화친을 맺었다는 사실이 전한다. 석우로열전에서 우로가 왜인에게 죽임을 당할 때에 그의 아들 訖解는 스스로 걷지 못할 정도로 어렸다고 하였다. 반면에 신라본기 흘해이사금 즉위년조에는 '우로는 임금을 섬김에 공로가 있어 여러 번 승진하여 서불한이 되었는데, 흘해의 용모가 뛰어나고 정신이 총명하며 일을 처리함에 보통 사람과 다른 것을 보고서 제후에게 말하기를, "우리 집안을 일으킬 사람은 틀림없이 이 아이일 것이다."라고 하였다. 이때 기림이사금이 죽고 아들이 없었으므로 여러 신하들이 의논하기를, "흘해는 어리지만, 老成한 덕이 있다."고 하고는 받들여 그를 왕으로 세웠다.'고 전한다. 석우로열전에서는 우로가 죽임을 당하였을 때, 흘해가 매우 어렸다고 전하는 반면, 신라본기에는 그때 흘해가 매우 어린 나이가 아니었다고 전하고 있어 차이를 보인다. 다만 흘해가 어린 나이에 즉위한 사실만은 어느 정도 긍정할 수 있기 때문에 그는 10대에서 20대 초

騎而歸 後爲訖解尼師今. 未鄒王時 倭國大臣來聘 于老妻請於國王 私饗倭使臣. 及其泥醉 使壯士曳下庭焚之 以報前怨. 倭人忿 來攻金城 不克引歸(『삼국사기』 열전제5 석우로).

38) 우로의 사망 시기에 대해서는 뒤에서 자세하게 살필 예정이다.

반 사이에 즉위하였을 가능성이 높다고 판단된다.

　신라본기에서 흘해이사금은 310년 6월에 즉위하여 356년 4월에 薨하였다고 하였다. 그리고 나물이사금은 356년에 즉위하여 402년에 사망하였다고 한다. 광개토왕릉비에 전하는 新羅 寐錦은 나물왕을 가리킨다고 보는 것이 일반적이므로, 그가 402년에 사망한 사실은 어느 정도 믿을 수 있을 것이다. 다만 현재 나물이사금이 356년에 즉위하였음을 입증할 수 있는 또 다른 자료는 전하지 않는다. 382년에 신라가 前秦에 사신을 파견하였는데, 이때 전진인이 신라왕을 '樓寒'이라고 표현하였다.[39] 누한은 마립간을 가리키는 표현이다. 『삼국유사』에서 나물왕대부터 麻立干이란 王號를 사용하였다고 전하므로,[40] 382년에 전진에 사신을 파견한 누한은 바로 나물왕을 이르는 것으로 이해하여도 무방할 것이다. 377년에도 신라가 전진에 사신을 파견하였는데,[41] 당시 사신을 전진에 파견한 왕 역시 나물왕이었을 것이다. 이에 따른다면, 370년대에 나물왕이 재위한 사실만은 부정하기 어렵지 않을까 한다. 나물왕이 즉위한 연대가 356년이라고 단정하기 어렵지만, 360년대에 그가 신라왕으로 재위하였을 가능성이 높다고 보아도 그리 잘못된 추정은 아닐 것으로 사료된다.

　이처럼 나물왕이 360년대에 즉위하였다고 본다면, 前王인 흘해이사금은 340~350년대에 신라왕으로 재위하였음이 확실시되고, 따라서 우로가 焚死당한 시기는 흘해가 어렸을 때인 300년에서 320년대 초반 사이였을 가능성이 높지 않을까 한다.[42] 신라본기에 따르면, 고구려가 신라를 침략한 것은 조분이사금 16년이고, 우로가 왜인에게 焚死당한 것은 그로부터 4년 뒤인 첨해이사금 3년 4월이라고 한다.[43] 따라서 고구려가 신라를 침략한 시기는 빠르면 3세기 말, 늦으면 310년대였다고 추정해볼 수 있고, 고구려에 사신

---

[39] 秦書曰 苻堅建元十八年 新羅國王樓寒 遣使衛頭 獻美女 國在百濟東 其人多美髮 髮長丈餘 又曰 苻堅時 新羅國王樓寒 遣使衛頭朝貢 堅曰 卿言海東之事 與古不同 何也 答曰 亦有中國時代變革 名號改易(『太平御覽』 卷781 四夷部2 東夷2 新羅).

[40] 『삼국유사』 권제1 왕력에서 나물왕대부터 麻立干이란 왕호를 사용하고 있음을 확인할 수 있다.

[41] 太元二年 春 高句麗新羅西南夷 皆遣使入貢于秦(『資治通鑑』 卷104 晉紀26 烈宗 上之中).

[42] 석우로의 사망 연대에 대한 고증과 관련하여 자세한 내용은 전덕재, 「4세기 국제관계의 재편과 신라의 대응」, 『역사와 현실』 36, 2000, 101~103쪽이 참조된다. 다만 여기에서 석우로의 사망 연대를 4세기 전반 무렵이라고 추정하였으나 본고에서는 300년에서 320년대 초반 사이였다고 구체적으로 언급하였다.

[43] 高句麗侵北邊 于老將兵出擊之 不克 退保馬頭柵. 其夜苦寒 于老勞士卒 躬燒柴煖之 群心感激(『삼국사기』 신라본기제2 조분이사금 16년 겨울 10월).
倭人殺舒弗邯于老(上同, 첨해이사금 3년 여름 4월).

을 보내 화친을 맺었다는 첨해이사금 2년 2월 기록은 고구려의 침략을 받은 신라가 고구려와 우호관계를 맺기 위해 노력한 사실을 전한 것으로 이해할 수 있을 것이다. 『삼국사기』에 4세기 전반에 신라와 고구려가 충돌하였다는 기록이 전하지 않는 점, 4세기 전반에 고구려에 복속된 濊族을 가리킨다고 이해되는 말갈이 신라를 침략하였다는 기록도 전하는 않은 점 등을 고려하건대, 이 시기에 고구려와 신라는 별다른 갈등 없이 원만한 관계를 유지하였다고 보아도 무방할 것이다.

4세기 전반 신라와 가야의 관계를 考究하고자 할 때, 주목되는 자료가 바로 다음의 기록이다.

> 浦上八國이 모의하여 加羅를 침략하였으므로, 가라의 왕자가 와서 구원을 요청하였다. 왕은 태자 于老와 이벌찬 利音에게 명하여 六部兵을 이끌고 가서 구원하여 8國의 將軍을 擊殺하고, 포로가 되었던 6천 명을 빼앗아 돌려보냈다(『삼국사기』 신라본기제2 나해이사금 14년 가을 7월).

『삼국사기』 물계자열전에서 포상팔국이 침략한 곳을 阿羅라고 표기하였고, 『삼국유사』 권제5 피은제8 물계자조에서는 신라의 변경이라고 표현하였다. 阿羅는 加羅의 誤記로 보이며, 『삼국유사』의 기록도 무엇인가 전승상에 착오가 있었던 것으로 짐작된다. 여기서 물론 가라는 대가야가 아니라 금관국, 즉 금관가야를 말하는 것으로 추정된다.

浦上八國 가운데 현재까지 확인된 나라는 保羅國, 古自國(古史浦國: 경남 고성), 史勿國(경남 사천), 骨浦國(경남 창원시 합포구), 柒浦國(경남 함안군 칠원면) 등이다. 보라국이 어디에 위치하였는가를 정확하게 알 수 없지만, 나머지 나라들이 모두 경남 해안에 위치하였음을 감안하건대, 보라국과 나머지 3국도 역시 마찬가지였을 것으로 짐작된다. 종래에 포상팔국의 난이 언제 일어났는가를 둘러싸고 다양한 의견이 제기되었다. 『삼국사기』 신라본기 초기기록의 기년을 그대로 신뢰하는 연구자들은 포상팔국의 난이 나해이사금 14년의 기년에 해당하는 209년을 전후한 시기에 일어났다고 이해하였다.[44]

---

[44] 천관우, 「복원가야사」, 『문학과 지성』 1977년 여름·가을·1978년 봄, 1977·1978(『가야사연구』, 일조각, 1991, 16~17쪽); 이종욱, 『신라국가형성사연구』, 일조각, 1982, 89쪽; 백승충, 「1~3세기 가야세력의 성격과 추이―수로집단의 등장과 포상팔국의 난을 중심으로―」, 『부대사학』 13, 1986, 27~28쪽; 이현혜, 「4세기 가야사회의 교역체계와 변천」, 『한국고대사연구』 1, 1987(『한국 고대의 생산과 교역』, 일조각, 1998, 300~301쪽); 권주현, 「아라가야의 성립과 발전」, 『계명사학』 4, 1993, 23쪽.

반면에 신라본기 초기기록의 기년을 신뢰하지 않은 연구자들은 3세기 후반~4세기 전반,[45] 4세기 전반,[46] 6세기 중엽,[47] 7세기 초 무렵에[48] 포상팔국의 난이 일어났다고 추정하였다. 여기서 각 연구자들의 견해를 세세하게 비평하지 않을 것이다. 포상팔국의 난이 일어난 시기를 考究하고자 할 때, 핵심 관건은 바로 우로의 사망 시기를 정확하게 규명하는 것에 있다고 보아도 과언이 아니다.

앞에서 우로는 300년에서 320년대 초반 사이에 사망하였음을 논증한 바 있다. 그런데 신라본기에 따르면, 포상팔국의 난이 일어난 지 40년이 지난 뒤에 우로가 사망하였다고 전한다. 신라본기 기록의 기년을 그대로 믿을 수 없지만, 이를 통해 포상팔국의 난이 일어난 지 상당한 기일이 지난 뒤에 우로가 죽었다는 사실만은 어느 정도 유추할 수 있지 않을까 한다. 이와 같은 측면을 감안한다면, 우로와 이음이 6부병을 이끌고 포상팔국의 난을 진압한 것은 빠르면 280~290년대, 늦으면 4세기 초반으로 추론할 수 있을 것이다.

3세기 후반에 낙랑군과 대방군의 영향력이 약화되자, 중국 군현과 왜 및 진한과의 중개무역을 통한 경제적 부의 축적이 어려워지면서 금관국(금관가야)의 세력도 쇠퇴하였으며, 이에 따라 가야연맹체에 소속되어 금관국의 통제를 받았던 浦上의 8國이 힘을 합쳐 280~290년대 또는 4세기 초에 금관가야를 침략한 것으로 짐작된다. 이때 금관가야는 혼자의 힘으로 포상팔국의 침략을 막아내기가 힘들자, 이에 신라에 왕자를 파견하여 구원을 요청하였고, 결국 신라의 도움을 받아 포상팔국의 난을 진압하였다고 정리할 수 있을 것이다. 『삼국사기』 물계자열전에 포상팔국의 난이 일어난 지 3년 후에 骨浦·古史浦·柒浦國이 신라의 竭火城(울산광역시 울주군 범서면 굴화리)을 공격하였으나 신라군이 이들을 물리쳤다고 전한다. 이것은 신라가 포상팔국의 난을 진압할 때에 금관가야를 구원한 것에 대한 반발로 골포국 등 3국이 신라를 침략한 사실을 반영한 것으로 이해된다. 포상팔국의 난 이후에 금관가야가 신라에 왕자를 보내 볼모로 삼게 하였는데, 이를 통해 포상팔국의 난을 진압하는 데에 도움을 주었던 신라가 금관가야의 안전을 책

---

[45] 백승옥, 「固城 古自國의 형성과 변천」, 『한국고대사연구』 11, 1997, 172~174쪽.
　　한편 남재우, 「포상팔국전쟁과 안라국」, 『안라국사』, 혜안, 2003에서 포상팔국전쟁은 3세기 말에 낙동강 서남부지역의 사회적 제변화와 맞물려 일어난 사건으로 이해하기도 하였다.
[46] 김태식, 「함안 아라국의 성장과 변천」, 『한국사연구』 86, 1994, 42~61쪽.
[47] 金廷鶴, 『任那と日本』, 小學館, 1977, 57~58쪽; 선석열, 『신라국가성립과정연구』, 혜안, 2001, 74~75쪽.
[48] 三品彰英, 『日本書紀朝鮮關係記事考證』 上卷, 1962, 174쪽.

임지며 정치적 간섭을 강화하였음을 추론할 수 있다.[49]

『삼국사기』 신라본기에 신라가 黃山津 어구 또는 黃山河에서 가야와 싸웠다고 전한다. 황산진은 경남 양산시 물금읍 물금리 포교당의 황산역터에서 남동쪽으로 약 2~3리 떨어진 낙동강가에 위치하였다. 황산하는 황산강이라고 부르는데, 경남 양산지역을 흐르는 낙동강 하류를 가리킨다.[50] 이와 같은 기록을 통해 신라와 금관가야가 낙동강 수로를 둘러싸고 첨예하게 경쟁하였음을 추론할 수 있다. 그런데 나해이사금 17년에 포상팔국의 난이 일어난 이후부터 5세기 후반까지의 『삼국사기』 신라본기 기록에서 신라와 가야가 싸웠다는 기사를 발견할 수 없다. 한편 4세기 후반 이전의 사실을 전하는 신라본기 이사금시기의 기록에서 신라가 부산광역시 부산진구 당감동에 위치한 大甑山城을 쌓았다는 기록을 찾을 수 있고,[51] 또한 『三國史記』 居道列傳에 거도가 탈해이사금대에 부산광역시 동래지역에 위치한 居柒山國을 정복하였다고 전한다.[52] 이러한 기록들을 통해 4세기 후반 이전에 신라가 부산지역에 대한 영향력을 행사하였음을 엿볼 수 있다. 이러한 측면과 포상팔국의 난 이후에 금관가야가 신라에 정치적으로 종속되었음을 감안하건대, 3세기 후반 또는 4세기 초에 신라가 낙동강 수로를 통제 장악하였음을 짐작해볼 수 있는데, 신라는 이후 낙동강 수로를 통제함으로써 금관가야를 압도하고 영남지역의 대표적인 국가로 성장하였다고 볼 수 있을 것이다.[53]

일반적으로 포상팔국의 난을 계기로 금관가야의 가야지역에 대한 정치적 영향력이 약화되었고, 함안의 아라국을 중심으로 하는 서부 경남지역의 가야세력들이 새로운 연맹체를 결성하면서 가야세력이 동서로 분열되었다고 이해한다.[54] 포상팔국의 난 이후에도 금관가야는 낙동강 서안에 위치한 가야 소국들을 통제하면서 5세기 전반까지 나름대로의 세력기반을 보유하고 있었는데, 이는 대성동고분에서 발견된 대형의 목곽묘와 거기에서 출토된 부장유물을 통해서 방증할 수 있다. 한편 아라국 중심의 가야연맹

---

49) 전덕재, 앞의 논문, 2000, 103~104쪽.

50) 전덕재, 「삼국시대 황산진과 가야진에 대한 고찰」, 『한국고대사연구』 47, 2007, 38~44쪽.

51) 築大甑山城(『삼국사기』 신라본기제1 지마이사금 10년 2월).

52) 居道 失其族姓 不知何所人也. 仕脫解尼師今 爲干. 時 于尸山國·居柒山國介居鄰境 頗爲國患. 居道爲 邊官 潛懷并呑之志 每年一度集群馬於張吐之野 使兵士騎之 馳走以爲戲樂 時人稱爲馬叔. 兩國人 習見 之 以爲新羅常事 不以爲怪. 於是, 起兵馬 擊其不意 以滅二國(『삼국사기』 열전제4 거도).

53) 전덕재, 앞의 논문, 2007, 52~60쪽.

54) 김태식, 앞의 논문, 1994, 60쪽.

세력은 신라의 정치적 통제를 직접 받지 않고 자체적으로 성장을 도모하였을 것으로 짐작되지만, 신라가 경남 해안지역에서 김해에 이르는 연안 항로를 장악하고 있는 상황에서 그들이 해상을 통하여 왜, 마한 등과 자유롭게 교통하기가 쉽지 않았기 때문에 급격하게 성장하는 것에는 한계가 있을 수밖에 없었을 것이다.[55] 4세기 후반에 금관가야와 경남 창원시에 위치한 卓淳國 등의 가야세력이 신라를 견제하기 위해 왜, 백제 등과 연결하기 위해 노력하였는데, 이에 대해서는 다음 장에서 자세하게 살펴보기로 하겠다.

Ⅲ. 4세기 후반~5세기 초반 삼국관계의 변동

1. 한반도의 정세 변동과 삼국관계의 추이

고구려는 낙랑군과 대방군을 병합한 이후 요동으로 진출하려다가 前燕에 의해 좌절되었다. 그런데 고구려는 369년 9월에 雉壤(현재 북한의 황해남도 배천군 배천읍)을 공격하였다가 백제에 패하였다.[56] 요동 진출이 좌절된 고구려가 한반도 중부지역으로 진출하는 방향으로 전략을 수정하였음을 이를 통해 짐작해볼 수 있다. 이와 같은 사실은 백제의 근초고왕이 고구려의 남진에 대비하여 다각도로 외교적인 노력을 기울였던 것을 통해 방증할 수 있다.

『일본서기』권19 欽明天皇 2년(541) 여름 4월 기록에 '聖明王이 이르기를, "옛적에 우리 선조 速古王·貴須王 시대에 安羅·加羅·卓淳의 旱岐 등이 처음으로 사신을 보내고 서로 통교하여 친교를 두터이 맺어, 그로써 子弟로 삼아 항상 두텁게 지낼 수 있기를 바랐다."라고 하였다.'라고 전한다. 이 기사는 欽明天皇 2년(541)에 백제 성명왕(聖王)이 백제에 온 任那(加耶)의 여러 旱岐들에게 백제와 가야세력과의 옛날의 관계를 회고하면서 임나의 부흥을 둘러싼 여러 가지 문제에 대해 述懷한 내용 가운데 일부이다. 여기서 速古王은 近肖古王, 貴須王은 近仇首王을 가리킨다. 『日本書紀』欽明紀의 기록 모두를

---

55) 4세기 아라국 중심의 가야세력 변천에 관해서는 권주현, 앞의 논문, 1994; 남재우, 앞의 책, 2003, 127~164쪽이 참조된다.

56) 以兵二萬南伐百濟 戰於雉壤 敗績(『삼국사기』고구려본기제6 고국원왕 39년 가을 9월).

그대로 믿기 어렵지만, 그러나 이전 시기의 기록에 비해 사료적 가치가 높다는 데에 대해서는 이견이 없다. 더구나 이 기사는 530년대 신라의 西進으로 가야제국이 커다란 위기에 처하자, 그들이 백제와의 연대를 적극 모색하던 모습을 전해주는 자료인데, 이에 관한 내용의 사실 관계는 크게 의심이 되지 않는 것으로 이해되고 있다. 이에 따른다면, 백제는 근초고왕·근구수왕 때에 처음으로 가야와 통교하였다고 보아도 무방할 것이다.

『日本書紀』卷9 神功皇后 攝政 46년 3월 기록에 甲子年에 백제 肖古王이 卓淳國에 久氐·彌州流·莫古 등 세 사람을 보내 왜국과 교통할 수 있도록 부탁하였다는 내용이 전한다.[57] 여기서 神功皇后 攝政 46년은 기년상으로 246년에 해당하므로, 이 기사에 전하는 甲子年은 244년으로 봄이 자연스러울 것이다. 일반적으로『일본서기』초기기록 가운데 백제 관련 내용은 紀年을 120년 인하하여 이해하고 있다.[58] 이에 따른다면, 364년에 백제 초고왕(근초고왕)이 탁순국에 久氐 등을 파견하였다고 볼 수 있을 것이다. 한편 『日本書紀』권9 神功皇后 攝政 47년 4월 기록에 백제왕이 久氐·彌州流·莫古 등을 왜국에 파견하였다고 전하는데,[59] 이것이 백제가 왜에 처음으로 사신을 파견하여 통교하였음을 알려주는 자료이다. 神功皇后 攝政 47년은 247년에 해당하므로, 결국 기년을 120년 인하한 367년에 비로소 백제가 왜국에 사신을 파견하여 통교하였다고 이해할 수 있다. 앞에서 백제 성명왕이 근초고왕·근구수왕 때에 가야와 처음으로 통교하였다고 언급한 점, 369년에 제작되었다고 추정되는 七支刀의[60] 銘文을 통해 그 이전 시기에 백제가 왜와 통교하였음을 추론할 수 있는 점[61] 등을 두루 감안하건대, 백제가 364년에 탁순국을 비롯한 가야세력과 처음으로 통교하고, 이어 367년에 탁순국을 매개로 왜와 통교하였다고 보아도 문제가 되지 않을 것이다.[62]

---

[57] 乙亥朔 遣斯摩宿禰于卓淳國〈斯摩宿禰者 不知何姓人也〉. 於是 卓淳王末錦旱岐 告斯摩宿禰曰 甲子年七月中 百濟人久氐·彌州流·莫古三人 到於我土曰 百濟王 聞東方有日本貴國 而遣臣等 令朝其貴國. 故求道路 以至于斯土(『日本書紀』卷9 神功皇后 攝政 46년 3월).

[58] 이병도, 「백제칠지도고」, 『한국고대사연구』, 박영사, 1976, 518쪽.

[59] 百濟王使久氐·彌州流·莫古 令朝貢. 時新羅國調使 與久氐共詣(『日本書紀』卷9 神功皇后 攝政 47년 여름 4월).

[60] 七支刀에 '泰□四年'이라는 표현이 보인다. '泰□'는 '泰和'로 판독하고, 泰和 4년은 東晉의 太和 4년 (369)을 가리킨다고 이해한 다음, 칠지도를 369년에 제작하였다고 보는 것이 일반적이다.

[61] 七支刀에 '先世以來 未有此刀 百濟王世子奇生聖音 故爲倭王旨造'란 구절이 전하는 것을 통해 칠지도 제작 이전에 백제와 왜가 교류하였음을 엿볼 수 있다.

[62] 전덕재, 앞의 논문, 2000, 76~78쪽.

한편 『日本書紀』卷9 神功皇后 攝政 49년 3월 기록에 倭軍이 백제 장군 木羅斤資 등
과 함께 남쪽의 오랑캐 忱彌多禮 등을 정복하여 백제에게 주었다는 내용이 전한다.[63]
종래에 침미다례를 전남 해남 또는 강진으로 비정한 다음,[64] 이를 근거로 백제가 369년
무렵에 영산강유역을 영역으로 편제하였다고 주장한 견해가 제기되었다.[65] 그러나 영
산강유역에 분포한 옹관고분에 대한 이해가 진전되면서 이와 같은 견해에 대한 반론이
제기되었다. 반론의 요지는 369년 근초고왕의 南征 때에 영산강유역을 직할지배의 영역
으로 편제한 것이 아니라 영산유역의 정치세력을 복속시켜 간접적으로 지배하였거나
또는 그들에 대해 영향력을 행사하다가 5세기 후반 이후에야 비로소 영산강유역을 백
제의 직접적인 영역으로 편제하였다는 내용이다. 이러한 주장은 백제지역과 달리 영산
강유역의 정치세력이 특징적인 옹관고분을 사용하고, 또 그 고분들이 6세기 초반까지
독자성을 지속적으로 유지하면서 계승 발전되는 양상을 보인다는 사실에 근거하고 있
다.[66] 현재 학계에서 이와 같은 견해가 널리 수용되고 있다. 이러한 견해에 따른다면,
369년 무렵에 백제는 영산강유역의 정치세력을 복속시켜 간접적으로 지배하였다고 볼
수 있을 것이다.

『삼국사기』 신라본기와 백제본기에 366년(근초고왕 21; 나물이사금 11) 3월에 백제에
서 신라에 사신을 파견하였고, 368년 봄에 백제가 신라에 사신을 보내 良馬 2필을 바쳤
다고 전한다. 백제가 신라에 화친을 제의하였음을 시사해주는 자료들이다. 373년에 백

---

63) 以荒田別·鹿我別爲將軍 則與久氏等 共勒兵而度之 至卓淳國 將襲新羅. 時或曰 兵衆少之 不可破新羅.
更復 奉上沙白·蓋盧 請增軍士. 卽命木羅斤資·沙沙奴跪〈是二人 不知其姓人也. 但木羅斤資者 百濟
將也〉 領精兵 與沙白·蓋盧共遣之. 俱集于卓淳 擊新羅而破之. 因以 平定比自㶱·南加羅·㖨國·安
羅·多羅·卓淳·加羅七國. 仍移兵 西廻至古奚津 屠南蠻忱彌多禮 以賜百濟. 於是 其王肖古及王子貴
須 亦領軍來會. 時比利·辟中·布彌支·半古四邑 自然降服(『日本書紀』卷9 神功皇后 攝政 49년 봄
3월).

64) 이병도, 『한국사-고대편-』, 진단학회, 1959, 359~360쪽: 이병도, 「근초고왕척경고」, 『한국고대사연
구』, 박영사, 1976, 512~513쪽; 노중국, 「문헌기록 속의 영산강유역-4~5세기를 중심으로-」, 『백제학
보』 6, 2011, 13쪽; 김영심, 「문헌자료로 본 忱彌多禮의 위치」, 『백제학보』 9, 2013, 6~14쪽.
이밖에 忱彌多禮를 제주도로 비정하는 견해도 있다(三品彰英, 『日本書紀朝鮮關係記事考證』 上, 吉川
弘文館, 1962, 154쪽).

65) 이병도, 앞의 논문, 1976, 511~514쪽; 노중국, 『백제정치사』, 일조각, 2018, 216~224쪽.

66) 강봉룡, 「영산강유역 고대사회 성격론」, 『지방사와 지방문화』 3-1, 2000; 김영심, 「영산강유역 고대사
회와 백제」, 『지방사와 지방문화』 3-1, 2000; 이현혜, 「4~5세기 영산강유역 토착세력의 성격」, 『역사
학보』 166, 2000; 박순발, 「4~6세기 영산강유역의 동향」, 『백제사상의 전쟁』, 서경문화사, 2000; 임영
진, 「침미다례의 위치에 대한 고고학적 고찰」, 『백제문화』 43, 2010.

제의 禿山城主가 신라에 투항하자, 근초고왕이 신라에 보낸 서신에 '두 나라가 화친을 맺어 형제가 되기를 맹세하였다.'라고 언급한 구절이 보인다.[67] 368년 무렵에 신라가 백제의 화친제의를 수용하였음을 알려주는 자료로서 주목된다. 한편 百濟가 372년에 東晉에 사신을 파견하여 조공하자, 동진에서 근초고왕을 鎭東將軍 領樂浪太守로 책봉하였다.[68] 이것이 백제가 동진과 통교하였음을 알려주는 최초의 기록이지만, 칠지도의 명문에 동진의 年號가 전하는 것으로 보건대, 두 나라의 접촉은 369년 이전으로 소급하여도 무방할 것이다.[69]

백제 근초고왕이 360년대에 주변 여러 나라와 우호관계를 맺으려고 노력한 배경은 바로 요동 진출이 좌절된 고구려가 한반도 중부지역으로 진출하는 방향으로 전략을 수정한 사실을 알았던 것에서 찾을 수 있을 것이다. 왜냐하면 백제로서는 만약 고구려가 남침할 때, 주변 나라가 거기에 호응할 우려를 불식시킬 수 있기 때문이다. 아무튼 360년대 중·후반에 백제 근초고왕은 발빠른 외교적 대응으로 주변 여러 나라의 침략위협을 우려하지 않고 오로지 고구려의 남침에 군사력을 집중시킬 수 있었음은 물론이다. 백제 근초고왕은 369년에 고구려 고국원왕이 步騎 2만 명을 거느리고 雉壤을 침략하자, 태자 근구수로 하여금 군사를 이끌고 가서 대적하게 하여 크게 물리쳤다. 또한 371년에 고구려가 군사를 보내 침략하자, 浿河(예성강) 가에서 물리친 다음, 이해 10월에 태자와 함께 3만 명을 이끌고 평양성을 공격하여 고구려의 故國原王을 죽이는 전과를 올렸다.

371년 평양성전투에서 패배한 고구려는 이후 대외팽창을 자제하고 내부의 지배체제 정비에 집중하였다. 고국원왕 사망 후에 즉위한 소수림왕은 372년에 前秦으로부터 불교를 수용하여 널리 장려하였고, 또한 太學을 설치하여 귀족자제들에게 유학을 가르쳤다.

---

67) 百濟禿山城主率人三百來投 王納之 分居六部. 百濟王移書曰 兩國和好 約爲兄弟. 今大王納我逃民 甚乖和親之意 非所望於大王也 請還之. 答曰 民者無常心 故思則來 斁則去 固其所也. 大王不患民之不安 而責寡人 何其甚乎 百濟聞之 不復言(『삼국사기』 신라본기제3 나물이사금 18년).

68) 遣使入晉朝貢(『삼국사기』 백제본기제2 근초고왕 27년 봄 정월).
(咸安) 二年 春正月 辛丑 百濟林邑王 各遣使貢方物. 六月 遣使拜百濟王餘句爲鎭東將軍領樂浪太守(『晉書』 卷9 帝紀第9 簡文帝)
簡文帝 成安二年 正月 百濟王遣使貢方物 六月 遣使拜百濟王餘句爲鎭東將軍領樂浪太守(『冊府元龜』 卷963 外臣部 封冊).

69) 그런데 360년대 백제 중심의 외교관계망은 백제가 신라, 가야, 왜, 동진 등과 개별적으로 화친을 맺거나 통교한 것이지, 신라와 그 이외의 나라들이 合從한 모습으로 보기 어렵다. 신라와 동진 사이에 외교적인 관계가 전혀 없었고, 게다가 신라와 왜는 서로 적대적인 관계를 계속 유지하였던 것으로 확인된다.

342년 前燕에 의한 환도성 함락, 371년 평양성 전투의 패배로 해이해진 국가의 기강을 바로 잡고, 중앙집권적인 지배체제를 새롭게 정비하기 위해 기존의 법률체계를 재정리한 다음, 373년에 그것을 대내외에 반포하였다.[70]

소수림왕은 내부의 지배체제에 대한 정비가 어느 정도 마무리되자, 375년부터 다시 백제를 공격하기 시작하였다. 375년 11월에 고구려는 백제의 북쪽 변경에 위치한 水谷城(황해북도 신계군)을 공격하여 함락시켰다. 또한 다음해 11월에 다시 백제의 북경을 침략하였다. 백제본기와 고구려본기에 377년 10월에 백제 근구수왕이 3만의 군대를 거느리고 고구려의 평양성을 공격하였다고 전하는데, 승패에 대한 언급이 전하지 않아 백제가 평양성을 함락시켰는가의 여부를 확인할 수 없다. 또한 고구려는 다음달에 다시 백제를 침략하였다고 한다.[71] 한편 고구려가 백제의 공략에 집중한 틈을 타서 북쪽에서 거란이 고구려의 북쪽 변경을 침략하여 8개 부락을 빼앗아갔다.[72]

고구려가 375년부터 백제를 침략하기 시작한 사실과 관련하여 신라의 동향을 주목할 필요가 있다. 『資治通鑑』에 太元 2년(377) 봄에 고구려와 백제, 西南夷가 모두 사신을 보내 秦(前秦)에 朝貢하였다고 전한다. 이때 신라 사신이 고구려의 사신과 함께 前秦에 갔음이 유의된다. 신라의 사신이 전진에 이르기 위해서는 고구려의 영토를 지나야 하였고, 게다가 고구려가 370년에 전진에 사신을 파견한 이래, 두 나라가 긴밀한 유대관계를 맺고 있었던 바,[73] 신라가 고구려의 도움을 받아 전진에 사신을 파견하였다고 볼 수 있기 때문이다. 이는 377년 무렵에 두 나라의 관계가 밀접하였음을 전제할 때에 합리적으로 이해할 수 있다. 즉 377년에 신라는 백제와 등을 돌리고 고구려와 우호관계를 맺었다고 볼 수 있다는 의미이다. 신라는 382년에 고구려의 도움을 받아 또 다시 前秦에 사신을 파견하였다. 이때 전진에 파견된 신라 사신 衛頭는 前秦王 符堅이 '卿이 말하는 海東의 일이 옛날과 같지 않으니, 어찌된 것인가?'라고 묻자, '중국과 마찬가지로 시대가 변혁되고 이름이 바뀌었으니, 지금 어찌 옛날과 같을 수가 있겠습니까?'라고 대답하였는데, 이를 통해 이 무렵에 신라가 비약적으로 발전하였음을 유추할 수 있다.[74]

---

70) 전덕재, 「373년 고구려 율령의 반포 배경과 그 성격」, 『한국고대사연구』80, 2015, 74~75쪽.
71) 王將兵三萬 侵高句麗平壤城. 十一月 高句麗來侵(『삼국사기』 백제본기제2 근구수왕 3년 겨울 10월). 百濟將兵三萬, 來侵平壤城. 十一月 南伐百濟(『삼국사기』 고구려본기제6 소수림왕 7년 겨울 10월).
72) 契丹犯北邊 陷八部落(『삼국사기』 고구려본기제6 소수림왕 8년 가을 9월).
73) 이에 대해서는 뒤에서 자세하게 언급할 예정이다.

373년에 백제 禿山城 城主가 300명을 이끌고 와서 신라에 항복하자, 나물왕이 그들을 받아들여 6부에 나누어 살게 하였다. 이에 대해 백제 근초고왕이 신라에 서신을 보내, '두 나라가 화친을 맺어 형제가 되기를 약속하였는데, 지금 대왕께서 우리의 도망한 백성을 받아들이니 화친한 뜻에 크게 어긋납니다. 이는 대왕이 바라는 바가 아닐 것입니다. 바라건대, 그들을 돌려 보내주십시오.'라고 하였으나, 신라 나물왕이 근초고왕의 요구를 들어주지 않았다. 아마도 독산성주의 투항을 계기로 신라와 백제 사이에 틈이 벌어졌고, 373년에서 377년 사이에 신라는 백제와의 우호관계를 끊고 고구려와 화친을 맺은 것으로 이해된다. 그렇다면 여기서 신라가 백제와의 관계를 단절하고 고구려와 연결한 이유는 무엇일까가 궁금하다고 하겠다.

앞에서 4세기 중반 이래 줄곧 신라와 왜는 긴장관계에 있었다고 언급하였다. 『삼국사기』신라본기에 왜가 364년(나물이사금 9), 393년(나물이사금 38)에 신라를 침략하였다고 전한다. 한편 『日本書紀』卷9 神功皇后 攝政 49년 봄 3월 기록에 神功皇后가 대규모 군대를 파견하여 신라를 격파한 다음, 加羅 7국을 평정하였다고 전한다. 종래에 이 기사를 둘러싸고 논의가 분분하였다.[75] 필자는 왜에서 369년 무렵에[76] 대규모 군대를 파견하여 신라를 정벌하고 가라 7국을 평정하였다는 사실 자체를 그대로 믿을 수 없다고 생각하고 있다. 광개토왕릉비에서 볼 수 있듯이 왜가 한반도에 대규모 군대를 처음 파견한 것은 399년 무렵으로 추정되기 때문이다. 따라서 여기서는 이 기사를 다른 신라

---

[74] 5세기 단계 낙동강 동안의 경상도 각 지역 首長層들의 분묘에서 경주의 積石木槨墳에서 발견된 금관과 형식이 같은 出字形 立飾의 金銅冠이 발견되고, 또 그 종속집단이 위치한 지역에서 발견된 도질토기의 양식이 경주고분에서 발견된 토기의 양식과 유사한 사실은 신라가 지방의 수장층들에 대한 통제를 강화하였던 사실을 전제로 할 때, 합리적으로 이해할 수 있다. 게다가 신라는 4세기 후반부터 일부 지방의 복속소국이나 읍락을 신라국가의 영역으로 편제하기 시작하였는데, 이때 소국이나 읍락을 촌이란 통치조직으로 재편하고, 지방의 지배세력들은 6부집단에 편입시키거나 촌주란 직책을 수여하여서 촌을 자치적으로 다스리도록 지배권을 그대로 인정해준 것으로 보인다. 이와 더불어 수취업무를 전담하는 도사와 같은 지방관을 파견하였을 개연성도 매우 높다. 이러면서 지방민을 공공사업이나 무덤의 축조에 효율적으로 징발하거나 여러 가지 물자를 수취하는 통치시스템도 보다 체계화되었을 것이다. 4세기 후반에 '辰韓'이란 명칭이 아니라 '新羅'라는 國號로 공식적인 외교교섭을 가졌는데, 이는 신라가 지방에 대한 통제를 강화하여 이와 같은 통치시스템의 토대가 갖추어진 사실을 전제로 할 때, 합리적인 이해가 가능함은 물론이다(전덕재, 앞의 논문, 2000, 88~92쪽).

[75] 이 기사를 둘러싼 제견해에 대해서는 김태식, 「백제의 가야지역 관계사 연구-교섭과 정복방식의 변화를 중심으로-」, 『백제의 중앙과 지방』, 충남대 백제연구소, 1997, 48~49쪽이 참조된다.

[76] 神功皇后 攝政 49년은 기년상으로 249이다. 일반적으로 백제 관련 『일본서기』 초기기록은 기년을 120년 인하하여 이해하고 있다.

정벌 설화와[77] 더불어 4세기 후반에 왜와 신라의 갈등이 매우 깊었음을 시사해주는 증거의 하나로서만 이해하고자 한다. 이외에 왜가 침공하였다는 기록은 神功皇后 攝政 62년 기록에도 보인다.[78] 이 기사 역시 사실 그대로 믿기 어려운 것은 마찬가지이다. 다만 이것 또한 4세기 후반 신라와 왜의 관계를 짐작케 해주는 하나의 자료로서 주목하고자 한다.

399년 무렵에 신라와 왜의 관계가 적대적이었던 사실은 광개토왕릉비에 왜가 신라의 변방을 침략하였다고 전하는 사실을 통해 알 수 있다.[79] 402년에 실성왕이 나물왕의 아들 未斯欣을 왜에 인질로 파견하여 우의를 다졌지만, 이것도 얼마가지 않아 왜의 신라 공격으로 깨지고 말았다.[80] 이후 5세기에 신라는 계속 왜의 침략에 시달렸다.

한편 앞에서 367년에 탁순국을 매개로 백제가 왜와 통교하였음을 살핀 바 있다. 광개토왕릉비에 399년에 왜가 신라 변방을 침략하자, 신라 매금(나물왕)이 고구려에 구원을 요청하였고, 이에 광개토왕이 步騎 5만을 보내 신라를 침략한 왜군을 무찌르고, 任那加羅 從拔城까지 진출하였다고 전한다. 이에서 당시 왜군이 가야와 연결하여 신라를 침략하였음을 추론할 수 있다. 결국 4세기 후반에 가야는 줄곧 왜와 밀접한 관계를 유지하였다고 볼 수 있는 것이다. 앞에서 280~290년대 또는 4세기 초에 일어난 포상팔국의 난을 계기로 금관가야에 대한 신라의 정치적 영향력이 강화되었다고 언급한 바 있다. 아마도 가야지역에 대한 신라의 영향력이 점차 강화되자, 4세기 후반에 금관가야와 탁순국 등은 왜와 백제를 끌어들여 신라를 견제하려 하였던 것으로 이해할 수 있다. 신라가 왜의 침략위협에 항상 노출되어 있는 상황에서 4세기 후반에 가야세력이 왜와 긴밀한 관계를 유지하자, 이에 대해 신라는 대단한 경각심을 가졌을 것으로 짐작된다. 368년에 신라는 백제와 화친관계를 맺었는데, 백제가 왜 및 가야세력과 긴밀한 관계를 맺고 있었기 때문에 백제를 통해 왜·가야세력을 견제하려는 목적에서 백제의 화친 제의를 수용한 것으로 보인다. 물론 고구려가 한반도 중부지역으로 진출하는 방향으로 전략을 수

77) 神功皇后 신라 정벌 관련 설화는 神功皇后 攝政 前紀 9년 겨울 10월과 12월 기록에도 보인다.

78) 新羅不朝. 卽年 遣襲津彦擊新羅(『日本書紀』 卷9 神功皇后 攝政 62년).

79) (永樂) 九年己亥 百殘違誓與倭和 通 王巡下平穰. 而新羅遣使白王云 倭人滿其國境 潰破城池 以奴客爲民 歸王請命. 太王恩慈 矜其忠誠 □遣使還告以□計. 十年庚子 敎遣步騎五萬 往救新羅. 從男居城 至新羅城 倭滿其中. 官軍方至 倭賊退. □背急追至任那加羅從拔城 城卽歸服(廣開土王陵碑).

80) 『삼국사기』 신라본기에 실성왕 4년, 6년, 7년, 14년에 왜가 신라를 침략하였다고 전한다.

정하면서 이에 대한 위기의식도 백제의 화친제의를 수용한 하나의 배경으로 작용하였음은 물론이다.[81]

그러나 백제가 371년 평양성전투에서 승리한 이후, 고구려의 침략 위협이 현저히 줄었다고 볼 수 있다. 여기다가 신라인들은 373년 독산성주의 투항 사건을 계기로 백제와의 관계도 소원해지면서, 백제와 가야, 왜가 서로 연합하여 자국을 협공하는 상황도 충분히 예견하였을 것으로 짐작된다. 이에 신라는 백제와 가야, 왜를 견제하기 위해 고구려와의 연결을 적극 모색하였을 가능성이 높다고 보인다. 게다가 고구려 역시 신라를 끌어들여 백제를 협공하면, 전략적으로 유리하였기 때문에 신라에 접근한 것으로 여겨진다. 결국 373년에서 377년 사이에 양자의 이해관계가 일치하여 그들은 화친관계를 맺었다고 추정해볼 수 있다. 고구려가 375년부터 본격적으로 백제를 침략한 것으로 보건대, 375년을 전후한 시기에 신라와 고구려가 화친관계를 맺고, 고구려는 이를 기반으로 백제에 대한 대대적인 공세에 나섰다는 추론도 충분히 가능할 것이다.

하지만 이 무렵에 신라가 고구려에 附庸되었다고 보기는 어렵다. 당시 고구려는 백제와의 전쟁에서 패배하여 국력이 약화된 상태였고, 게다가 전략적으로 백제를 견제하기 위하여 신라와의 연결이 절실하였던 시점이었던 바, 당시에 신라에게 부용국의 지위를 강요하였을 가능성은 적다고 보이기 때문이다. 그러나 광개토왕대인 390년대에 고구려의 우위가 확고해진다. 392년에 신라 나물왕이 고구려가 강성하여서 실성을 인질로 보냈다고 하였는데,[82] 이를 통하여 이 무렵에 신라가 명실상부한 고구려의 부용국이 되었음을 엿볼 수 있다. 이는 399년에 신라 나물왕이 스스로 고구려왕의 奴客이라고 자처하였던 사실을 통해서도 방증할 수 있다.

한편 고구려와 백제는 375년부터 광개토왕이 즉위하기 이전인 390년 무렵까지 황해도지역에서 일진일퇴의 공방전을 전개하였다. 그런데 광개토왕이 즉위한 391년부터 고구려가 백제를 압도하고 완전한 우위를 점하기 시작하였다.[83] 『삼국사기』고구려본기와 백제본기에 따르면, 392년에 고구려 광개토왕이 군사를 이끌고 백제를 공격하여 石

---

81) 전덕재, 앞의 논문, 2000 84~86쪽.

82) 高句麗遣使. 王以高句麗强盛, 送伊飡大西知子實聖爲質(『三國史記』 新羅本紀第3 奈勿尼師今37年 봄 正月).

83) 『삼국사기』고구려본기에는 광개토왕이 392년에 즉위하였다고 전하나, 광개토왕릉비에서 391년이 광개토왕 원년이라고 전하여 차이를 보인다. 여기서는 광개토왕릉비의 기년에 의거하여 서술하였다.

峴城 등 10성을 함락시켰고, 또한 關彌城을 공격하여 차지하였을 뿐만 아니라 漢水 북쪽의 여러 부락을 빼앗았다고 한다.[84] 이밖에도 390년대에 여러 전투에서 고구려가 백제를 물리쳤다고 전한다.[85] 이에 반해 광개토왕릉비에는 396년에 광개토왕이 직접 군사를 거느리고 백제의 漢城을 공격하여 阿莘王의 항복을 받아냈는데, 이때 아신왕은 영원히 고구려왕의 奴客이 되겠다고 맹세하였다고 하며, 광개토왕은 한강 이북의 각미성(閣彌城: 관미성〈關彌城〉)을 비롯한 58성과 700촌을 획득하고, 아신왕의 동생과 대신 10인을 데리고 수도로 개선하였다고 전한다.

고구려의 침략으로 위기에 처하자, 백제 아신왕은 397년에 太子 腆支를 왜에 볼모로 보내고,[86] 군사적 지원을 요청한 것으로 보인다. 4~5세기에 왜왕은 중국과 한반도로부터 철이나 금은제품, 그리고 여러 가지 선진문물을 독점적으로 수입하여 권력을 집중시켜 나갔다. 처음에 왜왕은 신라와 가야로부터 선진문물을 주로 수입하다가 4세기 후반에 그 루트를 백제로 변경한 바 있다.[87] 그런데 백제 정세의 불안은 그러한 물품의 수입에 차질을 빚고, 그것은 왜왕의 권력기반 약화와 직결되었기 때문에 왜왕은 백제 아신왕의 구원 요청을 수용한 것으로 이해된다. 왜국은 두 방향으로 한반도에 군사를 파견하였다. 하나는 가야를 거쳐 고구려의 복속국이었던 신라를 공격하는 것이고, 다른 하나는 직접 고구려를 공격하는 것이었다. 왜는 먼저 399년에 가야를 거쳐 신라의 변방을 침략하였다. 신라의 구원 요청을 받은 고구려 광개토왕이 步騎 5만을 보내 신라를 침략한 왜군을 무찔렀음은 앞에서 언급한 바와 같다. 한편 광개토왕릉비에서 永樂 14년(404)에 왜군이 고구려의 帶方界를 공격하였다가 고구려군의 반격을 받아 潰滅되었다고

---

[84] 秋七月 高句麗王談德帥兵四萬 來攻北鄙 陷石峴等十餘城. 王聞談德能用兵 不得出拒 漢水北諸部落多沒焉. 冬十月 高句麗攻拔關彌城(『삼국사기』 백제본기제3 진사왕 8년 가을 7월).
南伐百濟拔十城. 冬十月 攻陷百濟關彌城. 其城四面峭絶 海水環繞 王分軍七道 攻擊二十日乃拔(『삼국사기』 고구려본기제6 광개토왕 원년 가을 7월).
『삼국사기』에 따르면, 진사왕 8년과 광개토왕 원년은 기년이 392년이라고 한다. 고구려본기의 기록은 백제본기 기록을 참조하여 서술하였다고 이해하여(전덕재, 앞의 책, 2018a, 250~255쪽) 여기서는 392년이라고 표기하였다.

[85] 『삼국사기』 백제본기에 아신왕 2년(393) 8월, 3년 7월. 4년 8월에 백제가 고구려와 싸웠다고 전한다.

[86] 王與倭國結好 以太子腆支爲質(『삼국사기』 백제본기제3 아신왕 6년 여름 5월).
한편 『日本書紀』 卷10 應神天皇 8년 3월 기록에 『百濟記』에는 阿花王(아신왕)이 왕위에 있으면서 貴國에 예의를 갖추지 않았으므로 (왜국이) 우리의 枕彌多禮 및 峴南 · 支侵 · 谷那 · 東韓의 땅을 빼앗았다. 이에 王子 直支(전지)를 天朝에 보내 선왕의 우호를 닦게 하였다.'라고 전한다.

[87] 이에 대한 자세한 내용은 전덕재, 앞의 논문, 2000, 105~106쪽이 참조된다.

하였다.[88] 5세기에 들어서도 왜국은 백제와 긴밀한 관계를 유지하면서 신라를 자주 침략하였고, 당시에 신라는 왜의 동향에 민감하게 반응하며 대외정책을 추진하였다.

2. 後燕의 약화와 고구려의 요동진출

355년 전연과 고구려가 조공 – 책봉관계를 맺은 이후, 고구려가 전연을 공격하였다는 기록은 더 이상 보이지 않는다. 그런데 370년 11월에 前秦의 王猛이 前燕의 수도인 鄴城을 공격하여 함락시키고 전연을 멸망시켰다. 이때 전연의 太傅 慕容評이 고구려로 도망쳐 왔는데, 고구려는 그를 붙잡아 전진에 보냈다. 한편 371년에 평양성전투에서 고국원왕이 백제군이 쏜 화살을 맞아 사망하였고, 그 뒤를 이어 小獸林王이 즉위하였다. 372년 (소수림왕 2) 6월에 前秦의 符堅이 사신과 승려 順道를 파견하여 佛像과 經文을 보내오자, 이에 대해 소수림왕은 사신을 보내 答禮하고 토산물을 바쳤다.[89] 이때부터 384년 前秦이 쇠락할 때까지 계속해서 우호관계를 유지하였다. 다만 380년 3월에 幽州刺史 符洛이 반란을 일으켰다가 2개월 만에 진압되었는데, 이때 부락이 鮮卑와 烏桓, 고구려, 백제, 薛羅(신라), 休忍 등의 병력을 동원하려고 하였으나, 성공을 거두지 못한 바 있다.[90]

383년 11월에 東晉 정벌에 나섰던 前秦이 肥水戰에서 동진군에게 크게 패배하였는데, 이후부터 전진의 통치체제가 급격하게 붕괴되었다. 이 틈을 타서 369년에 前秦에 항복하였던 전연의 王族 慕容垂가 384년 1월에 滎陽에서 연의 再建을 선포하고, 곧바로 전연의 수도였던 鄴城을 공략하자, 화북일대의 여러 州郡이 모용수에게 항복하였다. 모용수가 새로 건국한 燕을 後燕이라고 부르는데, 후연은 385년 2월에 薊城을 함락시키고, 5월에 龍城을 공격하였다.[91] 그러나 여전히 요서지역에서 前秦의 符丕와 丁零勢力의

[88] (永樂)十四年甲辰 而倭不軌 侵入帶方界. □□□□□石城□連船□□□ 王躬率□□ 從平穰□□□鋒相遇. 王幢要截盪刺 倭寇潰敗 斬煞無數(廣開土王陵碑).

[89] 秦王符堅遺使及浮屠順道 送佛像經文. 王遺使廻謝 以貢方物(『삼국사기』 고구려본기제6 소수림왕 2년 여름 6월).

[90] 又以符洛爲散騎常侍持節都督益寧西南夷諸軍事征南大將軍益州牧領護西夷校尉 鎭成都 命從伊闕自襄陽溯漢而上. 洛健之兄子也 雄勇多力 --- 於是自稱大將軍大都督秦王 署置官司 以平顔爲輔國將軍 幽州刺史 爲其謀主 分遣使者徵兵於鮮卑烏丸高句麗百濟及薛羅休忍等諸國 並不從(『晉書』 卷113 載記第13 符堅上).

[91] 모용수의 후연 건국과정에 대한 자세한 내용은 지배선, 앞의 책, 1986, 231~237쪽이 참조된다.

도전이 계속되었고, 특히 이해 4월에 幽州와 冀州 일대에 큰 기근이 들어 민심이 동요하였을 뿐만 아니라 후연군도 많이 餓死하기도 하였다.[92]

385년 4월 무렵에 후연의 기세가 주춤해지자, 이해 6월에 고구려 고국양왕은 군사 4만 명을 보내 요동을 습격하였다. 龍城에 진주하고 있던 帶方王 慕容佐가 司馬 郝景을 시켜 군사를 거느리고 구원하게 하였으나, 고구려군이 후연군을 쳐서 이기고 요동과 현도를 차지하였다. 한편 이해 7월에 후연의 建節將軍 餘巖이 冀州 武邑에서 반란을 일으켜 平朔將軍 平規가 이끄는 후연군을 격파하고 薊城에 들어가 1천여 호를 약탈한 다음, 灅河 하류의 令支로 나아가 雄據하였다.[93] 이 무렵 鮮于得이 丁零의 翟成을 살해하고 후연에 항복하면서 정령세력이 약화되었으며, 전진의 符丕도 이해 8월에 鄴城을 떠나 幷州의 晉陽으로 옮기고 符堅의 뒤를 이어 帝位에 올랐다.[94] 후연은 곧바로 鄴城을 차지하고, 11월에 慕容農이 군사 3만을 거느리고 令支를 습격하여 여암을 참수한 다음, 이어 곧바로 요동방면으로 진격하여 고구려군을 물리치고 요동군과 현도군을 다시 차지하였다.[95] 이에 앞서 幽州와 冀州의 백성들이 고구려로 많이 흘러들어 갔는데, 요동을

---

[92] 燕秦相持經年 幽冀大饑 人相食 邑落蕭條. 燕之軍士多餓死 燕王垂禁民養蠶 以桑椹為軍糧(『資治通鑑』 권106 晉紀29 太元 10년 4월).

[93] 燕建節將軍餘巖叛 自武邑北趣幽州. 燕王垂馳使敕幽州將平規曰 固守勿戰 俟吾破丁零自討之. 規出戰 為巖所敗. 巖入薊 掠千餘戶而去 遂據令支(『資治通鑑』 권106 晉紀29 太元 10년 7월).
종래에 후연의 장군으로 전하는 餘巖을 부여의 유민이었다고 이해하고, 나아가 중국의 사서에 백제의 王姓인 扶餘氏를 단지 餘氏라고 기술한 사실을 주목한 다음, 『宋書』의 찬자가 餘巖을 백제인이라고 착각하여, 『宋書』 백제전에 '(백제는) 高驪(고구려)와 더불어 요동의 동쪽 천여 리에 있다. 그 후 고려가 遼東을 공략하여 차지하자, 백제는 遼西를 공격하여 차지하였다.'라고 서술하였다고 이해하는 견해가 제기되었다(여호규, 「백제의 요서진출설 재검토」, 『진단학보』 91, 2001). 한편 백제의 요서진출을 알려주는 『宋書』의 기록은 결코 편찬자의 착각이라고 단정하기에는 근거가 부족하다고 비판하고, 384년 7월 무렵에 餘巖이 백제와 연결하였으며, 이때 백제와 함께 공동의 군사 행동을 전개하여 후연으로부터 요서지역을 탈취한 다음, 그 지역에서 일정 기간 동안 공동으로 지배권을 행사하였을 것이라고 추정한 견해가 제기되기도 하였다(강종훈, 「4세기 백제의 요서지역 진출과 그 배경」, 『한국고대사연구』 30, 2003).

[94] 長樂公丕在鄴 將西赴長安 幽州刺史王永在壺關 遣使招丕 丕乃帥鄴中男女六萬餘口西如潞川 驃騎將軍 張蚝 幷州刺史王騰迎之入晉陽. 王永留平州刺史苟沖守壺關 自帥騎一萬會丕於晉陽. 丕始知長安不守 堅已死 乃發喪 即皇帝位. 追諡堅曰宣昭皇帝 廟號世祖 大赦 改元大安(『資治通鑑』 권106 晉紀29 太元 10년 8월).

[95] 慕容農攻克令支 斬徐(餘)岩兄弟 時伐高句驪 復遼東玄菟二郡 還屯龍城(『晉書』卷123 載記23 慕容垂).
慕容農至龍城 休士馬十餘日. 諸將皆曰 殿下之來 取道甚速 今至此. 久留不進 何也. 農曰 吾來速者 恐餘巖過山鈔盜 侵擾良民耳. 巖才不逾人 訛誘饑兒 烏集為群 非有綱紀. 吾已扼其喉 久將離散 無能為也. 今此田善熟 未收而行 徒自耗損 當俟收畢 往剪梟之 亦不出旬日耳. 頃之 將將步騎三萬至令支 巖衆震駭 稍稍逾城歸農. 巖計窮出降 農斬之. 進擊高句麗 復遼東玄菟二郡. 還至龍城上 上疏請繕修陵廟. 燕

차지한 후에 모용농이 驃騎司馬 范陽人 龐淵을 요동태수로 삼아서 그들을 招誘하게 하였다.[96] 이후에 후연이 요서와 요동지역을 확고하게 지배하였기 때문에 한동안 고구려가 요동으로 진출할 수 없었다.

396년 3월에 후연의 황제 慕容垂가 사망하였다. 모용수의 뒤를 이어 四子인 慕容寶가 42세의 나이로 황제에 등극하였다. 이해 6월에 北魏 拓跋珪가 장군 王建 등을 보내 후연의 廣寗太守 劉亢泥를 공격하여 그를 斬한 다음, 그 部落을 平城으로 옮겼으며, 上谷太守 開封公 慕容詳(모용황의 증손)은 郡을 버리고 달아났다. 이해 11월에 北魏가 후연의 幽州를 습격하고, 이어 鄴城과 中山, 信都를 공격하였다가 후연의 강력한 저항으로 실패하였다. 397년 정월에 北魏 拓跋珪가 信都를 공격하여 함락시키자, 모용보가 북위군에 반격을 하였다가 크게 패하였다. 이해 3월에 大將軍 慕容麟이 兄인 모용보를 제거하려다가 실패하였는데, 이에 모용보는 모용린이 幽州의 군대를 탈취할까 두려워하여 中山을 떠나 龍城으로 遷都하였다. 모용보가 龍城으로 이동하던 도중에 그의 庶子 慕容會가 반란을 일으켰는데, 慕容農(모용보의 동생)과 함께 모용회를 죽여야 한다고 주장하였던 慕容隆(모용보의 동생)이 馮跋의 도움으로 간신히 살아남고 모용보와 모용농은 용성으로 도망쳤다. 모용회의 반란은 곧 진압되었고 모용보는 龍城을 중심으로 나라를 추스릴 수 있었다.

한편 모용보로부터 開封公으로 책봉되었던 慕容詳이 모용보가 中山을 떠난 후에 그곳을 지키고 있었는데, 397년 4월에 모용보에게 반란을 일으켰다가 실패한 慕容會가 중산으로 도망오자, 모용상이 그를 죽였다. 이해 5월에 모용상이 중산에서 황제를 칭하였다가 9월에 慕容麟이 거느린 丁零軍의 공격을 받아 참수되었다. 이후 모용린은 스스로 후연의 황제를 자칭하면서 연호를 延平으로 하였으나 이해 10월에 北魏의 공격을 받아 中山을 빼앗겼고, 결국 모용린은 帝位를 포기하고 鄴城에 있는 慕容德(모용수의 동생)에게 도망가 의탁하였다. 이후 모용린은 모용덕에게 滑台로 근거지를 옮길 것을 조언하였고, 마침내 모용덕은 모용린의 건의를 받아들였다. 398년 정월에 모용린이 모용덕에게 황제에 즉위할 것을 권하자, 결국 모용덕이 燕의 황제로 등극하였는데, 일반적으로 모용덕이 건국한 연을 南燕이라고 부른다. 모용덕이 업성을 떠난 후에 北魏軍이 그곳으

王垂以農為使持節都督幽平二州北狄諸軍事幽州牧 鎮龍城(『資治通鑑』 卷106 晉紀28 太元 10년 11월).
[96] 先是幽冀流民多入高句麗 農以驃騎司馬范陽龐淵為遼東太守 招撫之(上同).

로 진주하였다. 398년 5월에 蘭汗이 龍城에서 모용보를 시해하였고, 이해 7월에 모용보의 庶長子 慕容盛이 난한을 죽이고 후연의 帝位를 계승하였다. 모용성의 즉위 이후 9개월 동안 후연에서 문무관료들에 의해 중앙과 지방에서 연이어 모반사건이 발생하였다.[97]

이처럼 후연이 내란으로 국력이 크게 약화된 틈을 타서 고구려가 적극적으로 요동진출을 도모하였다. 광개토왕릉비에 395년에 광개토왕이 稗麗(거란족 匹潔部)를 정복하고, 襄平道를 지나 東으로 ○城, 力城, 北豐, 五備○로 오면서 영토를 시찰하고 수렵을 한 후에 돌아왔다고 전한다. 378년(소수림왕 8) 9월에 거란이 고구려의 북쪽을 침략하여 8개 部落을 함락시킨 적이 있는데, 광개토왕은 이에 대한 보복으로 거란을 침략하였던 것으로 보인다. 참고로 『삼국사기』 고구려본기에는 391년(광개토왕 원) 9월에 '북쪽으로 거란을 정벌하고 남녀 500명을 사로잡았으며, 또 거란에 잡혀 있던 본국 백성 1만 명을 불러 타일러 데리고 돌아왔다.'고 전한다.

한편 양평도는 양평의 북쪽에서부터 서남쪽으로 요동반도를 따라 나있던 길로 추정되고 있다.[98] 광개토왕릉비의 기록을 통해 395년 무렵에 요동일대를 점령하였음을 엿볼 수 있지만, 그러나 당시에 고구려가 요동지역을 확고하게 차지하였다고 보기 힘들다. 400년 3월에 襄平令 段登이 反亂을 꾀하였다가 伏誅되었다.[99] 여기서 양평은 요동군의 치소였으므로, 이를 통해 400년 3월 무렵까지 고구려가 요동군지역을 확고하게 장악하지 못하였음을 엿볼 수 있기 때문이다.[100] 399년 정월에 광개토왕이 후연에 사신을 보내 朝貢하였다. 그런데 후연왕 慕容盛이 광개토왕이 후연을 섬김에 있어 예절이 오만하다고 하여 400년 2월에 스스로 군사 3만을 거느리고 고구려를 습격하였는데, 驃騎大將軍 慕容熙를 선봉으로 삼아 新城과 南蘇城 두 성을 함락시키고, 700여 리의 땅을 넓혀 5천 호를 옮겨 놓고 돌아갔다.[101] 광개토왕릉비에서 399년에 왜군이 신라 변방을 침략

---

97) 이상의 내용은 지배선, 앞의 책, 1986, 296~307쪽이 참조된다.

98) 한국고대사회연구소, 『역주 한국고대금석문』 1(고구려·백제·낙랑편), 가락국사적개발연구원, 1992, 24쪽.

99) 辛卯 燕襄平令段登等謀反 誅(『資治通鑑』 권111 晉紀33 隆安 4년 3월).

100) 여호규, 앞의 논문, 2001, 16쪽.
     한편 이성제, 「4세기말 고구려와 후연의 관계」, 『한국고대사연구』 68, 2012, 56~59쪽에서 395년 무렵에 후연이 평곽과 양평을 여전히 차지하고 있었고, 後燕과 高句麗가 요동을 分占하였을 가능성이 높다는 견해를 제기하였다.

하자, 신라 나물왕이 고구려에 구원을 요청하였고, 다음해에 광개토왕이 步騎 5만을 보
내 신라를 침략한 왜군을 무찔렀다고 하였다. 고구려가 南征을 위해 대규모 군대를 파
견하느라고 모용성의 침략에 제대로 대처하지 못한 것으로 추정해볼 수 있다.

후연의 침략에 대해 광개토왕이 402년에 반격에 나섰다. 광개토왕은 이해 5월에 군사
를 보내 宿軍城을 공격하게 하였는데, 이때 후연의 平州刺史 慕容歸가 성을 버리고 달
아났다고 한다.[102] 숙군성은 龍城 동북방의 北鎮 부근에 위치하였는데, 이곳은 요서지
역에 해당한다. 고구려가 요서지역에 위치한 숙군성을 공격하여 함락시켰던 것에서 당
시에 이미 요동군지역을 차지하였음을 추론할 수 있다. 또한 404년(광개토왕 13) 12월에
도 고구려가 후연을 침략하였다고 알려졌다.[103] 이에 대해 405년(광개토왕 14) 2월에
401년 8월에 모용성을 이어 후연왕에 즉위한 慕容熙가 요동성을 침략하였다가 고구려
의 강력한 저항에 부딪쳐 이기지 못하고 돌아갔다.[104] 또한 406년 정월에 모용희가 거
란을 침략하려다가 여의치 않자, 군대를 돌려 고구려 木底城을 공격하였다가 이기지 못
하고 돌아갔다.[105] 405년 정월에 후연이 요동성을 공격한 것으로 보건대, 그 이전에 고
구려가 확고하게 요동지역을 차지하였다고 이해할 수 있다. 구체적으로 후연의 숙군성
을 공격한 402년 5월에서 그리 멀지 않은 시기였다고 추정해볼 수 있다.[106] 고구려가
313년과 314년에 낙랑군과 대방군을 병합한 이래, 요동진출을 적극적으로 모색한 결과,
후연의 약화를 틈타 마침내 402년 무렵에 요동진출의 꿈을 달성하였다고 정리할 수 있
다.

모용희가 407년 7월에 그의 부하인 中衛將軍 馮跋과 左衛將軍 長興에게 시해당하면
서 후연이 멸망하였다. 풍발 등은 모용보의 양자였던 慕容雲(高雲)을 天王으로 옹립하

---

[101] 正月 高句麗王安事燕禮慢. 二月 丙申 燕王盛自將兵三萬襲之 以驃騎大將國熙爲前鋒 拔新城南蘇二城 開境七百餘里 徙五千餘戶而還(『資治通鑑』 권111 晉紀33 隆安 4년).

[102] 高句麗攻宿軍 燕平州刺史慕容歸棄城走(『資治通鑑』 권112 晉紀34 元興 원년 5월).

[103] 高句麗侵燕(『資治通鑑』 권113 晉紀35 元興 3년 12월).

[104] 燕王熙伐高句麗. 戊申 攻遼東城 且陷 熙命將士 毋得先登 俟剗平其城 朕與皇后乘輦而入. 由是城中得 嚴備 卒不克而還(『資治通鑑』 권114 晉紀36 義熙 원년 정월).

[105] 正月 燕王熙至陘北 畏契丹之衆 欲還 苻後不聽. 戊申 遂棄輜重 輕兵襲高句麗. -- 二月 燕軍行三千餘 里 士馬疲凍 死者屬路 攻高句麗木底城 不克而還(『資治通鑑』 권114 晉紀36 義熙 2년).

[106] 종래에 본래 後燕 平州의 治所는 요동의 平郭이었지만, 402년 5월 무렵에 평주자사 모용귀가 숙군성 에 있었던 사실을 근거로 당시 이미 평주의 치소를 평곽에서 요서지역의 숙군성으로 옮겼다고 추정 한 다음, 400년 2월에서 402년 5월 사이에 고구려가 요동지역을 차지하였다고 주장한 견해가 제기되 어 주목된다(여호규, 앞의 논문, 2001, 16쪽).

였는데, 모용운이 건국한 연을 北燕이라고 부른다. 모용운은 본래 고구려 사람이었는데, 일찍이 慕容寶가 太子로 있을 때 東宮의 武藝給事를 지낸 인연으로 모용보의 마음에 들게 되어, 뒤에 그의 양자가 되고 慕容氏를 賜姓받았다.[107] 그는 천왕에 즉위한 뒤에 다시 高氏로 성을 바꾸었다. 409년 겨울에 高雲은 離班과 桃仁에게 살해되었고, 이들을 제거한 馮跋이 고운의 뒤를 이어 북연의 天王에 등극하였다.

Ⅳ. 맺음말

이상 본문에서 4세기 국제정세의 변화와 삼국 및 가야의 동향에 대해 살펴보았다. 본문에서 살핀 내용을 요약 정리하는 것으로서 맺음말에 대신하고자 한다. 290년에 武帝가 사망한 이후 황위계승분쟁이 발생하여 西晉이 약화되자, 이 틈을 타서 遼西地域에서 鮮卑族 慕容部가 흥성하였다. 이에 따라 東夷校尉府의 영향력이 크게 약화되었고, 여기에다 309년에 선비족 素喜連과 木丸津이 요동지역으로 진출하면서 요동지역의 정세가 혼란에 빠지자, 고구려는 311년에 西安平을 공격하여 차지한 다음, 313년과 314년에 樂浪郡과 帶方郡을 공격하여 병합하고, 본격적으로 요동진출을 꾀하였다.

316년에 서진이 몰락한 후 皇族인 司馬睿가 317년에 建康(중국 南京)을 도읍으로 하여 晉을 재건하였고, 모용부의 慕容廆가 요동지역으로 세력을 확장하면서 고구려와 갈등을 빚었다. 고구려는 後趙와 연결하여 모용부가 세운 前燕을 압박하면서 요동진출을 꾀하였으나 모용외의 강력한 저항에 부딪쳐 성공을 거두지 못하였다. 333년에 모용외가 사망하자, 그의 뒤를 이어 慕容皝이 전연을 통치하였다. 모용황은 먼저 선비족 段部를 제압한 다음, 이어 342년에 고구려를 공격하여 丸都城을 함락시키고, 고국원왕의 아버지인 미천왕의 시신을 탈취하는 한편, 고국원왕의 어머니 周氏와 王妃 및 포로로 잡은 남녀 5만여 명을 데리고 퇴각하였다. 343년에 고구려 고국원왕이 아우를 前燕에 파견하여 미천왕의 시신과 어머니 주씨를 돌려달라고 요청하였으나 모용황은 미천왕의 시신만을 돌려보내고 인질들은 여전히 남겨두었다. 모용황의 뒤를 이은 慕容儁이 화북지방

---

107) 慕容雲 字子雨 寶之養子也 祖父高和 句驪之支庶. 自云高陽氏之苗裔 故以高為氏焉 -- 寶之為太子 雲以武藝給事侍東宮 拜侍御郞 襲敗慕容會軍. 寶子之 賜姓慕容氏(『晉書』 卷124 載記24 慕容雲).

과 산동지방, 요서와 요동지역을 차지하고 皇帝를 칭하자, 355년에 고구려가 前燕에 사신을 보내 조공을 바치며 어머니 周氏의 送還을 요구하였고, 이에 모용준은 고국원왕을 征東大將軍 營州刺史로 책봉하고, 왕의 어머니를 돌려보냈다.

4세기 전반에 고구려는 요동진출을 모색하면서 주로 前燕 및 後趙와 관계를 맺었고, 백제 및 신라와의 교섭에 크게 관심을 두지 않았다. 백제는 4세기 초반에 樂浪郡과 帶方郡으로 진출하려다가 뜻을 이루지 못하였다. 4세기 전반까지 백제와 신라는 마한과 진한 소국에 대한 통제를 강화하면서 마한과 진한의 경계지점인 충북 일원에서 자주 충돌하였다. 3세기 후반까지 신라는 왜의 침략에 시달렸고, 낙동강수로를 둘러싸고 金官國과 대립하였다. 3세기 후반 이후 신라가 금관국을 압도하면서 영남지역의 대표적인 나라로 성장하였고, 가야세력은 신라에 저항하며 자체적인 성장을 도모하였으나 한계가 있었다. 4세기 전반에 신라는 왜국 및 가야세력과 대립하는 형세였고, 고구려와 백제, 신라 사이에 국력을 기울인 角逐戰은 본격적으로 전개되지 않았다.

고구려는 前燕에 의해 요동진출이 좌절되자, 방향을 돌려 한반도 중부지역으로의 진출을 모색하였다. 이에 대해 백제 근초고왕이 가야·왜·신라·동진과 잇따라 통교하며 고구려의 남침에 대비하였다. 369년에 백제는 고구려의 침략을 물리치고, 371년에 고구려의 평양성을 공격하여 크게 승리하였다. 평양성전투에서 참패한 고구려는 한동안 내부의 지배체제 정비에 힘을 쏟는 한편, 신라와의 연결을 모색하였다. 373년 禿山城 城主가 신라에 투항한 이후 신라와 백제의 사이가 벌어졌고, 이러면서 신라는 백제가 가야 및 왜와 연합하여 자신들을 협공할 수 있다고 예견하여 백제-가야-왜 연합세력을 견제하기 위해 고구려와 연대하려 하였다. 두 나라의 이해관계가 일치하여 375년 무렵에 고구려와 신라가 우호관계를 맺었고, 고구려는 이에 힘입어 375년부터 고구려를 다시 공격하기 시작하였다. 한편 신라는 고구려의 도움을 받아 前秦에 두 차례에 걸쳐 사신을 파견하여 자신의 존재를 중국에 널리 알리는 한편, 고구려로부터 선진문물을 수용하여 자체의 성장을 도모하였을 뿐만 아니라 이를 기초로 하여 지방 소국과 읍락에 대한 통제를 한층 더 강화하였다.

375년부터 391년 광개토왕이 즉위하기 전까지 고구려와 백제는 황해도지역에서 일진일퇴의 공방전을 전개하였다. 그러나 391년에 광개토왕이 즉위하면서 고구려가 백제를 압도하고 완전한 우위를 확보하였다. 광개토왕은 390년대에 여러 차례에 걸쳐 백제를 공격하여 승리하였고, 마침내 한강 이북의 58성 700촌을 획득하는 성과를 거두었다. 고구려의 백제에 대한 공세가 강화되자, 백제가 왜에 도움을 요청하였는데, 이에 왜국은 고구려의 복속국인 신라를 공격하는 한편, 고구려를 직접 공격하였다가 모두 고구려군의 반격을 받아 패하였다. 375년 무렵에 성립된 고구려−신라 연합세력 대 백제−가야−왜 연합세력의 대결구도는 5세기 중반까지 대체로 유지되었다.

370년에 前秦이 前燕을 멸망시킨 이래 고구려는 前秦과 계속해서 우호관계를 유지하였다. 383년에 前秦이 肥水戰에서 東晉에게 패하면서 전진의 통치체제가 급격하게 붕괴되었다. 이 틈을 타서 384년에 前燕의 왕족이었던 慕容垂가 연나라를 재건하였는데, 이것을 後燕이라고 부른다. 후연이 국가체제를 체계적으로 정비하기 이전인 385년에 부여인의 후예인 餘巖이 令支에 雄據하며 위세를 떨쳤고, 고구려는 遼東과 玄菟地域을 공격하여 차지하였다. 그러나 이해에 곧바로 後燕이 令支를 공격하여 여암을 참수하는 한편, 고구려를 공격하여 요동과 현도지역을 되찾았다. 이후에 후연이 요서와 요동지역을 확고하게 통치하였기 때문에 고구려는 한동안 요동지역으로 진출하기 어려웠다.

396년 모용수가 사망한 이후에 후연에서 황위계승을 둘러싸고 내분이 일어났고, 여러 관료에 의한 모반사건도 잇따라 발생하였다. 내분으로 후연의 국력이 약화된 틈을 타서 고구려가 400년 2월과 402년 5월 사이에 요동지역을 공격하여 차지하였다. 405년과 406년 두 차례에 걸쳐 후연이 고구려를 공격하였다가 패하였다. 고구려는 이후 요동지역을 발판으로 중원지역으로 진출하려다가 北魏의 팽창으로 뜻을 이루지 못하였다. 427년에 장수왕은 북위의 침략에 대비하여 國內城에서 平壤으로 수도를 옮기고, 남진정책을 본격적으로 추진하였다. 이에 대해 백제와 신라가 동맹을 맺어 고구려의 남진에 대응하면서 한반도의 형세는 고구려 대 백제−신라 동맹세력이 대결하는 구도로 전환되었다.

【참고문헌】

강봉룡, 「영산강유역 고대사회 성격론」, 『지방사와 지방문화』 3-1, 2000.

강종훈, 「4세기 백제의 요서지역 진출과 그 배경」, 『한국고대사연구』 30, 2003.

김영심, 「백제 지방통치체제 연구-5~7세기를 중심으로-」, 서울대학교 박사학위논문, 1997.

김영심, 「영산강유역 고대사회와 백제」, 『지방사와 지방문화』 3-1, 2000.

김영심, 「문헌자료로 본 忱彌多禮의 위치」, 『백제학보』 9, 2013.

김태식, 「함안 아라국의 성장과 변천」, 『한국사연구』 86, 1994.

김태식, 「백제의 가야지역 관계사 연구-교섭과 정복방식의 변화를 중심으로-」, 『백제의 중앙
        과 지방』, 충남대 백제연구소, 1997.

남재우, 『안라국사』, 혜안, 2003.

노중국, 「문헌기록 속의 영산강유역-4~5세기를 중심으로-」, 『백제학보』 6, 2011.

노중국, 『백제정치사』, 일조각, 2018.

박순발, 「4~6세기 영산강유역의 동향」, 『백제사상의 전쟁』, 서경문화사, 2000.

여호규, 「4세기 동아시아 국제질서와 고구려 대외정책의 변화」, 『역사와 현실』 36, 2000.

여호규, 「백제의 요서진출설 재검토」, 『진단학보』 91, 2001.

윤선태, 「마한의 진왕과 신분고국-영서예지역의 역사적 추이와 관련하여-」, 『백제연구』 34,
        2001.

이병도, 「근초고왕척경고」, 『한국고대사연구』, 박영사, 1976.

이성제, 「4세기말 고구려와 후연의 관계」, 『한국고대사연구』 68, 2012.

이현혜, 「4~5세기 영산강유역 토착세력의 성격」, 『역사학보』 166, 2000.

임기환, 「3세기~4세기 초 위·진의 동방정책」, 『역사와 현실』 36, 2000.

임기환, 「『삼국사기』 온조왕본기 영역 획정기사의 성립 시기」, 『역사문화연구』 47, 2013.

임영진, 「침미다례의 위치에 대한 고고학적 고찰」, 『백제문화』 43, 2010.

전덕재, 「4세기 국제관계의 재편과 신라의 대응」, 『역사와 현실』 36, 2000.

전덕재, 「이사금시기 신라의 성장과 6부」, 『신라문화』 21, 2003.

전덕재, 「삼국시대 황산진과 가야진에 대한 고찰」, 『한국고대사연구』 47, 2007.

전덕재, 「우주수의 설치와 변천에 관한 고찰」, 『강원문화연구』 28, 2009.

전덕재, 「백제의 율령 반포 시기과 그 변천」, 『백제문화』 47, 2012.

전덕재, 「373년 고구려 율령의 반포 배경과 그 성격」, 『한국고대사연구』 80, 2015.

전덕재, 『삼국사기 본기의 원전과 편찬』, 주류성, 2018.

전덕재, 「4~7세기 백제의 경계와 그 변화-경기와 충청지역을 중심으로-」, 『백제문화』 58, 2018.

정지은, 「3~4세기 백제의 대중교섭과 동이교위」, 『역사와 현실』 112, 2019.

지배선, 『중세동북아연구-모용왕국사-』, 일조각, 1986.

홍승우, 「백제 율령 반포 시기와 지방지배」, 『한국고대사연구』 54, 2009.

4세기, 가야 속의 아라가야

남재우 | 창원대학교 사학과

Ⅰ. 서론

　한국고대사에서의 4세기는 삼국이 정립되는 시기였다. 또한 가야사에서도 4세기는 중요한 전환점이다. 가야사에서의 4세기는 변한을 가야사의 범위에 포함시킬 것인지에 대한 문제와 결부되어 있기 때문이다.

　하지만 가야사연구에서 4세기대는 해결해야 할 문제가 여전히 많이 남아있다. 가야에 대한 기록이 거의 없기 때문이다. 가야는 가야 주체의 기록을 남기지 않았고, 고구려, 백제, 신라의 기록은 매우 소략하고 불안정하다. 중국은 내부 분열 때문에 주변 세계에 대한 체계적인 기록을 남기지 못했다. 그러기에 가야의 4세기대 모습을 살피는 것은 무척 어렵다. 『三國志』 魏書東夷傳 韓條의 弁韓기사는 그 서술대상 시기가 3세기 중반까지 이며, 『晉書』에는 독립된 변한 기사가 없다. 『三國史記』에서 가야관계기사는 212년 가야가 신라에 왕자를 인질로 보내는 기사를 끝으로 보이지 않다가 481년이 되어서야 다시 등장한다.

　하지만 가야사가 단절된 것은 아니었다. 광개토왕비문의 400년 고구려남정기사에 '任那加羅' '安羅人戍兵'이 나타는 것으로 보아 가야의 존재를 확인할 수 있다. 그리고 『日

本書紀』神功紀에 나오는 4세기후반의 가야관련 기록은 '任那日本府說'의 근거이기도 했지만, 가야의 실재를 보여주는 증거가 되기도 한다. 고고학 자료들을 통해서도 백제, 신라와는 다른 문화를 지닌 정치집단이 존재하고 있었다.

특히 加耶諸國 중의 하나인 아라가야(安羅國)의 경우에는 가야의 전시기에 걸쳐 기록으로 나타나고 있다. 변한시기에는 安邪國으로, 「廣開土王碑文」에는 '安羅人戍兵'으로, 『日本書紀』에는 安羅로 나타나고 있다.[1] 하지만 아라가야 역시 4세기대의 역사는 문헌 속에 잘 드러나지 않는다. 다만 고고학적인 자료를 통해 4세기대의 아라가야를 추측하고 있을 뿐이다.

이러한 상황이지만, 4세기대 아라가야의 모습을 찾을 수 있는 근거가 전혀 없는 것은 아니다. 가야사회 내부의 질적변화를 보여주는 사건이 '浦上八國戰爭'이다. 한반도에서의 4세기가 백제와 신라로의 전환이 이루어진 시기라면[2], 가야도 마찬가지였을 것이다. 안야에서 안라로 전환된 시기도 4세기로 볼 수 있다.[3] 이러한 전환의 계기가 포상팔국 전쟁이었다면, 전쟁을 통해서 아라가야의 모습을 확인할 수 있을 가능성도 있다.

Ⅱ. 가야사에서의 4세기

1. 한국고대사와 4세기

한국고대사에서도 4세기는 주목받은 시기다. 한반도에서는 낙랑군과 대방군이 313·314년 소멸되면서 중국의 영향력이 쇠퇴하고 독자적 운동력에 의한 삼국의 본격적 분립이 전개되었다.[4] 즉 내부 통합이 가속화되었다.

4세기는 동북아시아 사회의 격변기였다. 북방으로부터 유목민세력이 중국 중심부로 진출하면서 五胡十六國이 등장하고 晉이 남천하며, 요서에서 선비 모용씨가 일어났다.

---

1) 남재우, 『安羅國史』, 혜안, 2003.
2) 권오영, 「伯濟國에서 百濟로의 전환」, 『역사와 현실』 40, 2001a.
3) 남재우, 「안야국에서 안라로의 변천」, 『사림』 58, 2016.
4) 임기환, 「4~6세기 中國史書에 나타난 韓國古代史像」, 『한국고대사연구』 14, 1998.

4세기, 가야 속의 아라가야

이러한 상황에서 낙랑과 대방군이 소멸되었다. 이 같은 상황에서 고구려는 율령반포, 불교수용, 태학의 설립 등 집권적 고대국가의 통치체계를 완성해갔다. 伯濟國 역시 3세기후반 西晉과의 적극적인 교섭과정에서 초월적 존재로 승격되어 4세기대에 이르면 한강유역의 마한소국에서 벗어나 百濟로 발전하였고,5) 斯盧國 역시 각 소국들의 토착기반을 해체시키는 데까지 이르지는 못했으나 이들을 수직적인 위계질서 속에 복속, 편제시킴으로써 新羅로 성장하게 된다.6)

변한사회도 이러한 정치지형에서 자유로울 수 없었다. 한군현으로부터 선진문물을 수입하면서 성장해 왔기 때문이다. 倭 또한 마찬가지였다. 변한사회를 통하여 중국의 선진문물을 수입하거나, 중국과의 직접적인 통교를 통하여 성장해 왔기 때문이다. 낙랑·대방의 소멸, 중국의 혼란, 변한사회의 변화로 인하여 새로운 발전을 꾀할 수밖에 없었다.

하지만 이 시기에 대한 가야관련 기록이 없다. 한국고대사를 이해하는데 필수적인 자료인 『三國史記』의 기록에는 4세기대 가야관계기사는 전혀 보이지 않는다.7) 따라서 『三國史記』의 기록을 토대로 한 4세기대의 국제관계를 통하여 가야의 모습을 이해할 수밖에 없다. 『三國史記』 本紀를 살펴보면 「高句麗本紀」에서는 중국과의 관계와 백제와의 전쟁기사가 중심이며, 「百濟本紀」에서는 고구려와의 전쟁기사와 신라와의 외교관계가 주로 서술되어 있다. 「新羅本紀」에서는 百濟·倭·高句麗와의 관계가 기록되어 있다.8)

高句麗의 대외적 활동은 북쪽과 남쪽으로의 군사적 진출이었다. 4세기대 고구려의 전쟁기사를 살펴보면 북쪽지역과의 전쟁이 12차례, 남쪽과의 전쟁이 17차례였다. 남방으로의 진출과 관련하여서는 美川王시기 樂浪·帶方과의 전쟁 2차례9)를 제외하고 나면 나머지 15차례의 전쟁대상은 百濟였다. 시기적으로는 4세기 후반에 집중되어있다. 이것은 고구려가 낙랑·대방을 축출한 이후 남부지역으로 진출하고 있음을 보여준다.

---

5) 권오영, 앞의 논문.
6) 전덕재, 「4세기 국제관계의 재편과 신라의 대응」, 『역사와 현실』 36, 2000.
7) 『三國史記』 新羅本紀에는 奈解王 17년(212)이후로부터 炤知王 3년(481)이전 까지 가야에 대한 기록이 보이지 않는다.
8) 남재우, 앞의 책, 127~134쪽.
9) 『三國史記』 卷第17 高句麗本紀 第5 美川王 14年條와 15年條.

百濟는 4세기대에 18번의 戰爭을 벌이고 있다. 高句麗와의 전쟁이 15차례였다. 전쟁 시기는 대부분 近肖古王대 이후(369년)이다. 이는 4세기 후반에 한반도에서 고구려와 백제가 漢江 以北 地域을 두고 서로 치열한 전쟁을 치루고 있었기 때문이다. 특히 백제 는 근초고왕 24년에 고구려의 평양성을 침공하여 故國原王을 전사케 한 것이 고구려와 대립하게된 계기가 되었다.[10]

백제와 신라의 관계는 한차례의 전쟁도 없이 우호적이었다. 4세기대에 백제와 신라는 3차례에 걸쳐서 사신을 교환하고 있는데 신라가 한 번,[11] 백제가 두 번[12]이었다. 사신 파견 횟수나 '良馬'를 보내는 것으로 보아 백제가 교섭에 적극적이었다. 백제가 사신을 보내는 시기는 고구려·백제간의 전쟁이 본격화되기 이전이다. 이는 백제가 고구려와 의 전쟁에 앞서 신라와의 관계를 유지함으로써 고구려와의 전쟁에 전념하고자 하는 의 도를 엿볼 수 있다. 하지만 禿山城主가 신라로 달아나면서[13] 신라와의 관계가 소원해졌 다. 백제왕이 독산성주의 반환을 요구한데 대해 신라가 이를 거절하게 된 것이 중요한 이유가 되었을 것이다.[14]

신라와의 관계가 두절됨에 따라 백제는 倭와의 관계를 도모하려 했다. 阿莘王이 태자 腆支를 倭國에 인질로 파견하고 있음을 통해 알 수 있다.[15]

이로 볼 때 백제는 고구려와의 전쟁에 몰입하기 위해서 후방을 우호적인 관계로 만들 려 했음을 알 수 있다. 하지만 신라와의 관계는 지속되지 못했다. 그래서 왜와 우호적 인 관계를 맺으려 했다. 5세기대 이후에도 백제가 倭에 계속적으로 사신을 파견하고 있 다.

신라는 4세기대에 倭兵의 침입 2회,[16] 倭人의 침입 1회[17] 외에는 전쟁기사가 보이지 않는다. 倭의 침략도 倭王과 절교한 이후에 나타나고 있다.[18] 백제와 고구려에 대해서

10) 『三國史記』 卷第24 百濟本紀 第2 近肖古王 26年(371)條.
11) "春二月 新羅遣使來聘"(『三國史記』 卷第24 百濟本紀 第2 比流王 34年(337)條).
12) "春三月 遣使聘新羅"(『三國史記』 卷第24 百濟本紀 第2 近肖古王 21年(366)條).
    "春三月 遣使新羅送良馬二匹"(위의 책, 近肖古王 23年(368)條).
13) "秋七月 築城於靑木嶺 禿山城主率三百人奔新羅"(『三國史記』 卷第24 百濟本紀 第2 近肖古王 28年(373) 條).
14) 『三國史記』 卷第3 新羅本紀 第3 奈勿王 18年(373)條.
15) "夏五月 王與倭國結好 以太子腆支爲質"(『三國史記』 卷第25 百濟本紀 第3 阿莘王 6年(397)條).
16) 『三國史記』 新羅本紀 訖解王 37年(346)條와 奈勿王 9年(364)條.
17) 『三國史記』 卷第3 新羅本紀 第3 奈勿王 38年(393)條.

는 전쟁기사는 보이지 않고 외교관계 기사만 나타나고 있다. 백제와는 앞에서 언급한 바와 같이 禿山城主의 투항 이후로는 외교관계가 두절된 것으로 보인다. 백제의 禿山城主 반환요구에 응하지 않았던 것은, 신라가 奈勿王대 이후의 정치적 성장으로 인한 자신감의 표현으로 보이는데, 381년에 前秦에 衛頭를 파견하여 신라의 위상변화를 언급한 것에서 이를 유추할 수 있다.[19] 그리고 고구려와의 관계를 도모하기 위하여 392년에는 實聖을 고구려에 人質로 보내고 있다.[20] 이것은 고구려의 강력한 힘을 배경으로 373년 백제와의 외교단절로 인하여 생길지도 모를 위험을 미연에 방지하고, 고구려를 통하여 중국의 선진문화를 받아들이고자 하는 의도였음에 틀림없다.

이로 보아 신라는 4세기대 말에 정치적 발전과정을 거치면서 종래의 백제·왜와의 우호관계를 청산하고, 고구려에 인질을 파견했던 것은 고구려를 통하여 중국으로부터 선진문물을 수입하고, 고구려를 배경으로 하여 백제를 견제하고, 이를 통하여 영역확대를 꾀하고자 했음을 알 수 있다.

이상에서 우리는 4세기대의 고구려, 백제, 신라의 관계를 추정해 볼 수 있다. 高句麗와 百濟는 漢江以北地域을 두고 끊임없는 갈등을 보여주고 있었고, 그 사이에서 新羅는 자국의 이익을 도모할 수 있는 방향으로 백제, 고구려 양국과 관계를 형성하고 있음을 알 수 있었다. 즉 4세기의 대외관계는 고구려와 백제를 중심으로 하는 두 축에 왜는 백제와 신라는 고구려와 우호적인 관계를 형성하고 있었다.

4세기대 倭의 對韓半島관계는 어떻게 진행되었을까? 왜는 3세기까지만 하더라도 弁韓社會와 밀접한 관계를 맺고 있었다. 중국의 선진문물이나 철자원을 변한사회로부터 수입하고[21] 있었다. 하지만 중국본토의 혼란기였던 桓靈之間(147~189), 三國의 대립이라는 중국의 정치사정으로 인하여 漢의 전진기지였던 낙랑·대방도 제 기능을 담당하지 못했다. 따라서 낙랑·대방으로부터 선진문물을 받아들이고 있었던 변한사회 또한 예전과 사정이 달랐다. 이에 倭는 종래 弁韓에 치중했던 한반도와의 관계를 신라를 통하여 해결하고자 했던 것으로 추정된다. 하지만 4세기 전반기에는 신라와 우호적인 관

---

18) 『三國史記』卷第2 新羅本紀 第2 訖解王 36年(345)條.

19) "二十六年(381) 春夏旱 年荒民飢 遣衛頭入苻秦 貢方物 苻堅問衛頭日 卿言海東之事 與古不同 何耶 答日 亦猶中國時代變革 名號改易 今焉得同"(『三國史記』卷第3 新羅本紀 第3 奈勿王).

20) 『三國史記』卷第3 新羅本紀 第2 奈勿王 37年(392)條.

21) "國出鐵 韓濊倭皆從取之"(『三國志』卷30 魏書 30 烏丸鮮卑東夷傳 第30 弁辰條).

계를 유지할 수 있었지만 신라가 청혼을 거절함으로써 관계가 단절되고 종래의 모습처럼 신라영역내로 침입을 계속했다. 신라와의 관계가 단절된 것이 외면적으로 청혼의 거절에 따른 것으로 나타나지만, 그 이면에는 신라와의 관계에서 얻을 수 있었던 선진문물의 수용이 변한의 그것에 미치지 못했던 것이 원인이었을 가능성이 높다.

이러한 대외관계뿐만 아니라 4세기대 이후의 한반도는 그 이전과는 다른 질적 변화가 있었다. 4세기이후부터 다양한 변화가 나타난다. 부체제가 해체되고 중앙집권적 지배체제가 구축되어 관료제가 형성되었다. 지방에 대한 지배방식은 공납을 통한 간접지배에서 주군(현)제에 의한 직접지배로 나아갔다. 읍락공동체가 해체되면서 개별 가호의 자립성이 증대했다. 농업기술의 비약적인 발전에 힘입어 생산수단으로서의 토지 비중도 크게 높아졌다. 아울러 귀족 중심의 신분제가 구축된 시기이며, 친족공동체가 해체되었고, 불교의 수용을 통해 종교·신앙도 획기적으로 변화되었다.[22] 4~6세기는 농업생산력도 급격하게 높아졌다. 철제농기구의 보급, 우경의 실시, 수리시설의 축조 등에 따른 현상이었다.[23]

4세기부터 삼국이 경쟁하기 시작했다. 낙랑군과 대방군이 축출되면서 고구려, 백제, 신라가 경계를 접하게 되었다. 백제는 4세기대에 이르면 마한소국의 伯濟國에 벗어나 百濟로 발전하였다. 근초고왕은 369년과 371년 고구려와의 전쟁에서 승리했다. 하지만 4세기 후반의 30여 년 동안 옛 대방지역의 소유권을 둘러싸고 고구려와 백제 사이에 기나긴 전쟁이이 벌어졌다.

신라 역시 진한소국이었던 斯盧國 단계에서 新羅로 성장하게 된다. 4세기 후반에 斯盧國이라는 명칭이 아니라 '新羅'라는 국호로 공식적인 외교교섭을 가졌다. 이는 신라가 지방에 대한 통치시스템을 갖추어 가고 있음을 보여준다.[24] 신라가 4세기 후반에 이전과 다른 통치시스템을 구축하기 시작하였다는 정황은 381년 전진의 符堅이 신라사신으로 온 衛頭에게 "그대가 海東의 일을 말함에 옛날과 다른데 무슨 이유냐"라고 묻자 위두가 "중국의 시대변혁, 名號의 改易과 같은 것이니 (해동의 경우도) 어찌 지금이 옛날과 같겠습니까"라는 대답에서 짐작 가능하다. 名號의 改易은 마립간이라는 王號뿐만 아니

---

22) 강종훈, 「한국사의 획기로서의 4~6세기」, 『한국고대사연구』 47, 2007, 15~28쪽.
23) 전덕재, 「4~6세기 농업생산력의 발달과 사회변동」, 『역사와 현실』 4, 한국역사연구회, 1990.
24) 전덕재, 앞의 논문, 2000, 91~92쪽.

라 국호도 공식적으로 新羅라는 이름을 사용하였던 현실을 반영하고 있다.[25] 사로는 경주를 중심으로 하는 읍락국가란 좁은 의미이며, 신라는 주변의 정치세력을 포괄하는 넓은 의미를 지닌다.[26] 356년 내물니사금이 왕위에 오른 후 남방의 안정을 원했던 고구려의 의도에 부응하여 외교에 적극적이었다. 고구려의 지원에 힘입어 377년 前秦에 사신을 보냈다.

2. 가야사와 4세기

가야 역시 백제, 신라처럼 통합되지는 않았지만 사회내부의 변화는 피할 수 없었다. 가야사에서도 4세기는 전환기였다. 4세기는 가야사의 시작이기도 하고, 시기구분의 중심에 있기도 했다. 하지만 4세기대의 가야에 대한 기록은 찾기 힘들다. 특히 한국고대사 연구를 위한 필수 사료인 『三國史記』에는 4세기대의 가야관계기사가 없다. 물론 가야가 존재하지 않았던 것은 아니다. 「광개토왕비문」에 보이는 고구려 남정기사에서의 '任那加羅'와 '安羅人戍兵'이 가야가 실재했던 증거이다. 『日本書紀』 神功紀 기사도 4세기대 가야의 존재를 보여주는 기록이다. 『삼국사기』와 『삼국유사』에 동시에 나타나고 있는 포상팔국전쟁 시기를 4세기와 관련시켜 보는 견해가 있다.

포상팔국전쟁과 광개토왕남정, 두 사건은 가야사 시기구분의 근거가 되기도 했다. 3세기말 4세기초, 4세기말 5세기초가 시대구분의 기준이 되었다.[27] 포상팔국전쟁과 광개토왕남정이 발생시기가 그 계기였다. 변한을 가야로 볼 것인지 아닌지에 따라 '前期論'과 '前史論'으로 나뉘어진다.

전사론의 입장에서는 가야사의 시작을 4세기초로 설정한다. 고대 동아시아사회 변동의 획기를 3세기말 4세기초로 이해하였다. 즉 중국대륙에 대한 五胡세력의 진출로 인한 정치적 파동과 그로 인한 313년, 314년 낙랑과 대방의 축출 과정은 삼한사회의 변화를 초래했다. 기존의 교역체계가 변화하고, 새로운 정치세력인 백제, 신라, 가야가 출현했다.[28] 가야사의 시작을 가락국[금관가야]의 성립으로 보고, 3세기 후반 대형목곽묘 등장

25) 전덕재, 위의 논문, 92쪽 주)47 참조.
26) 주보돈, 「序說-加耶史의 새로운 定立을 위하여」, 경상북도, 1995, 40쪽.
27) 김태식, 「가야연구의 흐름」, 『사국시대의 가야사연구』, 서경문화사, 2014, 335~349쪽; 남재우, 「문헌으로 본 가야사의 획기」, 『한국고대사연구』 94, 2019.

을 국가성립의 중요한 지표로 설정하기도 한다.[29] 1~3세기를 변한사로서 가야의 모태시기로, 가야사가 시작된 3세기말~4세기초에서 4세기말까지는 가락국 중심의 연맹체시기로, 5세기초에서 6세기 전반까지는 대가야 중심의 연맹체시기로 설정한다. [30]

전기론의 입장은 3세기초의 포상팔국전쟁을 가락국의 쇠퇴기로 보거나[31], 5세기초 고구려의 남정을 전기가야연맹 해체로 보았다.[32] 4세기대에 대한 관심도 있었다. 특히 포상팔국전쟁에 주목하여 전쟁시기를 3세기말, 혹은 4세기초로 설정하여,[33] 가야사의 획기로 설정하기도 한다.

포상팔국전쟁을 4세기 초반으로 볼 경우, 함안 아라가야[안라국] 중심의 서부지역과 김해 가락국 중심의 동부지역으로 분열된 것으로 인식하였다. 즉 낙랑을 통한 일방적인 문화유입이 사라지자 한반도 남부 각지의 세력들은 각기 서로 연합하여 국지적인 문화권을 형성하게 되었다는 것이다.[34]

5세기초를 획기로 보는 견해는 400년 광개토왕 남정을 계기로 김해 가락국이 쇠퇴하고, 고령 대가야가 가야를 대표하는 세력으로 발전했다는 것이다. 이것은 가야사회를 연맹체로 보는 시각으로서, 가락국 중심의 전기가야연맹이 해체되고, 대가야 중심의 후기가야연맹으로 교체되었다는 인식에 바탕을 두고 있다.

Ⅲ. 4세기의 아라가야

아라가야에도 4세기는 전환기였다. 하지만 그 근거를 확인하기 쉽지 않다. 하지만 4세기대에 아라가야[안라]가 실재했음은 『日本書紀』의 기록을 통해 알 수 있다.

28) 주보돈, 앞의 논문, 13~21쪽.

29) 신경철, 「三韓·三國 統一新羅時代의 釜山」, 『釜山市史』 1, 1989, 392~394쪽.

30) 노중국, 「가야사연구의 어제와 오늘」, 『한국고대사 속의 가야』, 혜안, 2001, 43쪽.

31) 백승충, 「1~3세기 가야세력의 성격과 추이-수로집단의 등장과 포상팔국의 난을 중심으로-」, 『부대사학』 13, 1989, 27~32쪽.

32) 김태식, 『加耶聯盟史』, 一潮閣, 1993, 85쪽.

33) 남재우, 「浦上八國戰爭과 그 性格」, 『伽倻文化』 10, 1997a.

34) 김태식, 「4~5世紀 國際情勢와 加耶聯盟의 變動」, 『4~5世紀 東亞細亞 社會와 加耶』, 제7회 가야사국제학술회의, 2001, 67쪽.

1) 神功皇后 攝政46년(366) 봄 3월 乙亥 초하루에 斯摩宿禰 [斯摩宿禰는 어떤 氏姓인지 알수 없다]를 卓淳國에 파견하였다. 이때 卓淳王末錦旱岐가 斯摩宿禰에 일러 말하기를 "甲子年(364)七月중에 百濟人 久氏·彌州流·莫古三人이 우리나라에 이르러 百濟王이 東方에 日本貴國이 있다는 말을 듣고 臣 등을 파견하여 貴國에 조공케 하였으므로 길을 찾다가 이 땅에 이르렀다. 만약 臣 등에게 길을 알려 준다면 우리왕은 반드시 군왕의 덕을 깊이 받들 것이다" 하였다. 이때에 久氏 等에게, "동쪽에 貴國이 있다는 말을 들었지만 아직 길을 통하지 못해서 그 길을 알 수 없다. 단지 바닷길이 멀어 풍랑이 험하므로 큰 배를 타야 겨우 통할 수 있다고 한다. 만약에 나루가 있다 하더라도 어찌 도달할 수 있겠는가"라고 말하였다. 이에 久氏 등이 말하기를 "지금은 통할 수 없으니 다시 돌아가서 선박을 준비한 후에 통하는 것이 좋을 것 같다고 말한 후에 또 말하기를 만약 귀국의 사신이 오면 반드시 우리나라에도 알려 달라"고 하였다. 이에 斯摩宿禰는 즉시 시중드는 사람 爾波移와 卓淳人 過古 두 사람을 百濟國에 파견하여 그 왕을 위로하였다. 이때에 백제 肖古王은 이를 대단히 기뻐하여 후히 대접하고, 五色綵絹 각 1필과 角弓箭, 그리고 鐵鋌 40매를 爾波移에게 주었다. 또 보물창고를 열어 진기한 물건을 보이면서 말하기를 "우리나라에는 진기한 보물이 많다. 귀국에 조공하고 싶어도 道路를 몰라 뜻이 있어도 따를 수 없다. 그러므로 지금의 使者에 부탁하고 더욱 貢獻할 따름이다"고 하였다.(『日本書紀』 卷9 神功紀)

2) 47년(367) 4월에 百濟王이 久氏·彌州流·莫古로 하여금 조공을 바치었다. 그때에 新羅國의 調使가 久氏와 함께 왔다. 이때에 皇太后·太子譽田別尊이 크게 기뻐하며 말하기를 "先王이 바라던 나라 사람들이 지금 조공을 하러 왔다"…… 이에 두 나라의 공물을 살피게 하니 신라의 공물은 진기한 것이 많았으나 백제의 것은 적고 천하여 좋은 것이 없었다. 久氏 等에게 물어 말하기를 "百濟貢物은 新羅에 미치지 못하니 무슨 까닭이냐" 하니 대답하여 말하기를 "臣 等이 길을 잃어 沙比新羅에 이르렀다. 이에 신라인이 신 등을 잡아 가두고 3개월이 지나 죽이고자 하였는데 이때에 久氏 等이 하늘을 향하여 저주를 하니 新羅人 저주를 두려워하여 죽이지 못하고 우리의 공물을 빼앗아 신라의 공물로 하고 신라의 천한 물건을 서로 바꾸어 우리나라의 공물로 하였습니다"고 하였다.(『日本書紀』 卷9 神功紀)

3) 49년(369) 3월……함께 卓淳에 모여서 신라를 공격하여 격파하였다. 그리하여 比自㷀·加羅·㖨國·安羅·多羅·卓淳·加羅 七國을 평정하였다. 곧 병사를 옮겨 서쪽으로 돌아 古奚津에 이르러 南蠻 忱彌多禮를 도륙하여 百濟에 주었다. 이에 백제왕 肖古와 王子 貴須가 군을 이끌고 來會하였다. 이때 比利·辟中·布彌支·半古의 4邑은 스스로 항복하였다. 이에 百濟王 父子와 荒田別·木羅斤資 등이 함께 意流村[지금은 州流須祇라 한다]에서 만나 서로

만나 기뻐하면서 두터운 禮로써 보내었다. 오직 千熊長彦과 百濟王만은 百濟國에 이르러 辟
支山에 올라 맹약하였다.(『日本書紀』 卷9 神功紀)

加羅七國 평정기사는(사료 3) 사실여부를 두고 다양한 입장이 있어왔지만, 김해지역
을 비롯한 낙동강유역 가야제국의 교역체계가 백제와 연결되었던 상황을 반영하는 기
록으로 볼 수 있다.[35] 즉 백제가 卓淳에 사람을 보내어 倭와 교통할 수 있는 길을 물었
다든지(사료 1), 백제가 倭로 가던 길에 길을 잃어 백제의 물품을 新羅에 빼앗겼다는 것
(사료 2)은 백제와 倭의 교섭상황을 보여준다. 교섭 목적은 强敵 고구려에 대항하기 위
하여 후방을 견고히 하고자 했던 백제의 외교정책이었다. 倭가 백제와 교섭했던 이유
는, "진기한 보물이 많다"라는 백제왕의 표현이나(사료 1), 백제의 문물이 신라의 문물보
다 우월해다는 것(사료 2)으로 보아 백제의 선진문물을 수용하고자 했던 것이 원인이었
을 것이다.[36]

神功紀 기사를 통하여 가야의 실상을 조금이나마 이해할 수 있다. 366년 백제가 중국
東晋의 선진 문물을 토대로 삼아 가야지역과 倭地를 연결하는 상업적 교역로를 개척해
왔다. 이에 가야제국 중의 하나였던 창원의 卓淳國이 이에 부응하여 중개기지의 역할을
담당하였던 것이다.

다만 신공기 기사는 백제가 우수한 선진문물을 가지고 왜와의 교역을 모색하면서 가
야지역의 친신라적인 일부소국들과 전남의 마한계통 소국들을 백제 쪽으로 끌어들이는
데 성공했던 상황을 왜국의 입장에서 과장하여 왜곡한 기록으로 볼 수 있다. 즉 창원의
탁순국을 중개기지로 하여 백제와 왜가 연결되자 김해 가락국을 중심한 가야 동부의 소
국들은 신라를 포기하고 보다 유리한 교역체계 쪽으로 선회하였다. 4세기 후반 김해 대
성동고분군에서 출토된 왜계유물들은 왜와의 교류를 입증하고 있다.[37]

이상으로 보아 『삼국사기』에는 가야에 대한 기록이 없었지만 가야제국이 존재하고
있었으며, 그중에는 안라국[아라가야]도 포함되어 있었다.

4세기대의 아라가야는 어떠한 모습이었을까? 포상팔국전쟁을 통하여 아라가야의 발

---

[35] 김태식, 「廣開土王陵碑文의 任那加羅와 '安羅人戍兵'」, 『韓國古代史論叢』 6, 1994a, 43~44쪽.

[36] 남재우, 앞의 책, 2003, 139쪽.

[37] 김태식, 앞의 논문, 2001, 69쪽.

전과정을 이해할 수도 있다.

4) 6年(201) 봄 2月에 가야국이 화친을 청하였다.… 14年(209) 가을 7月에 포상팔국이 모의하여 가라를 침입하므로 가라왕자가 와서 구원을 청하니 王이 태자 우로와 이벌찬 이음으로 하여금 육부병을 이끌고 가서 구원케 하였다. 팔국의 장군을 쳐서 죽이고 사로잡혀갔던 6천 인을 빼앗아가지고 돌아왔다. 17년(212) 봄 3월에 가야가 왕자를 보내어 인질로 삼았다.(『삼국사기』 신라본기 나해니사금)

5) 물계자는 나해니사금 때의 사람으로서 집안은 한미하였으나 사람됨이 쾌활하여 어릴 때부터 큰 뜻을 품었다. 당시 팔포상국이 동모하여 아라국(阿羅國)을 침입하므로 아라가 사신을 보내 구원을 청하니 니사금이 왕손 날음을 시켜 가까운 군대와 육부군을 거느리고 가서 구원케 하니 드디어 팔국병이 패하였다.… 그 뒤 3년에 골포·칠포·고사포의 삼국인이 갈화성에 와서 침공하므로 왕이 군사를 거느리고 나가 구원하니 삼국의 군대가 대패하였다. (『삼국사기』 열전 물계자전)

6) 10대 나해왕 즉위 17년(212) 임신에 보라국·고자국[지금의 고성]·사물국[지금의 사주] 등의 팔국이 힘을 합하여 변경을 침략하므로 왕이 태자 날음과 장군 일벌 등에게 명하여 군사를 거느리고 이를 막게 하니 팔국이 모두 항복하였다.… 20년 을미에 골포국[지금의 合浦] 등 삼국왕이 각기 군사를 이끌고 갈화굴불인듯하니 지금의 울주다을 공격하니 왕이 친히 군사를 이끌고 이를 막으니 삼국이 모두 패하였다.(『삼국유사』 피은 물계자전)

포상팔국전쟁 관련기록은 가야사회 내부의 변화를 보여주는 중요한 기록이다. 또한 가야관련기록이 『삼국사기』, 『삼국유사』에 모두에 기록된 것은 드문 일이기도 하다. 전쟁에 대한 연구자의 관심은 다양하다. 전쟁시기, 전쟁이유, 전쟁대상국, 포상팔국의 위치 등 다양한 방향에서 연구가 이루어졌다.

먼저 전쟁시기의 문제이다. 다양한 견해가 있지만, 4세기 전후 시점으로 이해하는 것은 설득력이 높다. 3세기 후반~4세기초,[38] 3세기말[39], 4세기 전반[40] 등이다. 이러한 시기 설정은 3세기말 4세기초의 시기가 삼한사회에서 삼국시대로 이행하는 시기라는 판

---

38) 백승옥, 「포상팔국전쟁과 지역연맹체」, 『가야의 포구와 해상활동』, 주류성, 2011.

39) 남재우, 앞의 논문, 1997a.

40) 김태식, 「咸安 安羅國의 成長과 變遷」, 『한국사연구』 86, 1994b.

단에 근거하고 있다.

전쟁대상은 함안 즉 阿羅, 혹은 加羅[김해]이다. 전쟁대상 설정에 따라 전쟁의 성격에 대한 이해도 다르다. 전자의 견해는 전쟁을 가야사회 내부의 변화에 기인한 것으로 파악한다. 전쟁이유는 바닷가에 위치한 포상팔국이 농경지 확보를 위하여 내륙지역으로 진출했다는 것이다. 골포(창원), 고사포(고성), 사물국(사천) 등은 함안지역에 인접해 있고 가까운 지역이다. 포상팔국이 보다 안정적이고 지속적인 사회로 발전하기 위해서 교역보다는 농업생산력이 필요했다. 때문에 내륙지대로 진출하고자 했다. 즉, 함안지역으로 진출하면 남강을 건너 경남 내륙지대로의 이동이 가능하기 때문이다.[41] 후자의 입장은 대부분의 연구자들이 주장하는 내용으로 통설에 가깝다. 즉, 포상팔국이 김해의 가락국이 독점하고 있는 해상교역권을 빼앗기 위해 벌인 전쟁으로 이해한다.

전쟁을 교역이라는 측면보다 가야사회 내부의 변화라는 관점에서 이해해야 한다. 한국고대사에서 정치집단의 발전과 성장과정을 집단이동이나 교역관계라는 관점으로 이해했다. 하지만 내재적 성장이나 이주세력과의 갈등과 전쟁이 사회변화와 발전에 영향을 미쳤을 가능성을 확인할 필요가 있다. 실제로 포상팔국전쟁에서 아라가야가 승리를 거두었기 때문에 아라가야는 한 단계 진전된 사회로 나아갈 수 있었다. 안야국에서 안라국이라는 국호를 사용하게 되었고, 권역도 확대되었다. 인근 지역인 진동, 의령, 칠원, 창원 등지로의 진출이 그것이다. 해안으로도 직접 진출하게 되어, 대외교역에 있어서도 유리한 위치를 확보하게 되었다.[42]

가락국 내부의 변동도 주목된다. 4세기초가 되면 기존의 대외교역체계가 커다란 변화를 맞이한다. 중국-낙랑-한(韓)-왜를 연결하던 동아시아 원거리 교역체계의 구심점이었던 낙랑이 소멸했기 때문이다. 철생산과 대외교역을 중심축으로 성장하고 있던 가락국이 위기상황에 봉착하게 된 것이다. 하지만 가락국은 위기상황을 극복했다. 4세기대의 유적과 유물이 밀집되어 나타나는 대성동고분군은 가락국의 성장을 보여주는 증거이다.

4세기대의 가락국은 새로운 교역망을 확보했다. 즉 일본 내의 여러 정치집단과의 교섭을 강화하였다. 대성동고분군에서 나타나는 왜계유물은 3세기대까지의 키타큐슈 유

---

41) 남재우, 앞의 논문, 1997a.
42) 남재우, 앞의 논문, 2016.

물에서 긴키지역의 유물로 교체되고 있다. 이것은 가락국의 교역망이 키타큐슈를 중심으로 이루어지던 대왜교섭에서 긴키지역으로 확대되고 이동하였음을 의미한다.[43] 즉 낙랑·대방 2군의 쇠퇴와 소멸로 2군이 주도해왔던 국제교역체제가 와해되자 일본과의 교류확대를 통하여 위기상황을 극복할 수 있었다. 이를 통하여 가락국은 성장을 계속할 수 있었다. 대성동고분에서 보이는 분묘규모의 대형화와 철기 및 토기류 등 부장유물이 풍부해지는 것은 특정인에게 권력이 집중되었음을 보여주는 증거이다.

대가야도 변화가 나타난다. 중심지의 변화이다. 반운리 중심으로 형성되었던 반로국은 4세기 초기에 사회의 발전과 정치집단의 성장으로 넓은 영역을 지닌 주산 아래의 구릉지인 연조리로 그 중심을 옮겼다. 즉 반로국은 낙동강 하류의 가락국과 교류하면서 선진 지역의 정치적 영향을 받게 되고, 새로운 문물을 수입하게 되었다.[44] 특히 제철기술의 습득과 철기 제작에 의한 무장력 강화와 철제농기구의 사용으로 인하여 생산력이 증가되었다. 이러한 변화과정에서 철기 제작 기술을 소유한 집단이거나 철기 제작자 집단을 통제할 수 있는 새로운 정치집단이 군사적 무력을 바탕으로 정치적 실권을 장악하게 되었다. 지배세력들은 보다 안정적인 사회발전을 모색하기 위하여 그 중심지를 옮겼던 것이다.[45] 연조리 일대는 배후인 서쪽에 높은 주산이 병풍처럼 둘러 있어 외적 방어에 용이하고, 동쪽으로는 들판과 회천을 내려다보기 좋은 지형이므로 도읍지로 모자람이 없다.

포상팔국전쟁이 아라가야의 성장, 즉 안야국에서 안라국으로의 성장으로 볼 수 있는 것은 고고자료에서도 확인가능하다. 특히 아라가야 양식의 토기분포를 통해서 알 수 있다.[46] 함안지역의 고고학적 성과에서 1~3세기 단계보다 4세기대 이후의 성과가 두드러진다. 법수면 황사리고분을 비롯하여 4세기대의 유적이 다양하게 조사되고 있다. 이외에도 함안지역의 주변지역에서 함안식토기로 명명되는 筒形高杯와 爐形器臺는 창원(옛 마산지역), 의령, 진양 등지에서도 발견되는 것으로 보아 전쟁을 계기로 하여 안야국이

---

43) 李盛周, 「加耶−倭 相互作用에 대한 考古學의 解釋」, 『가야문화』 16, 2003.

44) 이형기, 「대가야의 형성과 발전 연구」, 영남대학교 박사학위논문, 2003, 61쪽.

45) 김세기, 『고분 자료로 본 대가야연구』, 학연문화사, 2003, 219쪽.

46) 4세기대를 중심연대로 하는 古式陶質土器는 부산·김해지역, 창원 서쪽의 서부경남지역, 경주지역으로 나뉘어진다(安在浩·宋桂鉉, 「古式陶質土器에 대한 약간의 考察−義昌 大坪里出土品을 通하여−」, 『嶺南考古學』 1, 1986).

보다 발전된 정치집단인 안라국으로 성장하였음을 알 수 있다.

　無蓋無透窓 高杯와 無把手 爐形器臺, 短頸壺가 중심을 이루는 古式陶質토기들은 지금까지 많은 연구자들이 함안식 토기라고 인식하였다. 그리고 이 고식도질토기가 김해, 부산지역을 제외한 전 영남지역에서 발견되고 있는데, 함안지역에서 생산되어 각 지역으로 확산되어 나갔다. 바꾸어 말하면 함안지역에 있었던 아라가야가 토기를 생산하여 확산시켰다. 따라서 아라가야는 가야제국 중에서도 선진적 정치집단이었던 것으로 추정된다.

　하지만 4세기단계의 古式陶質土器가 咸安盆地 중심의 집중현상을 보이지는 않고 南江과 南海岸 연안에서 많이 발견되는 것을 근거로[47) 아라가야 중심의 토기유형으로 보기에 어렵다는 지적[48)도 있다. 하지만 통시적으로 보았을 때 함안지역에서 가장 먼저 제작이 시작되고 그 이후에도 함안지역에서의 출토량이 절대 우위를 차지한다면 재고되어야 한다. 영남지역 전역에서 출토된다는 공간적 분포만을 근거로 함안지역이 함안양식 토기의 발생지가 아니라는 결론은 타당하지 못하다.[49)

　물론 晉陽－宜寧－창원 등의 지역이 아라가야를 중심으로 하는 뚜렷한 권력의 집중현상을 보이지는 않으므로[50) 지배권역에 포함되었다고 말할 수는 없지만, 아라가야가 浦上八國戰爭에서 승리함으로써 아라가야 중심 문화권에 이들 지역이 포함된 것으로 볼 수 있다.

　정리해보면 함안지역 토기에 관한 연구는 1990년대부터 이루어지기 시작했다.[51) 이러한 과정에서 영남 여러 지역에서 출토된 함안지역 유사토기는 출토지역에서 직접 제작한 것으로 보는 입장과 함안지역의 토기문화의 확산으로 보는 견해가 있다.

　전자는 함안지역이 중심을 이룬 흔적이 발견되지 않으며, 한 유적 내의 유물 출토 상

---

47) 李柱憲, 「咸安地域 古墳文化의 調査와 成果」, 『加羅文化』 12, 1995, 109~110쪽.

48) 金正完, 「咸安圈域 陶質土器의 編年과 分布變化」, 경북대학교 석사학위논문, 1994, 49~50쪽.

49) 정주희, 「咸安樣式 古式陶質土器의 分布定型에 관한 研究」, 경북대 석사학위논문, 2008.

50) 金正完, 앞의 논문, 53쪽.

51) 이주헌, 「토기로 본 安羅와 新羅」, 『加耶와 新羅』, 제4회 가야사 학술회의, 김해시, 1998; 이주헌, 「阿羅加耶에 대한 考古學的 考察」, 『가야각국사의 재구성』, 혜안, 2000; 우지남, 「咸安地域 出土 陶質土器」, 『道項里・末山里遺蹟』, 경남고고학연구소, 2000; 박천수, 「考古學으로 본 加羅國史」, 『가야각국사의 재구성』, 혜안, 2000; 윤온식, 「4세기대 함안지역 토기의 변천과 영남지방 토기의 '樣式論」, 『東垣學術論文集』 8, 한국고고미술연구소, 2006; 이정근, 「함안지역 고식도질토기의 생산과 유통」, 영남대학교 석사학위논문, 2006; 정주희, 앞의논문.

황도 중심 형태의 집중도가 매우 낮으므로, 함안식이라고 부르기보다는 중서부 경남일
대에 퍼져 있던 형태로 보아야 한다는 입장이다.[52] 즉 고식도질토기를 대표하는 몇몇
기종, 즉 통형고배와 노형기대, 단경호는 木器를 飜案했거나 와질토기에서 도질토기로
전환된 것이므로 도질토기의 생산기술만 전래되면 영남의 어느 곳에서나 생산이 가능
했을 것이며, 그 결과 유사한 형태의 토기들이 광범위한 지역에 나타났을 것으로 추정
하였다. 따라서 고식도질토기를 '함안식'토기로 파악하여 함안식 토기의 확대를 아라가
야의 정치적인 힘의 확산 또는 광범위한 지역에 걸친 교류의 결과로 보아서는 안된다는
것이다.[53]

후자는 함안지역의 토기가 고식도질토기 시기부터 뚜렷한 하나의 분포권을 가지고
지역적 특색을 유지하였다는 입장이다. 4세기 중엽경까지 副葬用 硬質土器의 모든 器種
이 완비된 지역은 함안을 중심으로 한 서남부지역과 김해를 중심으로 한 동남부지역 두
곳이다. 나머지 영남지방 각 지역은 모두 나름대로의 硬質陶器 생산체계가 성립되어 있
었지만 器種구성상으로 완비되지 못하였고 한정된 기종만을 생산했다. 따라서 4세기대
토기 유통의 근원지는 함안중심지역과 부산·김해지역 두 군데로 볼 수 있으며, 이 두
곳에서 여타 지역으로 유통되었다. 함안지역양식의 광범위한 유통으로 그 이전의 지역
양식 차이는 희석되었다.[54] 김해지역과 구별되는 함안지역의 토기문화가 존재한다고
하여 아라가야의 성립기로 이해하기도 한다.[55]

아라가야 토기양식의 특징적인 기종은 노형기대, 고배, 승석문양이부호이고, 그 분포
의 중심은 함안분지를 둘러싼 남강 하류역의 양안과 진동만일대로 남강과 황강수계를
포함하는 광역의 주분포권을 형성하였고, 김해 가락국권역과 경주를 비롯한 신라권에
도 반출되며 이 지역들의 토기 제작에 영향을 주었다.[56] 함안지역의 승문계타날호는 함
안지역에서 만들어진 후 남강과 낙동강을 따라 유통되었다는[57] 견해도 있다.

함안에 대형분이 없음을 근거로 다른 지역으로의 유통을 부정하거나, 또한 함안지역

---

52) 김정완, 앞의 학위논문, 50쪽.
53) 조영제, 「西部慶南 加耶諸國의 成立에 대한 考古學的 研究」, 부산대학교 박사학위논문, 2006, 29쪽.
54) 이성주, 「新羅·伽耶社會의 政治·經濟的 起源과 成長」, 서울대학교 박사학위논문, 1998, 307~314쪽.
55) 이주헌, 앞의 논문, 1995.
56) 박천수, 앞의 논문, 146~148쪽.
57) 이정근, 앞의 학위논문, 2006.

에서 나타나는 토기는 영남의 어느 지역에서든 생산이 가능했다는 논리는 함안뿐만 아니라 여타 지역의 '토기제작전통'이 존재하였을 가능성 자체를 부정하는 결과이다[58] 4세기대에 들어서면 함안산 토기의 유통은 지역적으로 또 수량 및 기종에서 크게 확대된다. 공간적 분포만 본다면 영남 전역에서 출토된 것이나 다름없지만 지역에 따라 출토 양상은 크게 다르다. 먼저 낙동강 이동지방과 김해 및 창원분지는 함안양식과는 다른 토기 문화가 존재하였던 것은 분명하다. 함안에서 제작되어 유입된 것으로 보여지는 승문계타날호, 통형고배, 노형기대가 금호강유역이나, 동남해안권에서 보이기도 한다.[59]

전남동부지역에서도 4세기후반에서 5세기전반까지에 해당하는 함안지역 계통의 토기가 분포하고 있다. 그 수량은 적지만 여수 장도, 구례 용두리, 광양 용강리 등의 유적이다. 유물이 산발적으로 출토되고 있기 때문에 아라가야의 정치적 영향력의 확대로 볼 수는 없지만 토기자체의 유통으로 볼 수 있다.[60] 생활유적에서 재지계토기와 공반되므로 일시적인 교류나 교역의 산물로 이해할 수 있다.[61]

이상에서 보아 4세기 고식도질토기단계에서 '함안식'이라 불리는 토기양식이 존재하고 있다. 그 함안식 토기들이 많은 지역에 널리 분포하고 있음으로, 토기유통을 통하여 4세기 아라가야의 정치적 위상을 추정해 볼 수 있다.

IV. 결론

4세기는 한국고대사에서 중요한 변화의 시기였다. 가야사도 마찬가지다. 가야 역시 백제·신라와 접해 있었고, 동북아시아의 변화에 무관할 수 없었기 때문이다. 4세기대에 辰韓 12국의 하나였던 斯盧國이 新羅로 전환되었고, 마한의 伯濟國 역시 百濟로 전환되었다. 이 같은 변화는 정치적 발전을 내포한 것이었다. 따라서 거의 동일한 발전과정을 밟고 있었던 변한사회도 마찬가지였다. 즉 변한의 경우 변한 12국이 하나로 통일

---

58) 정주희, 앞의 학위논문, 5쪽.

59) 정주희, 위의 학위논문, 107쪽.

60) 이성주, 「고고학을 통해 본 아라가야」, 『고고학을 통해 본 가야』, 한국고고학회, 2000.

61) 이동희, 「全南東部地域의 加耶文化−순천 운평리 유적을 중심으로」, 『전남동부지역의 가야문화』, 제 36회 한국상고사학회 학술발표대회, 2008, 29쪽.

되지는 못했지만, 변한의 각국들은 보다 선진적인 정치집단으로 전환되었을 가능성이 높다.

이러한 상황하에서 가야제국 중의 하나였던 변진의 安邪國도 안라국[아라가야]으로 전환되었다. 그 계기는 3세기말의 사건으로 추정되는 浦上八國戰爭이었다. 그 전쟁은 安邪國이 성장하는 계기가 되었다. 「광개토왕비문」의 '安羅人戍兵', 『日本書紀』 神功紀에 등장하는 安羅로 보아 '安羅'라는 이름은 4세기대에 존재했으므로, 안야국은 4세기대에 安羅로 전환되었던 것이다.

고고자료를 통해서도 추측 가능하다. 4세기대 古式陶質土器段階에서 함안식토기가 등장한다. 筒形高杯와 爐形器臺가 대표적인데 咸安을 중심으로 창원, 宜寧, 晉陽郡 등지에서 집중적으로 발견되고 있다. 그리고 이 고식도질토기가 김해·부산지역을 제외한 전 영남지역에서 발견되고 있기 때문에 이 토기는 함안에서 생산되어 각 지역에 확산되어 나갔던 것으로 추정된다. 바꾸어 말하면 함안지역의 안라국 또는 아라가야가 이 토기를 생산하고 확산시켰음을 알 수 있다. 이를 통해서 아라가야의 성장을 엿볼 수 있으며, 포상팔국전쟁에서의 승리가 이러한 결과로 이어졌다는 증거일 수 있다. 세련된 토기문화의 성장을 통해 함안지역이 선진적인 정치집단으로 발전하였을 가능성을 엿볼 수 있다.

【참고문헌】

강종훈, 「한국사의 획기로서의 4~6세기」, 『한국고대사연구』 47, 2007.

권오영, 「삼한의 國에 구성에 대한 고찰」, 『三韓의 社會와 文化』, 신서원, 1995.

권오영, 「伯濟國에서 百濟로의 전환」, 『역사와 현실』 40, 2001a.

권오영, 「加耶諸國의 사회발전단계」, 『한국고대사 속의 가야』, 혜안, 2001b.

김세기, 『고분 자료로 본 대가야연구』, 학연문화사, 2003.

김영하, 「고대의 개념과 발달단계론」, 『한국고대사연구』 46, 2007.

金正完, 「咸安圈域 陶質土器의 編年과 分布變化」, 경북대학교 석사학위논문, 1994.

김태식, 『加耶聯盟史』, 一潮閣, 1993.

김태식, 「廣開土王陵碑文의 任那加羅와 '安羅人戍兵'」, 『韓國古代史論叢』 6, 1994a.

김태식, 「咸安 安羅國의 成長과 變遷」, 『한국사연구』 86, 1994b.

김태식, 「4~5世紀 國際情勢와 加耶聯盟의 變動」, 『4~5世紀 東亞細亞 社會와 加耶』, 제7회 가야사
        국제학술회의, 2001.

김태식, 「가야사의 시기구분 문제검토」, 『한국사의 시기구분 문제검토』, 한국정신문화연구원,
        2002.

김태식, 「초기 고대국가론」, 한국고대사회연구소편, 『강좌 한국고대사』 제2권, 가락국사적개발연
        구원, 2003.

김태식, 「가야연구의 흐름」, 『사국시대의 가야사연구』, 서경문화사, 2014.

남재우, 「加耶史에서의 '聯盟'의 의미」, 『창원사학』 2, 1995.

남재우, 「浦上八國戰爭과 그 性格」, 『伽倻文化』 10, 1997a.

南在祐, 「廣開土王碑에서의 '安羅人戍兵'과 安羅國」, 『史林』 12·13合輯, 1997b.

남재우, 『安羅國史』, 혜안, 2003.

남재우, 「안야국에서 안라로의 변천」, 『사림』 58, 2016.

남재우, 「전기 가야사 연구의 성과와 과제」, 『한국고대사연구』 85, 2017.

남재우, 「문헌으로 본 가야사의 획기」, 『한국고대사연구』 94, 2019.

노중국, 「가야사연구의 어제와 오늘」, 『한국고대사 속의 가야』, 혜안, 2001.

박대재, 「삼한시기 논쟁의 맥락과 접점」, 『한국고대사연구』 87, 2017.

박천수, 「考古學으로 본 加羅國史」, 『가야각국사의 재구성』, 혜안, 2000.

백승옥, 「포상팔국전쟁과 지역연맹체」, 『가야의 포구와 해상활동』, 주류성, 2011.

백승충, 「1~3세기 가야세력의 성격과 추이 – 수로집단의 등장과 포상팔국의 난을 중심으로–」,

『부대사학』 13, 1989.

백승충, 『加耶의 地域聯盟史研究』, 부산대학교 박사학위논문, 1995.

백승충, 「가야의 정치구조」, 『한국고대사연구』 17, 2000.

신경철, 「三韓·三國 統一新羅時代의 釜山」, 『釜山市史』 1, 1989.

安在浩·宋桂鉉, 「古式陶質土器에 대한 약간의 考察－義昌 大坪里出土品을 通하여－」, 『嶺南考古學』 1, 1986.

우지남, 「咸安地域 出土 陶質土器」, 『道項里·末山里遺蹟』, 경남고고학연구소, 2000.

윤선태, 「한국 고대사학과 신출토 문자자료에 대한 비판적 성찰」, 『역사학보』 219, 2013.

윤온식, 「4세기대 함안지역 토기의 변천과 영남지방 토기의 '樣式'論」, 『東垣學術論文集』 8, 한국고고미술연구소, 2006.

이동희, 「全南東部地域의 加耶文化－순천 운평리 유적을 중심으로」, 『전남동부지역의 가야문화』, 제36회 한국상고사학회 학술발표대회, 2008.

李盛周, 「1~3세기 가야정치체의 성장」, 『韓國古代史論叢』, 1993.

이성주, 「고고학을 통해 본 아라가야」, 『고고학을 통해 본 가야』, 한국고고학회, 2000.

李盛周, 「加耶－倭 相互作用에 대한 考古學의 解釋」, 『가야문화』 16, 2003.

이성주, 「新羅·伽耶社會의 政治·經濟的 起源과 成長」, 서울대학교 박사학위논문, 1998.

이영식, 「가야제국의 발전단계와 초기고대국가론」, 『한국고대사연구』 89, 2018.

이정근, 「함안지역 고식도질토기의 생산과 유통」, 영남대학교 석사학위논문, 2006.

李柱憲, 「咸安地域 古墳文化의 調査와 成果」, 『加羅文化』 12, 1995.

이주헌, 「토기로 본 安羅와 新羅」, 『加耶와 新羅』, 제4회 가야사 학술회의, 김해시, 1998.

이주헌, 「阿羅加耶에 대한 考古學的 考察」, 『가야각국사의 재구성』, 혜안, 2000.

이현혜, 「4세기 加耶社會의 交易體系의 變遷」, 『韓國古代史研究』 1, 1987.

이형기, 「대가야의 형성과 발전 연구」, 영남대학교 박사학위논문, 2003.

이형기, 『대가야의 형성과 발전연구』, 경인문화사, 2009.

임기환, 「4~6세기 中國史書에 나타난 韓國古代史像」, 『한국고대사연구』 14, 1998.

전덕재, 「4~6세기 농업생산력의 발달과 사회변동」, 『역사와 현실』 4, 한국역사연구회, 1990.

전덕재, 「4세기 국제관계의 재편과 신라의 대응」, 『역사와 현실』 36, 2000.

정주희, 「咸安樣式 古式陶質土器의 分布定型에 관한 研究」, 경북대 석사학위논문, 2008.

조영제, 「西部慶南 加耶諸國의 成立에 대한 考古學的 研究」, 부산대학교 박사학위논문, 2006.

주보돈, 「序說－加耶史의 새로운 定立을 위하여」, 경상북도, 1995.

주보돈, 「가야사연구의 새로운 진전을 위한 제언」, 『한국고대사연구』 85, 2017.

4세기 아라가야의 성장

문헌사료의 재검토를 중심으로

위가야 | 성균관대학교 박물관

I. 머리말

아라가야는[1] 加耶諸國의 정치적 질서를 주도한 '國' 중 하나라 할 수 있다. 이는『일본서기』의 기록을 통해 그 주도권이 명확하게 확인되는 6세기 이후뿐만 아니라, 3세기 단계에서도 간취할 수 있는 특징이다. 3세기 당대 삼한 사회의 모습을 전해주는『삼국지』오환선비동이전 한조에 "辰王治月支國. 臣智或加優號臣雲遣支報安邪踧支濆臣離兒不例拘邪秦支廉之號"라는[2] 기록이 보인다. 이 기록은 난해한 구문으로 여겨지지만 이

---

[1] 『삼국유사』에는 阿羅伽耶, 阿那伽耶, 阿耶伽耶와 같은 '某가야'의 명칭이 보인다.『삼국사기』에서는 阿那加耶와 같은 '某가야'의 명칭과 함께 阿羅國과 阿尸良國이라는 명칭을 확인할 수 있다. 하지만 이들 '某가야'의 명칭은 나말 여초에서 시작되어『삼국유사』편찬의 단계에서 고착된 후대적 명칭의 하나였을 뿐이다. 가야가 존재하던 시대의 함안에 살던 사람들은 아마도 이러한 국명을 알지 못했을 가능성이 높다. 당대에 사용되었을 것으로 여겨지는 명칭은『삼국지』에 전하는 安邪國과『일본서기』에 기록된 安羅國이며, 安邪國이 어느 시기에 국명을 安羅國으로 바꾼 후 멸망할 당시까지 유지하였을 것이다. 이에 대해서는 이영식의 정리가(이영식, 「加耶諸國名의 재검토」,『伽倻文化』17, 2004;「가야제국명의 재검토」,『가야제국사연구』, 생각과 종이, 2016, 164~170쪽) 상세하다. 다만 이 글에서는 현재 아라가야라는 국명이 일반화되어 있고 또 본 학술회의의 제목에 사용된 명칭 또한 아라가야이므로 편의상 아라가야라는 국명을 기재하겠다.

[2] 『三國志』권30, 魏書 烏丸鮮卑東夷傳 제30 韓.

병도가 "辰王은 月支國을 다스린다. 臣智는 간혹 우대하는 호칭인 臣雲遣支報, 安邪踧支, 濆臣離兒不例, 拘邪秦支廉의 칭호를 더하기도 한다"로 풀어낸[3] 이래, 다양한 해석법이 제시되어 왔다.[4] '優號'가 진왕에게 붙는 것이건[5] 각국'의 신지에게 붙는 것이건[6] 간에 진한과 변진의 유력한 '국' 중 하나로 安邪國(아라가야)의 존재가 확인된다는 것은 분명하다. 즉 안야국은 함께 기록된 拘邪國과 함께 3세기 변진 사회를 주도하는 유력한 정치집단이었을 것이라는 추정이 가능하다.[7]

그런데 4세기에 들어오면 아라가야의 모습을 문헌사료에서 확인하기가 쉽지 않다. 국내 사료인『삼국사기』신라본기에는 奈解尼師今 17년(212) 이후로부터 炤知麻立干 3년(481) 이전까지 가야 관계 기사를 찾아볼 수 없다.『삼국사기』와『삼국유사』에 기록된 '포상팔국 전쟁' 관련 기사를 4세기 가야제국의 상황을 전하는 것으로 보기도 하지만, 그 시기의 설정이 확정되었다고는 할 수 없다.[8] 이외에 4세기 가야제국의 모습을 전하는 문헌사료로『일본서기』신공기와『광개토대왕비』를 들 수 있었는데, 아라가야 연구에서 특히 주목받아온 것은『광개토대왕비』영락 10년조의 '安羅人戍兵'이었다. 이 기록에서 광개토왕 남정시 安羅國의 존재를 확인할 수 있다고 여겼기 때문이다. 이를 통해 4세기에 '안야'에서 '안라'로 국명이 변경되었다고 보고, 안야국의 내적 발전에 근거한 국명 변경, 즉 안야 단계에서 안라 단계로의 변화가 국가의 성장을 의미한다고 보기도 했다.[9]

물론 엄밀히 말하자면 영락 10년은 400년으로 5세기 초이지 4세기가 아니다. 따라서 비문의 '안라인수병'을 통해 4세기 아라가야의 성장을 확인하기는 어려울 수도 있었다.[10] 하지만 고구려가 5만 군사를 파견하여 한반도 남부 일대를 뒤흔든 커다란 전쟁에

3) 李丙燾,『韓國古代史硏究』, 博英社, 1976, 279쪽.
4) 이 기사에 대한 해석들에 대해서는 박대재의 글을(박대재,『고대한국 초기국가의 왕과 전쟁』, 景仁文化社, 2006, 94~100쪽) 참고할 것.
5) 李丙燾, 앞의 책, 1976, 279쪽.
6) 박대재, 앞의 책, 2006, 99~100쪽.
7) 남재우,「文獻으로 본 安羅國史」,『가야 각국사의 재구성』, 혜안, 2000, 167~168쪽.
8) '포상팔국 전쟁'의 시기 설정에 대한 최근의 연구사는 위가야의 글을(위가야,「6세기 前半 安羅國 주도의 加耶諸國 관계 이해를 위한 기초적 검토」,『韓國古代史硏究』94, 2019, 198~202쪽) 참고할 것.
9) 남재우,「安邪國에서 安羅로의 변천」,『史林』58, 2016, 153~154쪽.
10) 남재우는 가야사의 획기를 4세기로 강조하면서 '포상팔국 전쟁'이 4세기초 가야사회의 변화를 보여주는 사건이며 광개토왕 남정은 5세기 초의 상황이라고 하였다(남재우,「문헌으로 본 가야사의 획기」,

안라가 어떤 식으로든 등장하고 있다는 것은 그 이전에 이미 일정한 성장을 이루었을 것이기 때문이라는 점에서,[11] 비문의 '안라인수병'은 4세기 아라가야의 성장을 규명하는 데 중요한 비중을 차지하는 문헌사료가 아닐 수 없었다.

그런데 비문의 '안라인수병'이 안라와 무관한 사료라는 지적이 있다. '안라인수병'은 안라국의 戌兵을 가리키는 명사가 아니라 "(新)羅人을 安置하여 戌兵하게 했다"라는 구절이라는 것이다.[12] 이후 '안라인수병'과 안라의 관계를 인정하는 연구자들의 반론, 그리고 그에 대한 재반박이 이어졌고, 최근 '안라인수병'과 안라의 관계를 부정하는 연구가 여러 차례 제출될 정도로[13] 논쟁은 현재진행형이다.

문제는 이 두 가지 해석이 모두 나름의 설득력을 가지고 있다는 데 있다. 즉 합의점을 도출하기가 쉽지 않다는 이야기다. 하지만 시점이 명확한 문헌사료 중에 4세기 아라가야의 성장 여부를 확인할 가능성이 엿보이는 것은 비문의 '안라인수병'뿐이라는 점에서 그 可否가 좀 더 명확하게 가려져야할 필요가 있다. 따라서 이 글에서는 비문의 '안라인수병'을 통해 과연 4세기 아라가야의 성장을 확인 할 수 있을지를 살펴보고자 한다.

팽팽히 맞서고 있는 두 관점의 可否를 판단하기 위해서는 한쪽 관점에 치우치지 않는 입장에서 연구의 흐름을 꼼꼼하게 정리할 필요가 있다. 이 글에서는 연구가 진행된 시간 순으로 각각의 주장이 무엇을 근거로 제시되었으며, 그중 어떠한 논거가 반박되면서 새로운 주장이 제시되는 지를 확인해나가려고 한다. 각각의 주장은 과거의 주장의 오류를 지적하는 과정을 통해 자설을 견고하게 쌓아올려 갔으므로, 시간이 흐를수록 논의는 정교해졌다. 따라서 이러한 논의의 과정을 시간 순으로 확인해 가면서 마지막까지 해결

『韓國古代史硏究』 94, 2019, 146쪽).

[11] 유우창은 '안라인수병'에 대한 나름의 해석을 기반으로 안라국과 고구려가 고구려 남정 이전에 이미 우호관계에 있었다고 간주하였다(유우창, 「'가야-고구려 동맹'의 형성과 추이」, 『역사와 세계』 44, 2013, 18쪽). 또한 이용현은 비문의 '안라인수병'이 3세기의 안야가 4세기 말 5세기 초에도 여전히 임나가라와 함께 가야제국의 유력국으로서 활동하고 있었음을 이야기한다고 하였다(이용현, 「광개토왕비문의 고구려와 가야-백제의 대응을 축으로」, 『광개토왕비의 재조명』, 동북아역사재단, 2013, 283쪽).

[12] 王健群 著, 林東錫 譯, 『廣開土王碑硏究』, 역민사, 1985, 265~269쪽.

[13] 신가영, 「광개토왕비문의 '安羅人戌兵'에 대한 재해석」, 『東方學志』 178, 2017; 「광개토왕비문의 가야 관계 기사에 대한 재검토-400년 전쟁과 가야 諸國」, 『문자로 본 가야』, 국립김해박물관·한국역사연구회, 2019; 위가야, 앞의 논문, 2019.

되지 않는 오류가 어느 관점에서 확인되는지를 찾을 수 있다면 두 관점 중 하나를 선택하는 것도 가능할 것으로 믿는다. 그리고 이 선택의 결과를 토대로 문헌사료를 통해 규명할 수 있는 4세기 아라가야의 성장에 대한 필자 나름의 정리를 시도해 볼 것이다.

Ⅱ. '安羅人戍兵' 연구의 흐름

먼저 『광개토대왕비』 영락 10년조의 판독문을 제시한다.[14]

十年庚子敎遣步騎五萬往救新羅從男居城至新羅城 倭滿其中官軍方至倭賊退□□背急追至任那加羅從拔城城卽歸服Ⓐ**安羅人戍兵**□新羅城□城倭寇大潰城□□□盡□□□Ⓑ**安羅人戍兵**新□□□□其□□□□□□言□□□□□□□□□□□□□□□□□□□□□辭□□□□□□□□□□潰□□□Ⓒ**安羅人戍兵**昔新羅寐錦未有身來論事□國罡上廣開 土境好太王□□□□寐錦□□僕勾□□□□朝貢(기호와 밑줄은 필자)

'安羅人戍兵'의 '안라'를 처음으로 아라가야(안라국)와 연결 지어 이해한 것은 일본인 연구자 靑江秀였다. 그는 비문의 '안라'를 『일본서기』 흠명기에 보이는 任那十國의 하나인 안라국으로 보았다.[15] 管政友는 '안라인수병'을 '왜국에서 임나의 鎭으로서 안라국에 배치한 將士'로 보았고,[16] 那珂通世는 안라인이 왜국 장수의 명을 받아 신라의 여러 성에 屯戍한 것으로 파악했다.[17] 池內宏는 안라가 일본의 속령 일부로서 이 전역의 공동 출병자라고 하였고,[18] 末松保和는 '안라인수병'은 문자 그대로 안라인으로 조직된 변방군이었지만 그 행동은 일본군의 별동대로서 반격해서 신라성을 奪回했다고 보았다.[19] 이들 견해는 모두 이른바 임나일본부설에 바탕을 두고 전개된 것이었다.[20]

---

14) 비문의 판독은 韓國古代社會研究所 編, 『譯註 韓國古代金石文』 제1권(고구려·백제·낙랑 편), 駕洛國史蹟開發研究院, 1992의 것을 따랐다.

15) 靑江秀, 『東夫余永樂大王碑銘解』, 1884.

16) 管政友, 「高麗好太王碑銘考」, 『史學雜誌』 24, 1891, 49~50쪽.

17) 那珂通世, 「高句麗古碑考」, 『史學雜志』 49, 1893; 『外交繹史』, 岩波書店, 1958, 493쪽.

18) 池內宏, 『日本上代史の一研究』, 中央公論美術出版, 1947, 75쪽.

19) 末松保和, 『任那興亡史』, 大八洲出版社, 1949; 『任那興亡史』(增訂三版), 吉川弘文館, 1961, 74쪽.

일본인 연구자들의 주장에 처음으로 반론을 제기한 것은 북한의 박시형이었다. 그는 고구려군이 남해안 끝의 임나가라까지 진출하는 동안 가야제국 가운데 하나인 安羅加羅 사람들이 다른 신라 성들을 함락시킨 것으로 보았다. 그는 신라로부터 군사적 압력을 받던 가야제국이 백제에게 접근하여 그를 추종하는 한편 동방 왜구들을 조종하려 한 것이라 하였고, 따라서 안라가라 사람들도 역시 왜구들을 조종하고 있었다고 보았다.[21]

천관우는 영락 10년조에 기록된 전투를 고구려와 그 부용인 신라, 백제와 그 부용인 가야제국 그리고 백제의 원병인 왜라는 두 연합세력의 대결로 파악하는 입장에서 '안라인수병'을 백제의 부용병으로 보았다.[22] 이는 임나일본부설에 대한 강력한 부정이었다.[23]

중국인 연구자 王健群은 임나일본부설을 부정하는 입장에서 전혀 다른 관점의 해석을 제시했다. "(新)羅人을 安置하여 戍兵하게 했다"라고 해석한 것이다.[24] 그는 이렇게 해석한 이유를 다음의 3가지로 들었다. 첫째, '안라인수병'은 세 곳에 나오는데 모두가 고구려 군대가 어떤 성을 빼앗았다는 다음에 연접된다. 둘째, 고구려는 신라에 대해서 한 개의 성이나 땅도 취하지 않고 오히려 왜인의 수중에서 되찾은 성지를 신라에게 되돌려 주었으므로, 성을 되찾을 때마다 신라인을 안치하여 戍守케 했다는 것이 사리로 보아도 합당하다. 셋째, '안라인수병'을 명사로 보면 "安羅人戍兵□新羅城□城倭寇大潰"는 '안라인수병'이 왜를 친 것으로 되어 고구려의 작전이 되어 버린다. 따라서 '안라인수병'을 '임나일본부의 용병'으로 보는 일본인 연구자들의 주장은 성립 불가능하다.[25] 또한 그는 '安'을 '安置'로 풀 수 있는 반증을 비문의 "安守墓者", "墓上不安石碑"에서 찾았

20) 末松保和는 다음과 같이 정리했다. "이 5자의 이면에는 일본의 南韓에서의 무력 장치가 이즈음 이미 상당히 강고하게 실시되고 있던 것을 상정시키는 것이리라"(末松保和, 위의 책, 1949; 위의 책, 1961, 74쪽).

21) 박시형, 『광개토왕 릉비』, 사회과학원출판사, 1966, 195~196쪽.

22) 千寬宇, 「復元 加耶史 中」, 『文學과 知性』 29, 1977; 『加耶史研究』, 一潮閣, 1991, 27쪽.

23) 반면에 김정학은 임나일본부설을 부정하면서도, 안라가 김해가야와 함께 남해안에 위치하였으므로 일본과의 교섭이 가장 많았고, 비문에서는 안라가 신라를 침략한 왜의 편에서 함께 싸운 것으로 되어 있다고 했다(金廷鶴, 「加耶史의 研究」, 『史學研究』 37, 1983, 5쪽).

24) 王健群 著, 林東錫 譯, 앞의 책, 1985, 266~268쪽. 이 책은 1984년에 중국에서 간행, 1985년에 한국에서 번역되었다.

25) 이는 동시에 '안라인수병'을 백제의 동조 세력으로 보는 견해에 대한 비판이 될 수 있었다. '안라인수병'이 왜를 공격한다는 내용이 고구려 – 신라 對 백제 – 가야제국 – 왜의 대결 구도에 배치되기 때문이다(위가야, 앞의 논문, 2019, 208쪽).

고, 고구려와 백제가 본시 신라인을 '羅人'이라고 불렀던 기록이 『삼국사기』와 『삼국유사』에 남아 있다고 하여 典據를 보강하였다. '官軍(고구려군대)'이 주어, '安'은 동사, '羅人'은 겸어(앞 동사의 목적어이자 뒤 술어의 의미상 주어), '戍兵'은 謂語(서술어)이고, 이러한 문장 구조가 비문의 "教遣步騎五萬往救新羅"와 같다고 보아 문법적으로도 문제가 없는 해석이라고 주장하였다.

鈴木英夫는 왕건군의 주장에 동의하고 '안라인수병'을 "(신)라인의 戍兵을 두다"라고 해석하면서 '안라인'으로 볼 수 없는 이유를 보강하였다. 그는 고구려에 적대적인 상대는 百殘·倭賊·倭寇와 같이 멸칭을 사용하는 것이 비문의 서법인데, 마찬가지로 고구려에 적대한 세력을 '안라인'이라고 쓸 리 없다고 하였다. 같은 맥락에서 '수병'이 수비병의 의미라면 그것은 비문의 주어인 고구려의 수비병이어야 하며, 적병인데다 신라 영내의 신라성의 공방에도 참가한 아라인의 병사를 '수병'이라고 표현하는 것은 적당하지 않다고 하였다.[26]

이에 대해 武田幸男은 왕건군의 주장이 그 자신만의 독특한 비문 釋讀을 전제로 하였는데 그 석독에 무리가 있음을 먼저 지적하면서, '라인=신라인'설이 성립할 수 없는 이유를 다음과 같이 들었다. 해당 영락 10년조에는 '倭' 외에 '新羅'·'任那加羅' 등이 뒤섞여서 등장하고 있고, 그러한 상황에서 '신라'를 단지 '라' 한 글자로 略記해서 '라'자를 가지는 다른 국명과의 무용한 혼동·혼란을 초래하는 것과 같은 애매함은, 용의주도한 『비문』의 서법과는 관계가 없다. 따라서 해당 구절은 이전과 같이 釋讀하는 것이 좋고, 안라(현재의 함안) 출신의 戍兵의 동정은, 제Ⅱ면부터 제Ⅲ면에 걸쳐서 일관되게 인정된다는 것이다.[27]

武田幸男의 지적은 '라인=신라인'설이 가지는 허점의 핵심을 찌른 것이었다. 그런데 비슷한 시기 '안라인수병'을 안라국의 병사로 파악하면서도 그 성격을 달리 보는 견해가 제출되었다. '안라인수병'이 왜와 백제가 아닌 고구려와의 관계에서 전쟁에 참여한 것으로 본 것이다.

山尾幸久는 그때까지 확인된 『비문』의 여러 탁본을 토대로 "대담하게 추리"하여 고구려를 "따라서 온 안라인수병"으로 해석하였다. 즉 고구려의 별동대로 본 것이다. '안라

---

26) 鈴木英夫, 「加耶·百濟と倭」, 『朝鮮史研究會論文集』 24, 1987, 70~71쪽·91쪽.

27) 武田幸男, 『高句麗史と東アジア』, 岩波書店, 1989, 120쪽.

인수병'을 고구려와 대립하는 존재로 보려면 倭寇 · 倭賊이나 百殘 · 殘主처럼 '安羅賊'이라고 적혀 있는 편이 어울린다고 하였다. 이 부분은 鈴木英夫의 견해를 따른 것이지만[28] 결론은 달랐다.

山尾幸久의 견해는 '안라인수병'을 왜의 부용세력이라고 보았을 때, 『비문』의 문맥상 '안라인수병'이 왜를 친 것으로 되어 버린다는 왕건군의 문제 제기를 해결할 수 있는 실마리를 제공했다. 하지만 高寬敏은 山尾幸久의 주장이 가지는 허점을 다음과 같이 지적했다. 일단 광개토왕의 훈적을 기록한 『비문』에 별동대인 아라인의 활약을 과장되게 기록한 것을 수긍할 수 없다. 그리고 무엇보다 아라인이 고구려에 따라온 것 같은 역사적 배경을 설명할 수가 없다는 문제가 있다. 광개토왕대에 고구려가 아라에 영향력을 미쳤다고 보기 어렵다는 것이다.[29]

그는 武田幸男의 지적, 즉 국가의 명칭을 생략하는 것이 혼란을 초래할 수 있음을 인정하면서 신라의 경우 『비문』에 반드시 풀네임으로 적었음을 부연하면서도,[30] '안라인수병'을 문장의 흐름 안에서 검증하여 그것을 독립구로 보아 '안라인수병=안라인'일 수 없음을 입증하려 했다. 그에 따르면 비문에서 세 차례 확인되는 '안라인수병' 중에서 Ⓐ와 Ⓒ는 독립구로 보는 것에 문제가 없고, Ⓑ의 경우 뒤에 이어지는 글자로 보아 주어일 가능성이 있는데, 해당 글자의 판독이 명확하지 않으므로 Ⓑ 또한 독립구일 가능성이 있다고 보았다.[31] 또한 그는 Ⓒ가 전투 기사의 말미에 있는 것이 '안라인수병'이 독립구일 가능성을 입증한다고 보았는데, '안라인수병'을 토멸했다고 읽는 것이 전투종결 기사로서는 어중간한 감이 있다고 여겼기 때문이었다.[32] 이렇듯 '안라인수병'을 독립구로 볼 수 있지만 '라인=신라인' 역시 성립할 수 없었다. 따라서 高寬敏은 '羅人'을 새롭게

---

[28] 山尾幸久, 『古代の日朝關係』, 塙書房, 1989, 202쪽 · 208쪽의 주28. 그런데 이러한 관점은 이미 신채호가 "任那 · 阿羅의 兩加羅가 강성하여 신라와 대치하였으며, 廣開太王이 왜를 칠 때에도 상당히 병력을 들여 신라와 함께 고구려를 도와 왜와 싸웠다"는 식으로 제시한 바 있었다(申采浩 著, 李萬烈 註釋, 『譯註 朝鮮上古史 下』, 螢雪出版社, 1983, 311쪽).

[29] 高寬敏, 「永樂10年 高句麗廣開土王の新羅救援戰について」, 『朝鮮史研究會論文集』 27, 1990, 159쪽.

[30] 高寬敏, 위의 논문, 1990, 159쪽.

[31] 이 글에 제시된 판독문상 해당 글자는 '新'인데 武田幸男 판독본에 따르면 '滿'이다. '新'의 경우 王健群 판독문을 따를 때 '新羅城'이라는 문구로 이어지므로 ロ는 독립구일 가능성이 높아진다. '滿'의 경우 "안라인수병이 ~에 가득차서"라는 식의 해석이 가능하기 때문에 ロ를 명사로 볼 수 있었다. 高寬敏은 이 때문에 '滿'의 판독이 명확하지 않음을 검증하여 ロ가 독립구일 가능성을 확인한 것이다.

[32] 高寬敏, 앞의 논문, 1990, 160~161쪽.

읽을 수 있는 가능성을 모색했고, 그 결과 '羅'가 '邏'와 통용될 수 있음을 확인해 그 성격을 고구려의 순라병 또는 遊兵으로 파악했다. 고구려가 순라병[羅人]을 안치[安]해서 수비하게 했다[戍兵]는 것이다. 그 정황은 『삼국사기』 신라본기의 417년 訥祇麻立干 즉위에 고구려가 관여한 것, 『일본서기』 雄略 8년조에 "고려왕이 정병 100인으로 신라를 지키게 했다"는 기록이 나오는 것, 『충주고구려비』에 '新羅土內幢主'가 나오는 것에서 찾았다.[33]

高寬敏의 주장이 제기되면서 '안라인수병'의 이해에 대한 기본적인 관점은 모두 나왔다고 보아도 과언이 아니게 되었다. 이후의 연구는 이러한 관점의 타당성을 각기 부연하는 식으로 진행되었다.

田中俊明는 왕건군이 자신의 석문에 매몰되어 무리한 해석을 했음을 지적하고, 안라인수병이 고구려군·신라군을 공격하는 형태로 등장하므로 왜측의 세력으로 등장한다고 보았다.[34] 이영식은 가야제국의 독자성을 강조하는 입장에서 신라와 대립하고 있었던 안라가 임나가라·왜와 함께 고구려·신라와 전쟁을 벌였다고 보아 '안라인수병'을 '안라인'의 병사로 보았다.[35] 김태식은 '안라인수병'을 안라인으로 보는 견해와 '라인=신라인'으로 보는 견해에 대한 비판에 동의하면서 고관민의 견해를 비판적으로 수용하여 영락 10년조가 묘사한 전투의 성격을 낙동강 유역을 둘러싼 양대 세력인 신라와 가야 사이의 패권 다툼으로 파악하였다.[36] 김현구는 왜를 對고구려전에 끌어들인 것이 백제였다는 관점에서 임나가라와 안라를 백제의 보조 세력으로 파악하여 '안라인수병'을 안라인의 병사로 보았다.[37]

白石昭一郎은 문법적인 면에서 왕건군설을 비판하였다. 그는 왕건군이 '安'을 '두다'라는 의미로 이해하기 위해 들었던 사례 중 "安守墓者"는 '두다'의 의미로 해석할 수 없고, "墓上不安石碑"의 경우 '安置'의 대상이 비석이라는 사물임을 지적하여 왕건군의 무리한 해석을 비판했다. 또한 그는 '안'을 '두다'는 의미로 해석할 수 있다 해도 거기에는 '安置'

33) 高寬敏, 위의 논문, 161~162쪽.
34) 田中俊明, 『大伽耶聯盟の興亡と任那』, 吉川弘文館, 1992, 212쪽.
35) 李永植, 『加耶諸國と任那日本府』, 吉川弘文館, 1993, 172쪽.
36) 金泰植, 「廣開土王陵碑文의 任那加羅와 '安羅人戍兵'」, 『韓國古代史論叢』 6, 1994, 89~99쪽.
37) 金鉉球, 『任那日本府研究-韓半島南部經營論批判-』, 一潮閣, 1993, 99쪽. 白承忠 또한 백제·왜 연합세력으로서 백제군을 돕기 위해 출병한 안라의 수비병으로 보았다(白承忠, 「加耶의 地域聯盟史 研究」, 釜山大 박사학위논문, 1995, 144쪽).

라는 뉘앙스가 들어있으므로 전란 중에 '라인'을 안치하는 일이 있을 수 있는지에 대해 의문을 표하였으며, '수비하는 병사'라는 뜻의 명사인 '戍兵'을 술어로 사용하는 것이 상당히 특수한 용법이라는 점을 지적하였다.[38]

고관민의 주장에 대한 본격적인 비판은 연민수에 의해 시작되었다. 임나가라와 함께 고구려에 적대하는 세력으로 '안라인수병'을 파악한 바 있던 그는[39] 고구려가 자국의 군대를 '羅人'이라는 3인칭으로 표기했을 지에 대한 의문을 제기하였다. 비문에 의거하는 한 고구려군대는 王師와 官軍이지 '羅人'이 아니라는 것이다. 또한 '라인'을 순라병으로 볼 경우 그 다음의 '戍兵'과 용어의 중복을 피할 수 없다고 했다. 따라서 그는 '안라인수병'을 백제 주도의 안라군이라 하였다. 백제와 가야제국, 왜와 가야제국의 사적 친연관계를 생각하면, 안라인수병은 고구려의 군사적 압박에 대항해서 백제·왜 등과 공동전선을 취했으리라는 것을 추측하기 어렵지 않다고 보았다.[40] 이는 고관민설의 허점에 대한 적확한 비판으로 후일 이용현 역시 이를 지지하였다.[41]

남재우는 왕건군과 고관민의 주장에 대한 기존의 비판을 수용하면서 '안라인수병'을 왜 또는 백제의 부용병으로 본 것은 가야를 백제와 신라, 왜와의 관계 속에서만 파악해 왔기 때문에 가야의 諸國들에 대한 이해가 부족했기 때문이라고 하였다. 그는 당시의 정세를 고구려-신라와 임나가라-왜의 대립을 중심축으로 보아 가야제국의 하나였던 안라국이 고구려 측에 동조했던 사실이 '안라인수병'으로 나타난 것이라 하고, 안라국이 고구려의 남정에서 고구려 측에 동조함으로써 세력 유지뿐만 아니라 이를 계기로 세력을 확대하여 5세기 말부터 6세기 전반기까지 가야외교의 중심에 설 수 있었던 것으로 보았다.[42]

[38] 白石昭一郎, 『廣開土王碑の硏究』, 吉川弘文館, 1993; 권오엽·권정 譯, 『廣開土王碑文의 硏究』, 제이엔씨, 2004, 264~265쪽. 후일 권인한 역시 白石昭一郎의 견해에 동의하여 '안라인수병'을 안라인의 수비병이라고 해석하였다(權仁瀚, 「廣開土王陵碑文의 새로운 판독과 해석」, 『목간과 문자』 8, 2011, 323~324쪽).

[39] 延敏洙, 「廣開土王碑文에 보이는 倭關係 記事의 檢討」, 『東國史學』 21, 1987, 23쪽.

[40] 延敏洙, 「廣開土王碑文에 보이는 對外關係-高句麗의 南方經營과 國際關係論」, 『韓國古代史硏究』 10, 1995; 『고대한일관계사』, 혜안, 1998, 85쪽.

[41] 이용현, 「가야의 대외관계」, 『한국 고대사 속의 가야』, 혜안, 2001, 353쪽. 그는 '신라'를 '라'로 약칭한 예가 보이지 않으며, '羅人'을 '邏人'으로 보는 견해는 '戍兵'이 중복되는 점 때문에 부자연스럽다고 하였다.

[42] 南在祐, 「安羅國의 成長과 對外關係 硏究」, 成均館大 박사학위논문, 1997, 103~108쪽.

'안라인수병'을 고구려의 원군으로 파악하기 위해서는 광개토왕 남정 이전 고구려와 안라국의 관계가 밀접했음을 입증하는 것이 전제였고, 문헌 사료에서 이것이 확인되지 않는다는 점이 高寬敏과 연민수가 山尾幸久의 주장을 반박한 근거였다.[43] 따라서 이에 대한 논지 보강이 필요했는데, 남재우는 이를 안라와 신라와의 관계를 통하여 안라가 고구려와 결합했을 가능성에서 찾았다. 그에 따르면 포상팔국 전쟁은 3세기 말에 포상 팔국이 안라를 공격한 것이었고 이 전쟁에 구원군을 보내준 것은 신라였다. 이로 인해 신라와 안라는 우호관계를 유지할 수 있었으며, 신라가 왜병의 침략을 막기 위해 고구 려에 구원군을 요청한 것이 원인이 되어 고구려의 남정이 시작되고 있는 만큼, 신라의 중재로 '안라인수병'이 고구려 남정시기에 고구려에 동조했을 수 있다고 하였다.[44]

유우창은 남재우와 같은 관점에서 '안라인수병'을 "安羅人이 戍兵하다"라고 해석했다. 남정 이후의 것으로 편년되는 함안지역의 대형고분군인 도항·말산리 고분군의 존재는 안라국이 고구려에게 궤멸되지 않았음을 보여주는데, 이를 적극적으로 해석한다면 이 것은 안라국과 고구려의 관계가 우호적이었음을 보여주는 것이라고 추정했다. 고구려 와 안라국이 남정 이전부터 우호적인 관계를 가지고 있었다는 것이다. 따라서 『비문』의 안라인은 고구려 동맹군으로서 고구려에 의해 배치되어 '戍兵把守'하고 있었다고 했다. 또한 그는 『삼국지』 위서 동이전 변진조에 보이는 소위 '철교역' 기사를 통해 안야국이 濊를 통해 고구려와 우호관계를 맺고 있는 것으로 해석할 수 있다고 하고, 1~2세기 무 렵 고구려 지역에서 발굴되는 철부가 함안 말산리 3호 목곽묘에서 출토되고 그것이 2세 기 중~후반으로 편년되는 것을 근거로 안라국과 고구려의 우호관계가 3세기 이전부터 있었다고 보았다. 양국의 이러한 전통적 관계를 상정하면 『비문』에 보이는 '안라인수병' 과 고구려와의 관계를 우호적으로 보아도 무리한 해석이 아니라 하였다.[45]

이와는 달리 '안라인수병'의 '安'을 동사로 보는 입장의 연구도 꾸준하게 제출되었다.

43) 高寬敏, 앞의 논문, 1990, 159쪽. 연민수는 고구려와 안라의 국제적 교통의 시작이 영락 10년 이전을 넘어가지 않으므로 고구려의 지시에 따르는 '안라인수병'의 존재를 생각하기 어렵다고 하였다(延敏洙, 앞의 논문, 1995; 앞의 책, 1998, 84쪽).
44) 南在祐, 앞의 박사학위논문, 1997, 113~114쪽.
45) 유우창, 「대외관계로 본 가라국의 발전-5세기대를 중심으로-」, 『지역과 역사』 16, 2005, 186~189쪽. 물론 『삼국지』의 '철교역' 기사를 안야국과 濊의 관계로 파악하고 거기서 예를 통한 고구려와의 우호 관계로까지 비약시킨 데에는 동의하기 어렵다. 또한 설령 3세기 이전부터 안라국과 고구려의 우호관 계가 성립했다 하더라도 그것이 4세기 그리고 광개토왕 남정이 있었던 400년까지 줄곧 유지되었다 는 근거가 될 수는 없다.

이도학은 고구려 측의 입장에서 볼 때 '안라인수병'은 승전의 결과로써 기재되었기 때문에 주어나 명사가 될 수는 없다고 하였다. 이 때문에 그는 왕건군의 주장에 동의하면서 '안'을 동사로 보았지만, 신라 영역이 아닌 임나가라 지역에 신라인을 배치해서 지키게 했다는 것이 정황에 맞지 않는 어색한 추론이라고 하여 '라인'으로 임나가라인을 지목하였다. 『비문』에는 국호를 末字로 略記하는 경우가 많고, 또 앞에서 한 번 사용한 명사를 略記하는 경우가 많은데 이러한 맥락에서 "至任那加羅從拔城 城卽歸服 安羅人戍兵"의 '羅人'은 앞에 적혀 있는 '任那加羅'의 末字로 略記한 것이었다. 즉 '安羅人戍兵'의 '羅'는 任那加羅 국호의 약칭일 가능성이 높으며, 이는 고구려가 왜인의 손에서 빼앗은 성을 임나가라에 돌려주어 수비시켰다고 해석해야 한다는 것이다.[46]

　백승옥은 文面에 입각해 해석해 보면 '安'을 동사로 해석하는 것이 순리적이라고 하였다. '안라인수병'은 『비문』에서 3번 나타나는데, 마지막 '안라인수병'의 경우 어떠한 사건의 결과로 해석하지 않을 수 없다고 하였다. 그는 비를 세운 목적과 관련하여 구절을 생각해볼 필요가 있다고 했는데, 『비문』은 전체적으로 볼 때 어떠한 패턴을 가지고 이루어졌으며, 각 구절들은 摘記될 필요성을 가지고 있었을 것이기 때문이다. 영락 10년조 기사에 나오는 정복지역은 가야지역과 신라지역인데 정복 후 신라지역에 대한 후속 조치는 신라 매금의 조공이었다. 그렇다면 '안라인수병'은 임나가라종발성이 고구려에 항복한 후 이루어지는 조치이며, 이러한 조치를 특기한 이유는 韓濊의 지역이지만 수묘인으로 차출하지 않은 정복지역이었기 때문이라고 했다. 비문의 결락 부분은 김해 이서 남부가야 세력들에 대한 내용일 것이며 그들 지역에 대한 조치도 김해지역과 같이 '안라인수병'이라는 조치를 취했을 것이라 하였다. 이들 지역에 주둔한 것이 고구려인이었는데 이는 『충주고구려비』의 '신라토내당주'를 통해 5세기대 고구려가 남부 지방에 그들의 군대를 주둔하고 있었음이 확인되는 사례를 통해 방증할 수 있다고 했다.[47]

　주보돈은 '안라인수병'을 안라인의 수비병으로 보았을 때 문맥이 순조롭지 못함을 지적하는 동시에 또한 이 견해가 관성적인 이해임을 지적했다. 즉 '안라인수병'이 하필이면 문헌 기록상에 나오는 '안라'와 표기가 그대로 일치하는 사례이고, 또 그것이 하나의

---

46) 李道學, 「加羅聯盟과 高句麗」, 『加耶와 廣開土大王』, 제9회 가야사 국제학술회의, 2003; 「高句麗와 加羅聯盟」, 『고구려 광개토왕릉 비문 연구－광개토왕릉비문을 통한 고구려사』, 서경문화사, 2006, 448~452쪽.

47) 白承玉, 「廣開土王陵碑文의 建碑目的과 加耶關係記事의 해석」, 『韓國上古史學報』 42, 2003, 50~51쪽.

문단 속에 3번에 걸쳐 나오므로 아무런 의심을 하지 않고 지극히 당연한 사실로 받아들여 왔다는 것이다. 그러나 고구려가 왜병을 공격하는데 그 이후의 진행 상황에 대한 언급은 전혀 없이 '안라인수병'이 갑자기 등장하는 것은 문제이며, 3번에 걸쳐 같은 형식의 표현이 되풀이 된 것도 크게 문제로 삼을 문제라고 했다. 안라인이라고 표현하여도 무방한데 굳이 수비병의 뜻인 '수병'을 붙여 3번이나 되풀이하여 표현한 것은 그것이 특정한 목적을 지닌 사실을 강조하려 한 것이므로 기왕처럼 해석해서는 그런 부분이 살아나기 어렵다는 것이다. 또한 수병이 글자 그대로 지키는 병사라면 『비문』에서 그들이 "拔新羅城鹽城"한[48] 사실과도 어울리지 않는다고 지적했다.[49]

따라서 '라인'은 어떤 나라 사람들의 약칭으로 보아야 하는데, 3개의 '안라인수병'이란 구절을 모두 함께 고려할 때 그를 임나가라인으로 보는 것은 세 사례에 동시에 순조롭게 적용되기 곤란하므로 '라인'을 신라인으로 보아야 적절하다고 하였다. 그는 신라인을 '라인'으로 약칭한 것이 임나가라인과 혼동될 수 있다는 위험성에 대해 당시 『비문』을 쓰고 읽은 고구려 측의 입장에서는 '라인'이라 하여도 그대로 통용되었을 것이라고 하였다. 오직 신라만이 그들과 국교를 맺고 있을 뿐 아니라 심지어는 속민으로 여기고 있었으므로 '라인'이라 해도 임나가라와는 혼동할 여지가 전혀 없었다는 것이다. 또한 '라인'이라고만 하면 혼동될 여지가 있을지도 모르지만 뒤에 수비병을 의미하는 '수병'이란 단어가 따라붙은 한 이것은 당연히 고구려에 보조적인 신라의 수병일 수밖에 없어 그처럼 표현하였다고 했다.[50] '라인'이라는 약칭이 혼란을 초래할 수 있다는 비판에 대한 첫 반론이었다.

반면에 이영식은 '안라인수병'의 '안라'를 함안의 가야국으로 보는 해석이 적합한 이유를 총체적으로 정리하였다. 그의 지적에서 눈에 띄는 것은 『비문』을 400년 1개조의 짧은 문장에 안치한다는 동사가 3회씩이나 반복되는 치졸한 문장으로 볼 수 없는데 그럼에도 '안라인수병'이 반복될 수밖에 없었던 이유는 '안라인수병'이 고유명사였기 때문이었다는 지적과 안라국은 『삼국지』의 安邪國과 『일본서기』의 安羅國에서 보이는 위상으로 보아 전·후기가야의 모든 시기에 '大國'이었으므로 고구려가 안라의 존재를 알고 있

---

48) 주보돈은 『비문』의 "□新羅城□城"을 "拔新羅城鹽城"으로 판독하였다.
49) 朱甫暾, 「高句麗 南進의 性格과 그 影響—廣開土王 南征의 實相과 그 意義—」, 『大丘史學』 82, 2006; 「고구려의 낙동강 유역 진출과 가야사」, 『가야사 이해의 기초』, 주류성, 2018, 337~338쪽.
50) 朱甫暾, 위의 논문, 2006; 위의 책, 2018, 339~340쪽.

었던 것이 당연하다는 견해다.[51] 전자는 앞서 주보돈의 지적과 일맥상통하지만 전혀 다른 결론으로 이어진다는 점에서, 후자는 '안라인수병'의 등장이 갑작스러운 것이 아님을 입증하려 했다는 점에서 주목할 필요가 있었다.

이용현은 왕건군설의 근간이 되는 그의 독특한 釋讀이 이해를 공유하는 것은 아님을 지적하고, 적대국이라고 해도 그 멸칭의 정도에는 차이가 있음을 입증하여 안라에 멸칭이 사용되지 않은 것이 문제가 되지 않음을 밝혔다. 또한『비문』의 군관계 서술에서 '軍', '兵', '幢', '師' 등이 사용될 뿐 '人'의 용례가 보이지 않으므로 '邏兵', '邏軍', '邏師'가 아닌 '邏人'이라는 표기는 부자연스러우며, 보통을 '邏'인 글자를 일부러 국명과 혼동하기 쉬운 '羅'를 사용한 것 역시 의문이 남는다고 지적하였다.[52]

연민수 또한 '安'을 군대를 주둔시킨다는 의미로 해석하기에는 군사용어로서 부자연스럽고, '라인'을 신라인 혹은 고구려인으로 보는 것은 비문의 표기법에서 볼 때 거리가 있다고 하여 '안라인수병'을 안라인의 수비병으로 보았다. 다만 '戍兵'은 그 자체로서 '人'을 포괄하는 완결된 용어인데 불필요한 글자를 명기했는지 이해하기 어렵다고 하여 후일의 과제를 남겼다.[53]

신가영은 비문 작성자의 목적과 훈적 기사의 전체 서술 맥락에서 '안라인수병' 문제를 해결하려 했다. 이에 따르면 비문에는 고구려가 각 지역을 정복한 이후 그 결과나 후속 조치를 반드시 기록하였는데, '안라인수병'이 명사가 된다면 고구려가 주체가 된 후속 조치 없이 문단이 마무리되므로 비문의 다른 사례와 비교했을 때 매우 어색하다.[54] 비문에서 '안라인수병'이라는 구절이 반복되는 것은 왜로부터 탈환한 지역과 새롭게 차지한 지역을 고구려가 신라에게 맡긴다는 일종의 시혜를 베푼 점을 강조하고자 했던 의도에 따라 서술된 것이며, 이렇게 볼 때 400년(영락 10년) 전쟁의 성과로 신라 매금이 '직접' 고구려에 조공을 하게 되었다는 광개토왕의 업적을 과시하고자 한 고구려인의 의도가 잘 드러난다는 것이다. 따라서 '안라인수병'은 "(신)라인의 수병을 두었다"라고 해석

---

[51] 李永植,「가야와 고구려의 교류사 연구」,『韓國史學報』25, 2006;「가야와 고구려 – 문물교류를 중심으로 –」,『가야제국사연구』, 생각과 종이, 2016, 883~884쪽.

[52] 이용현, 앞의 논문, 2013, 275~280쪽.

[53] 延敏洙,「광개토왕비문 쟁점기사의 어제와 오늘」,『혜정 소장본 廣開土王碑 원석탁본』, 동북아역사재단, 2014, 47쪽.

[54] 신가영, 앞의 논문, 2017, 11쪽.

해야한다고 보았다.[55]

위가야는 전투 상황에 대한 검토를 통해 신가영의 견해를 부연했다. 그에 따르면『비문』에 고구려군이 가장 먼저 임나가라 종발성을 공격한 것은 그곳이 임나가라의 협조 하에 왜군이 상륙할 수 있었던 일종의 상륙 거점이었기 때문이었다. 이 때문에 고구려 군은 임나가라 종발성을 공격해 항복을 받아 왜군을 신라 영내에 고립시키는 동시에 왜 군 병력의 추가를 막기 위해 그곳에 '(新)羅人戌兵'을 배치(安)했는데, 고구려군이 아닌 신라인에게 수비를 맡긴 것은 신라 영내에 남아있는 왜군의 소탕전이 끝나지 않은 상황 에서 전력 분산을 꺼렸기 때문일 수 있다고 보았다. 이후 이어지는 전투 후 두 차례에 걸쳐 보이는 '안라인수병'은 수복한 지역이 원래 신라의 영토였을 것이기 때문에 신라인 에게 수비를 맡기는 상황이 어색하지 않다고 했다. 이러한 구원전이 모두 끝난 이후 그 동안 '직접' 조공해 온 적이 없었던 신라의 매금이 광개토왕의 구원으로 인해 조공해왔 다는 훈적 기사가 완성되었다는 것이다.[56]

지금까지 '안라인수병' 연구의 흐름을 시간 순으로 각각의 주장과 반박을 중심으로 되 도록 자세하게 검토하였다. 그 결과 각각의 주장이 여전히 한 치의 양보도 없이 대립하 고 있음을 확인할 수 있었다. 따라서 최근 '安羅人戌兵'의 '安'을 서술어로 보는 견해가 거듭 제시되고 있지만, 곧 이에 반대하는 논문이 제출될 것임을 예상하기는 어렵지 않 다. 둘 중 무엇이 좀 더 영락 10년의 실상에 부합한다고 이해할 수 있는지에 대한 단서 는 없는 것일까. 이에 대해 필자의 견해를 장을 바꾸어 서술해 보기로 한다.

Ⅲ. '안라인수병' 이해의 제시

먼저 '안라인수병'을 안라인의 수비병으로 보는 견해의 문제점을 다음과 같이 제시할 수 있다.『비문』은 분명 광개토왕의 업적을 과시하는 것을 목적으로 작성되었다. 설령 『비문』을 수묘역 체제에 관련된 법령 선포의 매체로 본다 하더라도,[57] 그 독자는 어디

55) 신가영, 위의 논문, 21~22쪽.
56) 위가야, 앞의 논문, 2019, 210~211쪽.
57) 이성시, 「표상으로서의 광개토왕비문」, 『만들어진 고대－근대 국민 국가의 동아시아 이야기』, 삼인,

까지나 고구려인이었다. 그런데 영락 10년조에 안라인의 수비병이 등장한 것은 너무 갑작스럽다는 인상을 지우기가 어려우며, 『비문』의 내용을 통해서는 그 결락을 감안한다 하더라도 어떻게 안라가 등정할 수 있었는지를 알기 어렵다.[58] 安羅國이 가야제국 중 '大國'이었으므로 고구려가 안라의 존재를 알고 있었던 것이 당연하다는 견해도[59] 있지만, 알고 있는 것이 당연한 것과 서술의 맥락에서 갑작스러운 것은 다른 지점의 문제일 것이다. 이는 백제와 신라, 그리고 동부여에 대해서는 『비문』에서 그들과 고구려의 관계에 대해 미리 언급하고 서술을 진행하고 있는 것과 무척 대조적이다. 문제는 『비문』의 "安羅人戍兵□新羅城□城倭寇大潰"를 읽을 때, '안라인수병'을 안라인의 수비병으로 읽기 위해서는 그가 왜 또는 백제의 동조 세력, 즉 고구려의 적대세력이 아니라 고구려의 원군으로 보는 편이 독법상 무리가 없다는 점에서 더욱 해결하기 어려워진다. 이 경우 '안라인수병'을 안라인의 수비병으로 본다면 영락 10년조는 고구려군이 임나가라종발성에 이른 후, 느닷없이 '안라인수병'이 등장해서 전장을 주도하는 모습으로 이해할 수밖에 없다. 즉 『비문』의 주인공이 바뀌는 셈인데, 이러한 내용을 광개토왕의 업적을 과시하기 위해 고구려인에게 보였다고는 생각하기 어렵지 않을까.

'안라인수병'을 안라인의 수비병으로 이해했을 때 생기는 또 하나의 문제점은 안라인의 활동이 수비가 아니라 공격이었다는 점에 있다. 이는 "安羅人戍兵□新羅城□城倭寇大潰"을 통해 쉽게 알 수 있는 사실이고, 또한 이것이 '안라인수병'을 명사로 해석하는 견해에서 독법상의 문제점을 지적할 수 있는 근거 중 하나였다. '안라인수병'을 '안라인으로 조직된 변방군',[60] '안라인으로 구성된 국경수비대',[61] '안라의 국경 내지 영내의 수비병'이라[62] 한다면 안라의 변경에 있던 군대가 근처의 전투에 휘말려 든 것으로 볼 수 있는 여지가 없는 것은 아니다. 이 때문에 '안라인수병'을 신라와 국경을 접하고 있는 안라의 변경을 지키는 수비대로서 신라와 고구려의 침공을 우려한 백제의 요청에 의해 구성된 것으로 파악하기도 했다.[63] 하지만 과연 고구려에서 이러한 안라국의 군사 편성

2001, 63쪽.

[58] 高寬敏과 주보돈, 신가영이 모두 이 점을 지적하고 있다.

[59] 李永植, 앞의 논문, 2006; 앞의 책, 2016, 883~884쪽.

[60] 末松保和, 앞의 책, 1949; 앞의 책, 1961, 74쪽.

[61] 延敏洙, 앞의 논문, 1995; 앞의 책, 1998, 83쪽.

[62] 스즈키 야스타미, 「광개토왕비에 보이는 왜」, 『광개토왕비의 재조명』, 동북아역사재단, 2013, 252쪽.

체계를 고려해서 『비문』에 적어야 할 이유가 있었을까.[64] '안라인' 또는 '안라군'이라고 적어도 아무런 문제가 없는 것이며, 오히려 '戍兵'을 덧붙이면 안라의 군사 편성체계를 모르는 고구려인에게는 '어째서 수비병이 성을 빼앗고 있을까'라는 필요 없는 의구심만 불러일으킬 우려가 있다.

결국 문제는 『비문』의 독자가 고구려인이라는 것이고, 이러한 관점에서 '安'을 서술어로 보는 견해에 대해서도 문제를 제기할 수 있으며, 기존 연구에서도 문제가 제기되었다. 같은 영락 10년조에 기록되어 있는 임나가라와 혼동될 우려가 있는 '라인'이란 표현으로 신라인을 기록할 이유가 없다는 것이다.[65] '安'을 '安置하다'로 볼 수 있다 하더라도 그것이 군대를 주둔시킨다는 의미로 해석하기는 어색하다는 지적 또한 해결하지 않으면 안되는 문제이다. 실제로 사전의 용례는 '戍兵'을 둔다고 할 때 대부분 '置'를 사용하고 있다. 『隋書』와 『晉書』의 기록에서 '安'을 '군대, 병사를 두다'라는 의미로 사용한 용례를 찾기도 했지만,[66] 『비문』 밖의 용례를 가지고 입증하려 한 시도였기 때문에 설득력이 떨어진다고 할 수밖에 없다.

하지만 이 문제는 역시 『비문』 서술의 맥락을 생각하면 해결의 실마리를 찾을 수 없는 것만도 아니다. 『비문』에서 '人'이 보이는 용례를 분류한 연구에 따르면 '人'은 A)사람의 숫자, B)종족 혹은 국가명, C)무엇을 하는 자, D)不明으로 분류되는데,[67] 확인이 어려운 D유형을 제외하면 이들은 대부분 고구려에 예속된 존재를 가리키고 있다. 예외라면 A유형의 "將殘主弟並大臣十人旋師還都"(영락 6년)와 B유형의 "新羅遣使白王云倭人滿其國境"(영락 9년)을 들 수 있는데, 전자는 "舊是屬民"인 백제의 대신이라는 점에서 고구려에 예속된 존재에 대한 것으로 보아도 좋을 것 같다. 후자의 '倭人'은 고구려의 인식이 아니라 신라왕의 '白'에 따른 따옴표 안의 표현이므로 '人'이 예속된 존재를 가리킨다는 경향성을 뒤집을 만한 문제가 될 것 같지는 않다.

---

63) 白承忠, 「「廣開土王陵碑文에서 본 加耶와 倭」, 『國立歷史民俗博物館研究報告』 110, 2004, 586쪽.

64) 신가영은 백제나 가야의 기록이 아닌 고구려의 기록에서 굳이 '戍兵'이라고 기록할 이유는 없다고 하였다(신가영, 앞의 논문, 2017, 6쪽의 각주25).

65) 武田幸男이 처음 이 문제를 제기한 이래도 대부분의 연구자들이 이를 수용하고 있으며, 심지어 '安'을 서술어로 파악하는 연구자들 또한 이 문제에 대해서는 武田幸男의 주장을 수용하는 경우가 많다(高寬敏, 김태식, 백승옥).

66) 신가영, 앞의 논문, 2017, 12쪽.

67) 이용현, 앞의 논문, 2013, 278쪽.

『비문』의 이른바 신묘년조에서 신라를 백제와 마찬가지로 "舊是屬民"이라고 표현한 것에 주목할 필요가 있다. 즉 신라는 고구려인의 입장에서 속민이었으므로 자연히 고구려에 예속된 존재였다. 반면에 임나가라는 『비문』 어디에도 고구려와의 예속 관계를 엿볼 수 있는 서술이 확인되지 않는다. 따라서 『비문』에 '라인'이라고 적혀 있을 때 그 비문을 읽는 고구려인들은 별다른 혼란 없이 그것이 가리키는 대상이 신라인임을 알 수 있었을 것이다.[68]

같은 맥락에서 '安'을 군대를 주둔시킨다는 의미로 해석하기 어렵다는 문제도 해결할 수 있을 것 같다. '안라인수병'을 "(신)라인을 安置시켜 戍兵하게 하다"로 해석하는 것이다. 이는 이미 왕건군이 제시한 해석이었지만, 후속 연구에서는 그의 관점을 수용하더라도 대부분 "羅人戍兵을 安하다"로 해석했다. '安'의 의미상 그것이 서술어로 부적합하다는 지적을 받았던 것은 이러한 해석을 고집했기 때문이 아닐까. '라인'은 고구려의 속민이었으므로 이들을 안치하는 것은 『비문』의 작법상 전혀 어색하지 않으며, 『비문』에서 守墓人을 두는 것을 "安守墓者"라고 적었다는 점에서 『비문』 서술법상의 방증 또한 가능하다. 『비문』을 읽는 고구려인 입장에서도 예부터 속민이었던 신라를 광개토왕이 구원하고, 또 그 지역에 (신)라인을 안치시켜 그곳을 지키게 했다는 서술을 통해 왕의 업적과 은덕을 무리 없이 이해할 수 있었을 것이다.

따라서 현 시점까지는 '안라인수병'을 안라인의 수비병으로 파악하는 것보다는 '안'을 서술어로 보아 "(신)라인을 安置시켜 戍兵하게 하다"로 해석하는 편이 좀 더 무리가 적은 이해 방향이라고 생각한다. 그렇다면 『비문』의 '안라인수병'은 4세기 아라가야의 성장과는 완전히 무관한 것으로 이해해야 할까. 광개토왕의 남정 당시 아라가야가 아무런 활동을 보여주지 않았던 것을 역으로 주목할 필요가 있다. 마지막으로 이에 대해 장을 바꾸어 서술해 보기로 한다.

---

[68] 주보돈은 신라만이 고구려와 국교를 맺고 있을 뿐 아니라 심지어는 속민으로 여기고 있었으므로 '라인'이라 해도 임나가라와는 혼동할 여지가 전혀 없었다고 했다. 또한 뒤에 수비병을 의미하는 '수병'이란 단어가 따라붙은 것은 고구려에 보조적인 신라의 수병이라는 의미에서 더욱 혼동의 가능성을 줄였다고 하였다(朱甫暾, 앞의 논문, 2006; 앞의 책, 2018, 339~340쪽).

Ⅳ. 아라가야의 대외 전략과 4세기

가야사의 획기를 4세기로 강조하면서 '포상팔국 전쟁'이 4세기 초 가야사회의 변화를 보여주는 사건이라고 파악한 견해가 있다.[69] 그 전쟁의 성격을 파악하는 데서는 이와 입장을 달리하지만 '포상팔국 전쟁'이 일어난 시기를 3세기 말 4세기 초로 보면서 전쟁의 결과 南加羅와 安羅國, 신라의 약진이 가능했다는 견해도 있었다.[70] '포상팔국 전쟁'의 기본 사료인『삼국사기』신라본기 奈解尼師今조와 勿稽子 열전,『삼국유사』避隱편의 물계자조의 기록을 면밀히 분석한 연구에 따르면 문헌사료가 전하는 14년, 17년, 20년의 시점과 사건을 모두 인정할 수 있으며, 그것은 각각 포상팔국이 가락국과 안라국, 신라를 공격한 것으로 파악할 수 있다고 한다.[71] 이러한 기본 관점에 동의하면서도 '포상팔국 전쟁'을 奈解尼師今 14년(또는 17년)에 포상팔국이 아라국을 공격하자 신라가 이를 구원하였고, 3년 후, 이에 앙심을 품은 골포국 등의 3국이 신라를 공격했으나 실패한 사건으로 파악한 견해도 있다.[72] 이 견해에 따르면 '포상팔국 전쟁'이 발생한 시기의 하한은 고구려 남정이 이루어졌던 400년 이전이었다.[73] 중요한 것은 4세기 가야제국 가운데 주요한 '국'으로 아라가야의 존재가 확인되며, 또한 '포상팔국 전쟁'의 결과 신라와 우호적인 관계를 맺게 되었을 가능성이 있다는 점이다.[74]

그런데 4세기에 아라가야가 백제와도 우호적인 관계였음을 엿볼 수 있는 문헌사료 역시 확인할 수 있다.『일본서기』신공 49년조에는 왜의 정벌 대상이었던 가라 7국 중에 安羅가 보인다.

> 荒田別과 鹿我別을 장군으로 삼았다. 바로 久氐 등과 함께 군사를 정돈하여 바다를 건너가 卓淳國에 이르러 신라를 습격하려 하였다. 그때 누군가가 말했다. "군사의 수가 적어서 신라를 깨뜨릴 수 없습니다. 다시 沙白蓋盧를 奉上하여 군사를 증원해달라고 요청하십시오."

[69] 남재우, 앞의 논문, 2019, 146쪽.
[70] 백승옥,「4~6세기 加耶의 對百濟·新羅 관계」,『韓國古代史研究』94, 2019, 173~175쪽.
[71] 白承玉,『加耶 各國史 硏究』, 혜안, 2003, 114~116쪽;「포상팔국 전쟁과 지역연맹체」,『가야의 포구와 해상활동』, 주류성, 2011, 121~128쪽.
[72] 위가야, 앞의 논문, 2019, 205쪽.
[73] 위가야, 위의 논문, 213쪽.
[74] 南在祐, 앞의 박사학위논문, 1997, 113~114쪽.

곧 木羅斤資와 沙沙奴跪[이 두 사람의 姓은 알 수 없다. 다만 목라근자는 백제의 장군이다]에게 명령하여 정병을 이끌고 沙白蓋盧와 함께 가게 하였다. 모두 卓淳에 집결하여 신라를 공격하여 깨뜨리고, 이로 인하여 比自㶱, 南加羅, 㖨國, 安羅, 多羅, 卓淳, 加羅의 7국을 평정하였다(『일본서기』 권9, 神功皇后 49년 봄 3월).

이 기사는 왜의 신라·가야 정벌에 대한 내용을 전하고 있지만, 이른바 주체교체론의 입장에서[75] 백제의 가야 7국 정벌로 바꾸어 읽는 견해가 폭넓은 지지를 얻어왔다. 기사의 연대는 2주갑 인하하여 369년으로 보는 경우가 일반적인데,[76] 백제의 공격 대상국 중 안라국이 있다는 것은 4세기 중반 안라국이 가야제국 중 주요 '국'의 하나였음을 알려준다고 할 수 있다. 물론 이 기록이 4세기 당대의 사실을 전하고 있는 것인지, 나아가 주체교체론 자체의 타당성은 있는지에 대해서 끊임없는 의문이 제기되어 왔다.[77] 하지만 4세기의 가야제국에서 아라가야가 백제와 교섭할 수 있는 주요 '국' 중 하나였으며 또한 유력국이었음은 다음과 같은 기록을 통해 확실하다고 할 수 있다.

"옛적에 우리 선조 速古王, 貴首王의 치세 때에 安羅, 加羅, 卓淳旱岐 등이 처음으로 사신을 보내고 상통하여 두텁게 친교를 맺어 자제로 삼아 항상 융성하기를 바랐다."(『일본서기』 권19, 欽明天皇 2년 여름 4월)

速古王은 近肖古王, 貴首王은 近仇首王을 각각 가리킨다. 그들의 재위 연대는 근초고왕이 346~375년, 근구수왕이 375~384년, 즉 4세기 중후반이었다. 백제 聖王이 이처럼 회고한 것은 적어도 4세기 중후반부터는 백제와 아라가야가 두터운 우호관계를 맺고 있었음을 알려준다. 그렇다면 아라가야는 적어도 4세기 중후반부터는 백제와 신라 모두와 우호적인 관계였다. 이러한 와중에 광개토왕의 남정으로 한반도 남부가 온통 전쟁의 소용돌이에 휘말려 들어갈 때 아라가야는 어떠한 선택을 했어야 했을까. 『비문』이 알려주는 사실은 아무 것도 하지 않는 것, 아니 백제와 신라 누구의 편에도 서지 않음으로서 자국의 안전을 지키려 한 것이다. 당시 아라가야는 백제와 신라 모두에게 협조 요청을

---

75) 千寬宇, 앞의 논문, 1977; 앞의 책, 1991, 23~26쪽.

76) 다만 3주갑 내려 보는 견해도 있다(山尾幸久, 앞의 책, 1989, 111~127쪽).

77) 이에 대해서는 정동준의 논문을(정동준, 「백제 근초고왕대의 마한 영역화에 대한 사료 재검토」, 『韓國古代史研究』 91, 2018, 99~110쪽) 참고할 것.

받았을 가능성이 있었다. 하지만 양국 사이에서 누구도 편들지 않은 채로 자국의 이익을 도모했으며, 그 방법이 전쟁에 참여하지 않는 것이었고, 그 결과가 5세기 초에 확인되는 아라가야의 비약적인 성장이었다.[78]

흥미로운 것은 이러한 아라가야의 대외전략이 아라가야가 가야제국의 질서를 주도하게 된 6세기 초의 기록에서도 확인된다는 점이다. 529년(또는 532년) 아라가야는 이른바 '안라국제회의'를 개최하였는데, 당시는 백제와 신라가 경쟁적인 가야 지역 진출이 진행되고 있는 시점이었다.[79] 이러한 때에 아라가야는 백제와 신라를 모두 초청하여 국제회의를 개최하였다. 이는 아라가야가 백제와 신라 양국과의 관계를 우호적으로 유지하는 상태에서 이른바 줄타기 외교를 통해 자국의 이익을 도모하였음을 알려준다. 아라가야의 이러한 외교는 541년과 544년에 백제의 수도 사비에서 개최된 이른바 '사비국제회의(임나부흥회의)'를 둘러싼 정황 속에서도 확인된다.[80] 아라가야는 가야제국을 주도적으로 이끌면서 회의에 참여하였고, 회의의 결과가 자국의 이익에 배치된다 여겼을 경우, 백제와 신라 중 한쪽 편을 들려하는 모습을 보임으로써[81] 양국 중 어디도 아라가야의 행동을 경시하지 못하게 했다.

이렇듯 6세기 초에 확인되는 아라가야의 대외 전략은 앞서 확인한 광개토왕 남정 당시 백제와 신라 중 어느 곳도 편들지 않음으로서 자국의 안전과 이익을 도모하는 모습과 유사하다. 그렇다면 아라가야의 이러한 외교 전략이 시작된 것이 곧 4세기였다고 볼 수 있지 않을까. 즉 문헌사료를 통해 적어도 4세기 중반부터는 그 존재와 가야제국 중 주요한 '국'이었음이 확인되는 아라가야가 한반도 남부의 국제무대에 등장하였으며, 유연한 대외 전략을 통해 국가의 성장을 도모했을 수 있다는 것이다. 그리고 이것이 문헌사료를 통해 확인하고 또 정리해 볼 수 있는 4세기 아라가야의 성장이다.

---

[78] 南在祐, 앞의 박사학위논문, 1997, 115쪽.

[79] '안라국제회의'를 둘러싼 제반 상황에 대한 정리는 위가야의 글을(魏加耶, 「5~6世紀 百濟와 新羅의 '軍事協力體制' 研究」, 成均館大 박사학위논문, 2018, 150~166쪽) 참고할 것.

[80] '사비국제회의'를 둘러싼 제반 상황에 대한 정리는 위가야의 글을(魏加耶, 위의 박사학위논문, 166~191쪽) 참고할 것.

[81] 541년 '1차 사비국제회의'가 끝낸 직후 아라가야의 주도로 가야제국이 신라와의 교섭에 나서자, 이를 알게 된 백제의 성왕이 이례적으로 4명의 사신을 아라가야에 파견하여 회유에 나선 것은 이러한 아라가야의 외교를 엿볼 수 있게 하는 좋은 사례다.

V. 맺음말

지금까지 문헌사료를 통해 4세기 아라가야의 성장을 어떻게 확인할 수 있는지에 대해 정리해 보았다. 기존의 연구에서는 『광개토대왕비』 영락 10년조의 '安羅人戍兵'을 안라인의 수비병, 즉 아라가야와 관련지어 보는 입장에서 광개토왕의 남정이 아라가야의 성장에 커다란 영향을 끼쳤던 것으로 파악하였다. 하지만 이제까지의 검토 결과 확인한 것처럼 『비문』의 '안라인수병'은 아라가야와 직접적인 관계는 없을 개연성이 크다.

『일본서기』 흠명기에 서술된 백제 성왕의 회고를 통해 4세기에 아라가야가 가야제국 중 주요한 '국'으로 등장하고 있음을 확인할 수 있다. 늦어도 4세기 이전에는 발발하였을 것으로 생각되는 '포상팔국 전쟁' 또한 아라가야의 존재를 확인할 수 있는 사건이었다. 이러한 문헌 기록을 통해 4세기에 아라가야가 백제와 신라 모두와 우호적인 관계를 맺고 있었다는 사실을 알 수 있다. 그것이 400년 광개토왕의 남정 당시 아라가야가 백제와 신라 중 어디도 편들지 않고 중립을 지키며 자국의 안전과 이익을 도모한 이유였다. 이러한 유연한 대외 전략은 4세기부터 시작된 아라가야의 한반도 남부 국제무대에서의 성장을 이끌어 낼 수 있는 바탕이 되었고, 그것이 아라가야가 가야제국을 주도하게 되는 6세기 초까지 이어졌다고 볼 수 있다.

이처럼 정리를 해보았지만, 결국 이 글에서 문헌 사료를 통해 4세기 아라가야의 성장을 명시적으로 확인한 것은 없었다 해도 과언은 아니다. 사실 현재 문헌 사료의 현황을 볼 때 4세기 아라가야의 성장을 명시적으로 입증하는 것은 고고학 자료를 통해서만 가능할 것이다. 따라서 4세기 아라가야의 성장을 확인하기 위한 문헌 사료의 검토는 면밀한 분석과 신중한 해석을 통해 고고학 자료를 좀 더 정합적으로 이해할 수 있는 분석의 틀을 제공할 수 있어야 한다. 이 글은 그러한 시도의 하나이다.

【참고문헌】

權仁瀚, 「廣開土王陵碑文의 새로운 판독과 해석」, 『목간과 문자』 8, 2011.

金廷鶴, 「加耶史의 研究」, 『史學研究』 37, 1983.

金泰植, 「廣開土王陵碑文의 任那加羅와 '安羅人戍兵'」, 『韓國古代史論叢』 6, 1994.

金鉉球, 『任那日本府研究－韓半島南部經營論批判－』, 一潮閣, 1993.

南在祐, 「安羅國의 成長과 對外關係 研究」, 成均館大 박사학위논문, 1997.

남재우, 「文獻으로 본 安羅國史」, 『가야 각국사의 재구성』, 혜안, 2000.

남재우, 「安邪國에서 安羅로의 변천」, 『史林』 58, 2016.

남재우, 「문헌으로 본 가야사의 획기」, 『韓國古代史研究』 94, 2019.

박대재, 『고대한국 초기국가의 왕과 전쟁』, 景仁文化社, 2006.

박시형, 『광개토왕 릉비』, 사회과학원출판사, 1966.

白石昭一郎 著, 권오엽·권정 譯, 『廣開土王碑文의 研究』, 제이엔씨, 2004.

白承玉, 『加耶 各國史 研究』, 혜안, 2003.

白承玉, 「廣開土王陵碑文의 建碑目的과 加耶關係記事의 해석」, 『韓國上古史學報』 42, 2003.

백승옥, 「포상팔국 전쟁과 지역연맹체」, 『가야의 포구와 해상활동』, 주류성, 2011.

백승옥, 「4~6세기 加耶의 對百濟·新羅 관계」, 『韓國古代史研究』 94, 2019.

白承忠, 「加耶의 地域聯盟史 研究」, 釜山大 박사학위논문, 1995.

白承忠, 「廣開土王陵碑文에서 본 加耶와 倭」, 『國立歷史民俗博物館研究報告』 110, 2004.

스즈키 야스타미, 「광개토왕비에 보이는 왜」, 『광개토왕비의 재조명』, 동북아역사재단, 2013.

신가영, 「광개토왕비문의 '安羅人戍兵'에 대한 재해석」, 『東方學志』 178, 2017.

신가영, 「광개토왕비문의 가야 관계 기사에 대한 재검토－400년 전쟁과 가야 諸國」, 『문자로 본 가야』, 국립김해박물관·한국역사연구회, 2019.

申采浩 著, 李萬烈 註釋, 『譯註 朝鮮上古史 下』, 螢雪出版社, 1983.

延敏洙, 「廣開土王碑文에 보이는 倭關係 記事의 檢討」, 『東國史學』 21, 1987.

延敏洙, 「廣開土王碑文에 보이는 對外關係－高句麗의 南方經營과 國際關係論」, 『韓國古代史研究』 10, 1995.

연민수, 『고대한일관계사』, 혜안, 1998.

延敏洙, 「광개토왕비문 쟁점기사의 어제와 오늘」, 『혜정 소장본 廣開土王碑 원석탁본』, 동북아역사재단, 2014.

王健群 著, 林東錫 譯, 『廣開土王碑研究』, 역민사, 1985.

유우창, 「대외관계로 본 가라국의 발전−5세기대를 중심으로−」, 『지역과 역사』 16, 2005.

유우창, 「'가야−고구려 동맹'의 형성과 추이」, 『역사와 세계』 44, 2013.

魏加耶, 「5~6世紀 百濟와 新羅의 '軍事協力體制' 硏究」, 成均館大 박사학위논문, 2018.

위가야, 「6세기 前半 安羅國 주도의 加耶諸國 관계 이해를 위한 기초적 검토」, 『韓國古代史硏究』 94, 2019.

李道學, 「加羅聯盟과 高句麗」, 『加耶와 廣開土大王』, 제9회 가야사 국제학술회의, 2003.

李道學, 『고구려 광개토왕릉 비문 연구−광개토왕릉비문을 통한 고구려사』, 서경문화사, 2006.

李丙燾, 『韓國古代史硏究』, 博英社, 1976.

이성시, 「표상으로서의 광개토왕비문」, 『만들어진 고대−근대 국민 국가의 동아시아 이야기』, 삼인, 2001.

이영식, 「加耶諸國名의 재검토」, 『伽倻文化』 17, 2004.

李永植, 「가야와 고구려의 교류사 연구」, 『韓國史學報』 25, 2006.

이영식, 『가야제국사연구』, 생각과 종이, 2016.

이용현, 「가야의 대외관계」, 『한국 고대사 속의 가야』, 혜안, 2001.

이용현, 「광개토왕비문의 고구려와 가야−백제의 대응을 축으로」, 『광개토왕비의 재조명』, 동북아역사재단, 2013.

정동준, 「백제 근초고왕대의 마한 영역화에 대한 사료 재검토」, 『韓國古代史硏究』 91, 2018.

朱甫暾, 「高句麗 南進의 性格과 그 影響−廣開土王 南征의 實相과 그 意義−」, 『大丘史學』 82, 2006.

주보돈, 『가야사 이해의 기초』, 주류성, 2018.

千寬宇, 「復元 加耶史 中」, 『文學과 知性』 29, 1977.

千寬宇, 『加耶史硏究』, 一潮閣, 1991.

韓國古代社會硏究所 編, 『譯註 韓國古代金石文』 제1권(고구려 · 백제 · 낙랑 편), 駕洛國史蹟開發硏究院, 1992.

高寬敏, 「永樂10年 高句麗廣開土王の新羅救援戰について」, 『朝鮮史硏究會論文集』 27, 1990.

管政友, 「高麗好太王碑銘考」, 『史學雜誌』 24, 1891.

那珂通世, 『外交繹史』, 岩波書店, 1958.

末松保和, 『任那興亡史』(增訂三版), 吉川弘文館, 1961.

武田幸男, 『高句麗史と東アジア』, 岩波書店, 1989.

山尾幸久, 『古代の日朝關係』, 塙書房, 1989.

鈴木英夫,「加耶・百濟と倭」,『朝鮮史研究會論文集』24, 1987.

李永植,『加耶諸國と任那日本府』, 吉川弘文館, 1993.

田中俊明,『大伽耶聯盟の興亡と任那』, 吉川弘文館, 1992.

池內宏,『日本上代史の一研究』, 中央公論美術出版, 1947.

靑江秀,『東夫余永樂大王碑銘解』, 1884.

함안지역 목곽묘의 특징과 의미

정대홍 | 국립경주문화재연구소

I. 머리말

아라가야는 『삼국지』위서동이전에 변진안야국(弁辰安邪國)으로, 『광개토왕릉비』, 『일본서기』에는 안라(安羅)와 아라라(阿羅羅)로 나타난다. 이후 고려시대 기록인 『삼국사기』 함안군조에서는 아시량국(阿尸良國) 혹은 아나가야(阿那伽倻)라는 명칭으로 기록되어 있다. 이상과 같이 다양한 명칭으로 기록된 아라가야는 변한 12국 가운데 하나로서 진왕의 우호를 받을 만큼 강성했던 세력으로 추정되며 그 중심지는 현재 경상남도 함안군으로 위치가 비정된다.

아라가야의 중심지로 추정되는 함안 지역은 낙동강과 남강이 합류하는 지점에 위치한 분지이다. 남쪽으로 여항산(770m), 오봉산(525m), 방어산(530m) 등 비교적 높은 산들이 솟아 있으나 북쪽으로 넓은 충적평지와 소하천들이 자리하고 있는 남고북저의 지형적 특성을 보인다. 이러한 함안지역을 중심으로 서쪽으로 진주와 산청, 북쪽으로 합천, 고령, 창녕 그리고 남쪽으로 진동만 일대와 연결되어, 일찍이 아라가야는 이와 같은 지리적 이점을 토대로 발전하였던 것으로 추정된다.

한편 아라가야는 김해의 구야국, 즉 금관가야와 함께 전기 가야연맹의 양대 축으로 활동하였던 것으로 문헌상에 기록되어 있다. 하지만 함안지역에서 아직까지 금관가야의 중심지인 김해지역에서 발견되는 3~4세기대의 대형 목곽묘가 발견되지 않았다. 현재까지 조사된 아라가야 권역의 목곽묘 유적은 함안 말이산 고분군과 그 주변의 윤외리, 황사리, 오곡리 그리고 마산 현동, 의령 예둔리 고분군 등이 대표적이다. 하지만 3세기에 해당하는 목곽묘 유적이 아직 발견되지 않았고, 4세기에 조영된 목곽묘들은 김해지역의 대형 목곽묘에 비해 규모도 작고 부장품의 양과 질에서도 다소 떨어지는 모습이다. 그러나 최근 함안 말이산 45호분과 같이 구릉 정상부에 입지하며 다량의 철제 유물을 부장한 목곽묘가 조사된바 있고, 마산 현동에서는 600기가 넘는 목곽묘들이 새롭게 보고되어 고대 아라가야 사회에 대한 많은 단서를 제공하였다. 본고에서는 현재까지 진행된 아라가야 목곽묘의 조사 현황에 대해 검토하고, 그 특징과 성격에 대해 살펴보고자 한다.

Ⅱ. 유적현황 및 편년

1. 유적 현황 및 범위 설정

함안지역 목곽묘 유적은 총 8개소이며 조사된 목곽묘는 총 398기에 이른다. 우선 함안 분지에 위치한 목곽묘 유적은 말이산, 황사리, 윤외리, 오곡리, 하기리, 장지리 유적 등이 있다. 한편 현재의 행정구역상 함안에서는 분리되었지만, 의령 예둔리와 마산 현동 유적 등에서 함안식 토기가 목곽묘의 부장품으로 발견되고 있다. 이러한 토기의 분포를 바탕으로 의령 예둔리, 마산 현동 유적의 목곽묘들을 함안지역과 동시기 같은 권역으로 설정하고자 한다. 이상과 같은 함안, 의령, 마산 지역 등의 목곽묘 유적 분포 현황은 아래 〈그림 1〉과 같으며 그 조사 현황은 〈표 1〉과 같다.

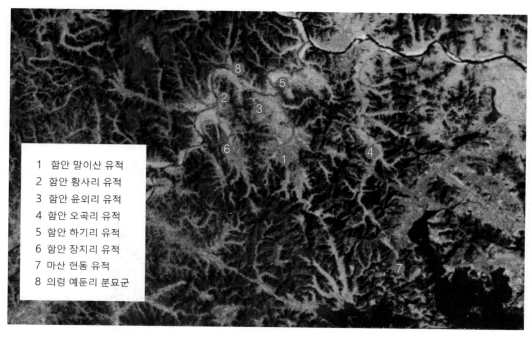

1 함안 말이산 유적
2 함안 황사리 유적
3 함안 윤외리 유적
4 함안 오곡리 유적
5 함안 하기리 유적
6 함안 장지리 유적
7 마산 현동 유적
8 의령 예둔리 분묘군

〈그림 1〉 함안지역 목곽묘 유적 현황과 위치

〈표 1〉 함안지역 목곽묘 조사현황

조사지역	조사연도	조사기관	조사내용
함안 도항리 · 말이산 유적	1992년	국립창원 문화재연구소	삼국시대 목곽묘 19기 『咸安 道項里古墳群Ⅰ·Ⅱ』, 1997·1999
	1992년		삼국시대 목곽묘(마갑총) 1기 『咸安 馬甲塚』, 2002
	1993년		삼국시대 목곽묘 9기 『咸安 道項里古墳群Ⅱ·Ⅲ』, 1999·2000
	1997년	삼강문화재 연구원	삼국시대 목곽묘 39기 『道項里·末山里 遺蹟』, 2000
	2009년	경상문화재 연구원	삼국시대 목곽묘 17기 『咸安 道項里古墳群－도항리 428-1번지 일원』, 2011
	2015년	경남발전 연구원	삼국시대 목곽묘 1기 『咸安 말이산 100·101호분』, 2016
함안 황사리 유적	1991년	경상대학교 박물관	삼국시대 목곽묘 47기 『咸安 篁砂里墳墓群』, 1994

함안 윤외리 유적	1992년	국립창원 문화재연구소	삼국시대 목곽묘 7기 『咸安 輪外里墳墓群』, 1996
함안 오곡리 유적	1993년	창원대학교 박물관	삼국시대 목곽묘 12기 『咸安 梧谷里遺蹟』, 1995
함안 하기리 유적	2008년	동서문물 연구원	삼국시대 목곽묘 4기 『咸安 下基里遺蹟』, 2011
함안 장지리 유적	2014년	해동문화재 연구원	삼국시대 목곽묘 10기 『咸安 長池里遺蹟Ⅱ』, 2016
마산 현동 유적	1989년	창원대학교 박물관	삼국시대 목곽묘 62기 『馬山 縣洞遺蹟』, 1990
	2009년	동서문물 연구원	삼국시대 목곽묘 133기 『馬山 縣洞遺蹟Ⅰ』, 2012
의령 예둔리 유적	1992년	경상대학교 박물관	삼국시대 목곽묘 37기 『宜寧 禮屯里 墳墓群』, 1994

2. 편년설정

　함안지역에서 발굴조사 된 목곽묘에서는 다양한 유물들이 부장품으로 발견되었다. 이러한 부장품들 중 수량이 가장 많으며 시간적으로 민감하게 반응하는 토기를 중심으로 시기를 구분하고자 한다. 함안지역 목곽묘 출토 토기에 대한 연구는 여러 선학들에 의해 오랜 기간 이루어져 왔는데, 연구자들마다 상대연대는 어느 정도 일치하지만 절대 연대에 있어서 아직까지 약간의 이견이 존재한다.[1] 본고에서는 김정완과 이주헌의 편년을 종합적으로 검토하여 설정한 우지남의 안을 기본적으로 적용하되 크게 4세기와 5세기 두 단계로 나누어 함안지역의 목곽묘들을 살펴보고자 한다.

---

[1] 김정완, 「咸安圈域 陶質土器의 編年과 分布 變化」, 『伽耶考古學論議』3, 가야문화연구, 2000; 이주헌, 「阿羅伽에 대한 考古學的 檢討」, 『가야각국사의 재구성』, 혜안, 2000; 우지남, 「咸安地域 出土 陶質土器」, 『함안도항리말산리유적』, 경남고고학연구소, 2000; 정주희, 「가야의 토기」, 『가야고고학개론』, 진인진, 2016.

〈표 2〉 함안지역 목곽묘 세부 편년표

유적	단계	4c				5c	
		1/4	2/4	3/4	4/4	1/4	2/4
함안	말이산	도(문) 2, 35 도(경) 2, 4, 20, 33, 36, 49 말 14	도(문) 50	말 4	도(문) 41 도(상) 3	도(경) 10 도(상) 4, 6-8, 12-17 도(문) 6, 17, 33, 36, 42, 44-45, 48-49 말 10	도(경) 13 도(상) 11 도(문) 3, 9-10, 20, 27, 32, 43, 마갑총
	황사리	황 40	황 12, 24, 32, 39	황 1, 7, 11, 13, 15-16, 19, 26, 29, 31, 35, 45	황 3-4, 20, 30, 33-34, 36, 43-44, 47	황 8	
	윤외리		윤 6	윤 2-4	윤 1, 7		
	오곡리				오 15	오 2-3, 6-7, 10-11	오 5, 8, 12
	하기리		하 1-2				
	장지리					장 1, 6	
마산 현동			현(동) 49, 62, 79, 82, 95, 102, 109	현(동) 11, 13, 52, 58, 65, 71, 80, 110-111, 131-132	현(동) 3-4, 16, 18, 23, 53, 64, 126	현(동) 1, 5, 7, 14, 19, 32, 34, 40-43, 47-48, 51, 59-60, 63, 70, 72, 75, 86, 89, 114, 116, 120, 127-128, 133	현(동) 6, 8, 9, 15, 17, 20-22, 29-31, 35-36, 38, 44-45, 50, 56-57, 91, 94, 96, 100, 103, 105, 107-108, 115, 121, 129-130
			현(창) 9, 19, 24, 67	현(창) 11, 66	현(창) 1, 4, 6, 14-15, 21, 47	현(창) 3, 5, 7-8, 12, 17-18, 27, 31, 34, 40-43, 45, 50, 60	현(창) 22, 36, 49, 53, 56, 65
의령 예둔리		예 8, 12, 26, 29, 32, 34, 48, 51	예 2, 56	예 7	예 5, 9, 11, 16, 20, 22, 39, 48	예 37, 54-55	예 19, 36

* 도(문) : 창원문화재연구소, 도(경) : 경남고고학연구소, 도(상) : 경상문화재연구원, 도 : 도항리,
말 : 말산리, 현(동) : 동서문물연구원, 현(창) : 창원대학교박물관

Ⅲ. 단계별 목곽묘의 특징과 의미

1. Ⅰ단계 : 4세기

앞 장에서 분석한 단계를 기준으로 함안지역 목곽묘의 특징과 그 의미에 대해 살펴보고자 한다. 우선 4세기에 해당하는 목곽묘는 총 107기로 함안 말이산에서 13기, 황사리 27기, 윤외리 6기, 오곡리 1기, 하기리 2기, 마산 현동 39기, 의령 예둔리 19기 등이 이에 해당된다.[2] 함안 장지리 유적을 제외한 모든 유적에서 4세기대 목곽묘가 확인되나 오곡리, 하기리, 윤외리 유적과 같이 현재까지 조사된 목곽묘가 10기 미만인 유적도 존재한다.

이 시기 목곽묘 묘광의 면적은 크게 1~5㎡, 5~10㎡, 10㎡ 이상의 것으로 분류할 수 있다. 분석 결과 4세기에 해당하는 목곽묘 107여 기 중 5㎡ 미만의 것이 61기, 5~10㎡에 해당하는 것이 40기, 그리고 10㎡ 이상의 것이 6기로 나타났다. 4세기 함안지역의 목곽묘는 동시기 김해지역에 비해 중·소형분들이 주축을 이루었던 것으로 보인다.

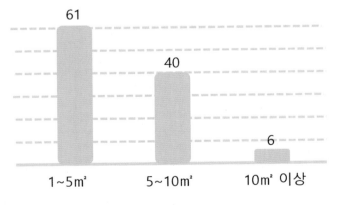

〈그림 2〉 4세기 목곽묘 묘광 면적 분류

---

[2] 함안지역에서 현재까지 조사된 목곽묘들은 후대 개간, 도굴 등의 행위로 심각하게 훼손된 경우가 많다. 본고에서는 목곽묘 묘광의 전체 면적 및 부장품을 비교적 온전히 확인할 수 있었던 것에 한정하여 분석을 진행하였다.

　한편 목곽묘는 기본적으로 묘광 면적과 부장품의 수준이 직결되는 경향을 뚜렷하게 보이는데, 이를 토대로 당시 사회의 계층성을 이해하는 한 수단으로 활용되기도 한다. 그러나 함안지역 등에서 확인된 현재까지의 4세기대 목곽묘에서는 묘광 면적과 부장품의 수준이 직접적인 연관관계를 보이지 않는다. 4세기대 해당하며 비교적 묘광 면적이 크게 조성된 10㎡ 이상의 목곽묘인 도항리(문) 2호, 도항리(경) 33 · 49호, 황사리 26 · 36호, 윤외리 4호 등의 부장품은 1~5㎡의 묘광 면적을 가지는 목곽묘의 부장품과 큰 차별성과 위계성을 보이지 않았다. 또한 이 시기 목곽묘에는 흔히 위신재로 분류되는 철제품들이 거의 부장되지 않아 부장양상을 통한 계층의 분화 정도를 파악하는데도 무리가 있다.

〈표 3〉 4세기 목곽묘 제원 및 출토유물(묘광 면적 10㎡ 이상)

유적	호수	묘광 면적 (㎡)	장 · 단 비율	위세품							장 신 구 류	무 기 류	농 공 구 류	토 기
				갑주류 (●) 마갑류 (▲)	마구류	환두 대도	유자 이기	철정	철도					
도항리 (경)	33	10	2.0								●1		●3	●6
도항리 (경)	2	11.4	2.0										●1	●8
도항리 (문)	49	14.3	1.9										●3	●4
황사리	26	10.3	2.8										●1	●6
윤외리	4	10.4	2.9									●1	●1	●13
황사리	36	11.2	2.8											

　다음으로 이 시기 목곽묘 묘광의 장 · 단비율의 평균값은 2.3:1의 비율을 보이는데, 대체로 평면 장방형 형태의 목곽묘가 제작되었다. 다만 몇몇 목곽묘에서 평균값을 웃도는 3:1 이상의 세장한 형태의 목곽묘들도 발견되기도 한다.

　한편 4세기 함안지역 목곽묘는 바닥면에 별다른 시설을 하지 않고 생토층을 정지하여 그대로 사용한 것으로 보인다. 또한 묘광과 목곽의 보강을 흙으로만 채웠던 것으로 파악되는데 이러한 양상은 김해나 경주 지역의 목곽묘들이 석재와 흙을 이용하여 보강하는 방법과 크게 대별되는 모습이다. 이와 같은 묘광 충전 방식은 5세기 목곽묘 축조에서도 그대로 이어지는 양상을 보인다.

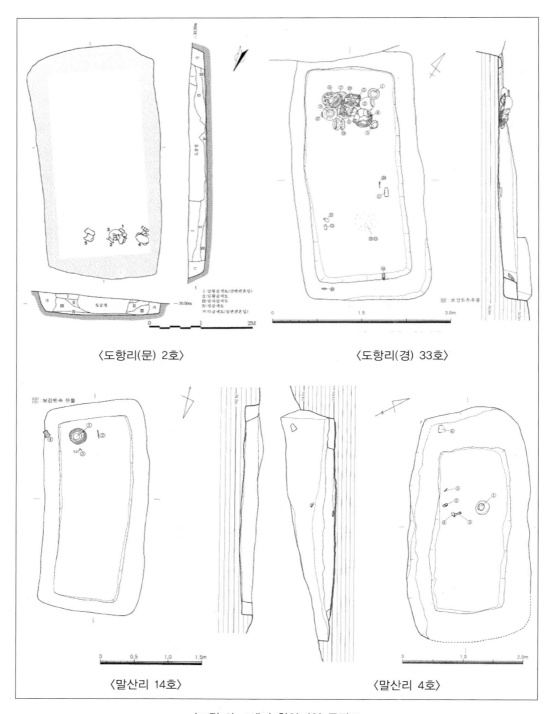

〈도항리(문) 2호〉

〈도항리(경) 33호〉

〈말산리 14호〉

〈말산리 4호〉

〈그림 3〉 4세기 함안지역 목곽묘

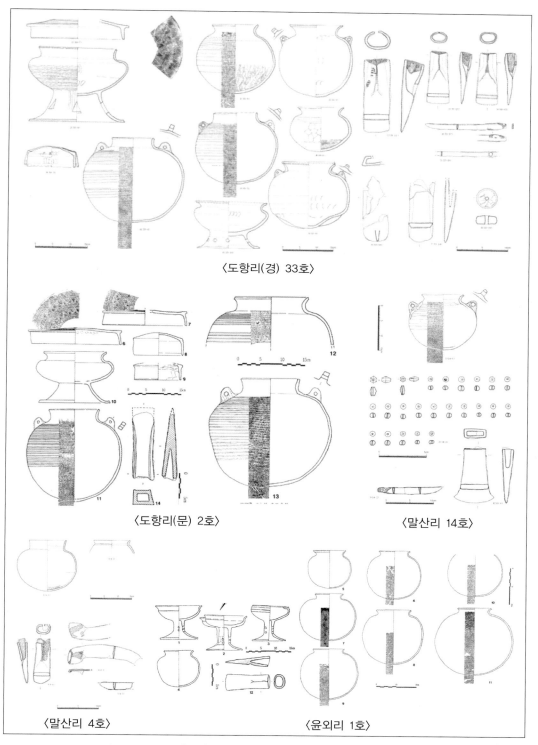

〈도항리(경) 33호〉

〈도항리(문) 2호〉

〈말산리 14호〉

〈말산리 4호〉

〈윤외리 1호〉

〈그림 4〉 4세기 목곽묘 출토유물

목곽묘 부장품의 경우 크게 토기, 철부·철겸·철도자 등의 농·공구류, 철모·철촉 등의 무기류로 분류 가능하다. 4세기대 목곽묘의 부장 물품은 토기를 중심으로 이루어 졌던 것으로 보이는데 전체 부장품의 비율이 토기 63%, 철기 37%의 비율을 보인다.

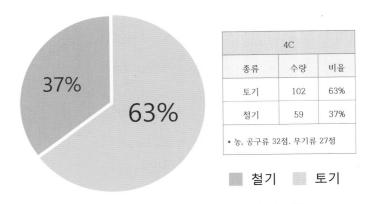

4C		
종류	수량	비율
토기	102	63%
철기	59	37%
* 농, 공구류 32점, 무기류 27점		

■ 철기 ■ 토기

〈그림 5〉 4세기 목곽묘 부장 토기·철기 비율

이러한 현상은 이 시기까지 철제품의 생산과 소비가 분묘에 투영될 만큼 본격화 되지 못하였거나 혹은 목곽묘 부장품으로 철기보다 토기류를 선호한 결과일 수도 있다. 어쨌 든 이러한 부장품의 양과 질적인 측면에서 함안지역은 현재까지의 자료로만 본다면 동 시기 김해와 경주지역의 그것보다 다소 간소한 모습을 보인다.

그리고 목곽묘에 무기류가 부장된 무덤은 전체 107기 중 27기에 불과하며 무기의 구 성도 대부분이 철촉 위주로 확인된다. 철촉 이외 부장된 철제 무기류는 철모가 있는데 도항리 35호, 마산 현동 3호, 예둔리 26호에서 각 1점씩 부장된 것이 발견되었다. 이러 한 양상은 전술하였듯 동시기 김해와 경주지역에서 다량의 무기들이 부장되는 모습과 는 차이를 보이는 양상이다.

한편 4세기 목곽묘 부장품 중에 뚜렷하게 위신재로 분류할만한 물품은 보이지 않지 만, 각 무덤간 부장물품 종류와 수량에서는 뚜렷한 차이를 보인다. 즉 부장품으로 토기 만 사용한 무덤, 토기와 철기류 1종 이상을 부장한 무덤, 그리고 토기와 철기류 2종 이 상을 부장한 차이가 그것이다. 이러한 조합양상은 당시 사회의 계층성의 한 단면이 반 영된 결과로 이해될 수 도 있을 것으로 보인다.

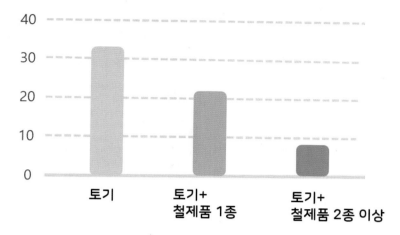

<그림 6> 4세기 목곽묘 유물 조합 양상

　4세기 함안지역 목곽묘들은 규모, 부장품의 양상이 대동소이 하여 현재 자료로는 아직까지 뚜렷한 중심지를 추정하기 어렵고 독보적인 계층성을 보이는 대형 목곽묘도 확인되지 않았다. 그러나 기본적으로 4세기 함안지역에서 선진적인 토기 제작기술이 성립되고, 영남 전역에 걸쳐 광범위한 분포권을 보인다는 점, 그리고 아직까지 함안지역내 조사된 목곽묘의 수량이 많지 않다는 점에서 4세기 함안지역의 대형 목곽묘가 존재할 가능성도 배제할 수 없을 것으로 생각된다.

2. II단계 : 5세기 전반

　5세기가 되면 함안지역 목곽묘 문화에 커다란 변화가 일어난다. 대형의 목곽묘가 말이산 고분군 일대에 집중적으로 축조되고 마갑을 포함함 마구류, 찰갑과 종장판주, 환두대도, 유자이기 등 위신재적 성격의 철제품들과 다량의 철제무기들이 부장품으로 사용된다. 이러한 대형 목곽묘와 부장품은 아라가야 수장층의 독보적인 위계를 보여준다. 더불어 토기양식에도 변화가 일어 주변 지역과는 뚜렷하게 구분되는 아라가야 토기 양식이 성립된다.

　5세기에 해당하는 목곽묘는 함안 말이산 30기, 오곡리 9기, 장지리 2기, 황사리 1기, 의령 예둔리 5기, 마산 현동 81기 등 총 128기가 확인된다. 전술하였듯 함안 내에서는 말이산 고분군에 목곽묘들이 집중적으로 축조되며 규모와 부장품에서도 다른 목곽묘 유적에 비해 우월한 모습을 보인다. 그 외 지역인 오곡리, 장지리, 황사리, 의령 예둔리 등에서는 모두 10기 미만의 목곽묘들이 조사되었고, 규모와 부장품의 양과 질에서 말이산에 조영된 목곽묘들에 비해 크게 떨어지는 양상이다. 한편 마산 현동에서는 다수의 목곽묘들이 활발하게 축조되는 모습을 보이는데 남해의 진동만을 통한 교역 거점으로서 이 지역이 번성하였던 결과로 추정된다.

이 시기 목곽묘 묘광 면적도 4세기와 마찬가지로 크게 1~5㎡, 5~10㎡, 10㎡ 이상으로 분류 가능하다. 특히 말이산 유적을 중심으로 축조된 대형 목곽묘의 면적

〈그림 7〉 함안 마갑총 전경

은 타 목곽묘의 면적을 압도하는데, 20㎡ 이상의 면적을 보이는 도(문) 10, 27, 43, 48호 그리고 마갑총 등이 존재한다. 이 중 도(문) 48호는 면적이 32㎡에 이르러 함안지역뿐만 아니라 영남전역에서 발견된 목곽묘 중 규모면에서 결코 뒤처지지 않는 모습을 보인다. 그리고 이 시기에 이르면 4세기와는 다르게 묘광 면적이 부장품의 양과 질을 좌우하는 중요한 요소로 작용한다. 즉 묘광의 면적이 넓을수록 더 많은 부장품과 더 높은 수준의 철제품들이 부장되는 양상이 뚜렷하게 관찰된다.

묘광의 장·단 비율에도 전 시기와 구분되는 변화가 일어난다. 128기의 목곽묘 묘광 분석 결과 2.5:1 이상의 비율로 4세기와 비교하면 좀

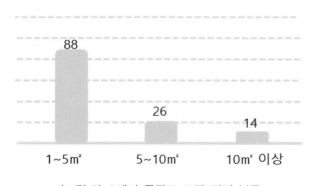

〈그림 8〉 5세기 목곽묘 묘광 면적 분류

더 세장한 형태로 축조된다. 세장한 목곽묘의 묘형은 5세기 중·후반 이 지역 최고 지배층의 묘제인 수혈식 석곽묘의 묘형으로 계승된다고 알려져 있다. 하지만 5세기 수장층의 묘제로 사용된 대형 목곽묘의 장·단비율은 전체 평균값인 2.5:1보다 오히려 더 낮은 모습을 보여, 수혈식 석곽묘와의 묘형 계승관계에 대해서는 더 많은 논의가 필요할 것으로 보인다.

묘광과 목곽 사이를 보강하는 방법은 4세기대 목곽묘의 전통을 그대로 따라 흙을 이용하여 막채움한 형식이 그대로 이어져 타 지역 대형 목곽묘의 보강방법인 판축 혹은 석재를 혼입하여 보강하는 것과는 구별되는 모습을 보인다.

한편 목곽묘의 바닥시설에서 큰 변화가 일어나는데 4세기 단순하게 바닥면을 정지하여 사용한 것에서 벗어나, 5세기에 이르면 바닥면에 자갈층을 설치하고 다시 그 위에 한 층 이상의 관대(棺臺)로 추정되는 시설을 설치하기 시작한다. 이러한 바닥 시설물은 함안지역 대형 목곽묘에서만 확인되는 것으로 다른 지역 목곽묘의 그것과 확연하게 구분되는 모습이다. 관대로 추정되는 시설 위에 철정(鐵鋌)을 가지런하게 놓는 사례가 도(문) 48호에서 확인되기도 하였고, 최근 발굴 조사된 말이산 45호분에서도 이와 유사한 모습이 보고되기도 하였다. 그리고 5세기에 축조된 대형 목곽묘

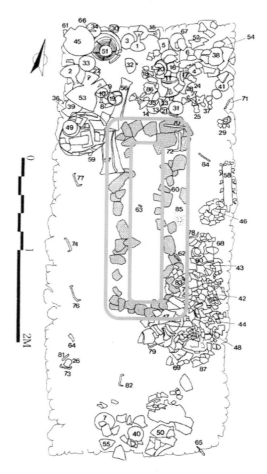

〈그림 9〉 목곽묘 관대(棺臺) 추정 시설
(도항리 문 10호)

의 묘광 깊이가 1~2m 이상으로 깊어지는 양상이 뚜렷해진다.

5세기가 되면 목곽묘 부장품에 있어 큰 변화가 일어난다. 전 시기에 보이지 않았던, 갑주, 마갑, 마구류, 환두대도, 유자이기, 철도, 철정 등 다양한 철제품들이 등장하기 시

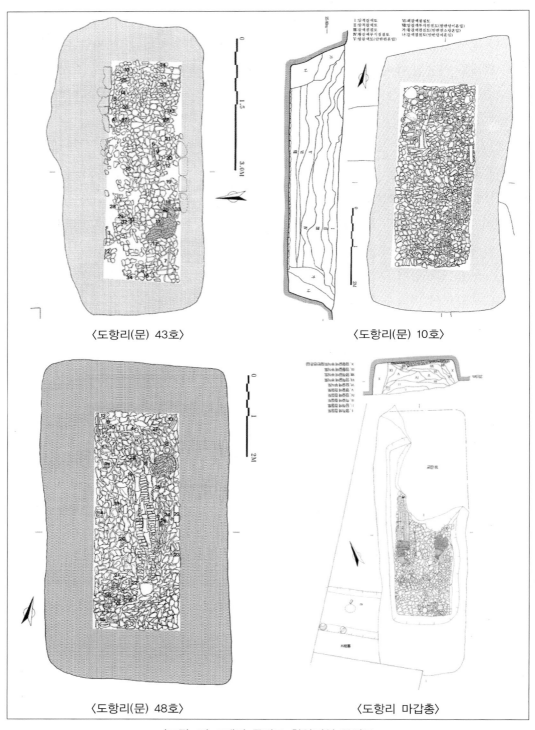

〈도항리(문) 43호〉

〈도항리(문) 10호〉

〈도항리(문) 48호〉

〈도항리 마갑총〉

〈그림 10〉 5세기 목곽묘 함안지역 목곽묘

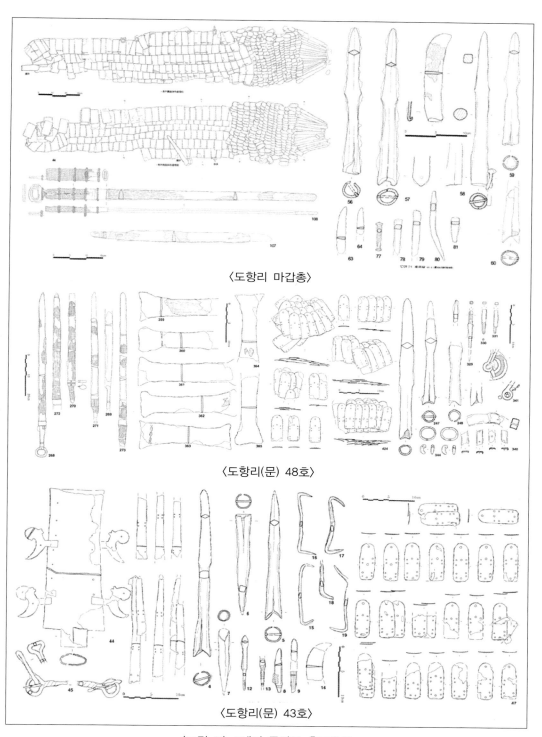

〈도항리 마갑총〉

〈도항리(문) 48호〉

〈도항리(문) 43호〉

〈그림 11〉 5세기 목곽묘 출토유물

작한다. 특히 말이산 고분의 대형 목곽묘를 중심으로 다량이 철제품들이 집중되는 현상이 뚜렷해진다. 또한 이 외에도 무기류와 농·공구류, 토기의 수량도 4세기대와 비교할 수 없을 만큼 그 수량이 증가한다. 특히 토기류의 경우 도항리(문) 10호의 예처럼 한 무덤 안에 57개가 집중적으로 부장될 만큼 당시 부의 배분이 특정 계층에 집중되었던 것으로 보인다.

〈표 4〉 5세기 대형목곽묘 제원 및 출토유물(묘광 면적 15㎡ 이상)

| 유적 | 호수 | 묘광 면적 (㎡) | 장·단 비율 | 위세품 | | | | | | 장신구류 | 무기류 | 농공구류 | 토기 |
				갑주류 (●) 마갑류 (▲)	마구류	환두 대도	유자 이기	철정	철도				
도항리 (문)	48	32.7	1.8	●1	●2		●1	●77	●6	●2	●4	●17	●24
도항리 (문)	36	19.1	2.4	●1	●1	●1	●1	●40			●1	●5	●26
도항리 (문)	마갑총	25.2	3.2	●1 ▲3	●1	●1			●2		●7	●6	●39
도항리 (문)	43	22.4	2.2	●2			●1		●2		●4	●3	
도항리 (문)	3	16.7	2.3		●2		●2		●1		●2		●20
도항리 (문)	10	23.4	2.2		●1		●2	●10		●1	●1	●3	●57
도항리 (문)	27	22.8	2.5					●8		●1		●6	●31
오곡리	5	15.5	2.3				●1						●12

　　그러나 말이산 고분의 대형 목곽묘를 제외한 나머지 유적의 목곽묘에서는 이러한 부의 집중과 묘광의 대형화가 관찰되지 않는다. 특정 개체 즉 말이산을 중심으로 한 수장층의 무덤으로 사용된 목곽묘를 제외하고는 대부분의 5세기대 목곽묘의 부장양상은 4세기대의 전통을 그대로 답습하였던 것으로 보인다. 한편 오곡리 5호와 같이 묘광 면적이 15.5㎡에 이르는 큰 규모의 목곽묘도 축조되었는데, 부장품으로 유자이기 1점, 토기류 12점 사용되었다. 이러한 부장양상은 결국 말이산 고분 조영 집단만이 위신재적

철기류를 배타적으로 사용하였음을 나타낸다. 이와 같은 관점에서 비교적 사이즈가 작은 도항리(문) 13호에 왜계 판갑, 마구류, 유자이기, 철도 그리고 토기 32점이 집중적으로 부장된 양상을 이해할 수 있다.

더불어 이러한 맥락에서 5세기대 아라가야의 중심 세력은 당연 말이산 고분 조영 집단이었음은 분명하다. 즉 오곡리 5호를 제외하고는 다른 유적에서 대형의 묘광을 가진 목곽묘가 전혀 축조되지 않는다는 점, 그리고 부장품의 양과 질에서 동시기 다른 고분군과 현격한 차별성 갖는다는 점에서 5세기 아라가야 권역 내 말이산 고분은 중심지로서 그리고 최고 지배자의 권위를 내세우는 경관으로서 작동하였던 것으로 보인다. 또한 아라가야 권역 내의 다른 고분 조영 집단들과 뚜렷한 상·하 관계를 형성하였던 것으로 생각된다.

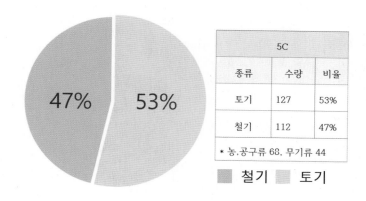

<그림 12> 5세기 목곽묘 토기·철기 비율

한편 전 단계인 4세기에 비해 5세기 철기의 부장량 비율이 크게 증가하는 현상이다. 전체 부장품 239점 중 112점이 철제품으로 전체 부장품 중 절반에 가까운 비율로 철기 부장량이 늘어났다. 또한 철제품 중 각종 무기류의 증가도 뚜렷해진다. 이러한 현상은 아라가야 사회의 내적역량 강화와 이에 따른 철 자원의 꾸준한 관리와 생산의 결과로 이해된다. 이러한 관점에서 5세기 다양한 철제 위신재, 각종 무기류의 생산과 유통 그리고 이를 독점한 집단의 대두 등을 통해 중앙집권화된 아라가야 사회의 일 단면을 유추해 볼 수 있다.

　이러한 측면에서 아라가야 사회는 말이산 고분 조영 집단을 정점으로 그 하위 집단으로서 윤외리와 마산 현동 집단이 존재하였던 것으로 보인다. 윤외리 고분 주변으로 회청색 경질토기를 생산했던 토기 가마터가 집중적으로 분포하고 있고, 실제로 주변 가마터에서 생산되었던 토기가 윤외리 고분의 부장품으로 사용된 사례도 최근 확인된 바 있다.

　한편 함안 남쪽의 마산 현동 유적에서는 제철유구가 조사되었고 더불어 5세기대 목곽묘에서 이와 관련된 철제품과 철정의 부장이 뚜렷하게 증가하는 모습을 보인다. 특히 5세기 철정이 부장된 목곽묘는 말이산 고분군의 대형 목곽묘 외 함안 분지 내에서는 오

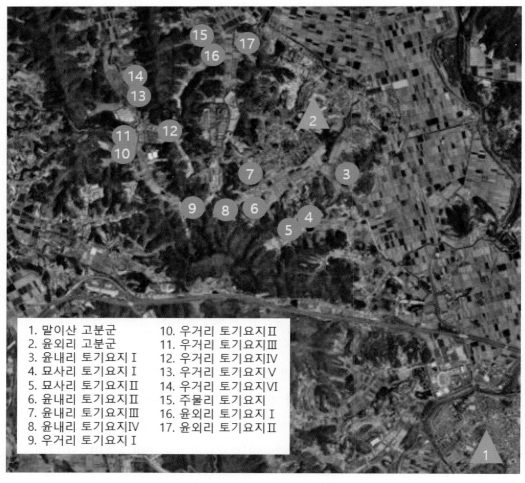

1. 말이산 고분군
2. 윤외리 고분군
3. 윤내리 토기요지 I
4. 묘사리 토기요지 I
5. 묘사리 토기요지 II
6. 윤내리 토기요지 II
7. 윤내리 토기요지 III
8. 윤내리 토기요지 IV
9. 우거리 토기요지 I
10. 우거리 토기요지 II
11. 우거리 토기요지 III
12. 우거리 토기요지 IV
13. 우거리 토기요지 V
14. 우거리 토기요지 VI
15. 주물리 토기요지
16. 윤외리 토기요지 I
17. 윤외리 토기요지 II

〈그림 13〉 함안 윤외리 고분군 및 주변 토기요지

곡리 8호에서 7매의 철정이 부장된 사례가 유일하다. 이에 반해 현동 유적에서는 주로 5㎡ 이하의 소형분들을 중심으로 철정이 부장된 사례가 다수 확인되었다. 특히 현동 유적에서 철정이 부장된 목곽묘들은 말이산의 대형 목곽묘들이 각종 위신재와 다량의 철정이 조합되어 부장되는 반면, 주로 토기와 농·공구류와 같은 실사용기와 조합되어 부장된 양상이 뚜렷하다. 이러한 부장양상은 앞에서 이야기 하였듯 마산 현동 집단이 진동만을 중심으로 한 교역이 거점으로 작용하는 한편, 철 제작과 관련된 말이산 집단의 하위 집단으로서 작용한 결과로 추측된다. 5세기 함안의 말이산 묘역의 수장층은 이러한 생산시설의 운영과 통제를 통해 경제적 부를 축적하고 본인들의 권력을 공고히 해나갔던 것으로 추정된다.[3]

〈표 5〉 5세기 철정 부장 목곽묘 현황

유적	호수	면적(㎡)	철정(매)
함안 도항리(문)	48호	32.7	77
	36호	19.1	40
	10호	23.4	10
	27호	22.8	8
함안 오곡리	8호	7.9	7
마산 현동(동)	103호	5.2	10
	50호	11.3	5
	21호	4.4	5
	22호	3.0	5
	115호	4.6	5
	20호	3.7	4
	35호	10.5	4
	6호	5.2	2
	121호	4.5	2
	60호	4.3	2
	5호	3.7	2
	3호	5.1	2
	1호	2.5	2
마산 현동(창)	22호	4.6	5
	56호	2.9	4

3) 강동석, 「아라가야의 공간구조」, 『아라가야의 역사와 공간』, 제10회 아라가야 국제학술심포지엄, 2018.

Ⅳ. 아라가야 목곽묘 연구의 향후과제

아라가야의 중심지로 비정되는 함안지역 목곽묘는 앞에서 살펴보았듯이 4세기 조영을 시작으로 5세기 이르러 그 문화의 전성기를 맞이한다. 하지만 고고자료의 부족으로 인해 3~4세기 함안지역 정치체의 정확한 동향에 대해서는 아직도 그 양상을 알 수 없다. 다만 함안지역에서 생산되었던 것으로 보이는 토기들의 광역적인 분포권을 통해 당시 사회의 일부를 가늠할 뿐이다.

함안 지역으로 비정되는 아라가야는 문헌기록에 따르면 경자년 광개토대왕 남정 이전까지 금관가야와 함께 가야의 양대 축으로 활동하였던 것으로 기록되어 있다. 한편 일각에서는 현재 조사된 고고자료에 한정하여 함안지역을 이해하기도 한다. 즉 상대적으로 3~4세기 목곽묘 자료가 풍부하게 축적된 김해·부산지역의 자료를 바탕으로 당시 금관가야가 전 영남의 최고 선진지역으로 각 정치체에 크고 작은 영향을 미쳤다는 관점이다.

그러나 말이산 고분군에 한정하여 목곽묘를 생각해 보면 4세기 1/4분기에 다수 조성되었던 목곽묘들이 돌연 4세기 2/4 ~ 4/4분기에 급격히 축소되는 모습을 보이다 갑자기 5세기에 전성기를 맞이한다. 아마 아직까지 4세기에 해당하는 고고자료가 조사되지 못한 결과로 추정된다. 그리고 말이산 고분을 제외한 함안지역 내 목곽묘 유적의 부재도 고대 아라가야를 이해함에 있어 큰 어려움으로 작용하고 있다. 함안 말이산 뿐만 아니라 그 주변유적에 대한 고고학적 조사와 연구 그리고 유적에 대한 보존 조치도 병행되어야 함은 물론이다. 또한 기존 조사 보고 되었던 목곽묘 자료들이 대부분 1980~90년대 제작 되었던 것을 감안하여 다시 한 번 함안 지역 목곽묘 자료들에 대한 집성과 체계적 정리가 필요할 것으로 보인다.

최근 말이산 최정상 구릉부와 사면부에 대형 목곽묘가 조성되었다는 사실이 추가적으로 확인되었고, 마산 현동유적에서는 660기에 이르는 다수의 목곽묘들이 새롭게 발견되기도 하였다. 앞으로도 이러한 조사를 통한 신자료의 구축 특히 3~4세기에 해당하는 목곽묘의 조사와 연구는 아라가야 정치체를 밝히는데 중요한 요소로 작용할 것으로 생각된다.

V. 맺음말

아라가야는 여러 문헌상에 다양한 명칭으로 등장하며, 변한 12국 가운데 하나로 진왕의 우호를 받을 만큼 강성했던 세력으로 기록되어 있다. 이러한 아라가야는 현재 경상남도 함안군으로 그 위치가 비정된다. 함안군은 남고북저의 분지형태의 지형으로 동쪽으로 진주, 북쪽으로 고령, 창녕, 남쪽으로 남해안 일대로 연결되는 교통의 요지에 위치하며, 이리한 지리적 이점을 토대로 아라가야는 성장하였던 것으로 추정된다.

특히 함안군에는 말이산 고분을 중심으로 다수의 목곽묘 유적들이 자리하고 있어 일찍이 아라가야의 연구의 핵심지역으로 주목받아 왔다. 함안지역의 목곽묘들은 크게 말이산, 윤외리, 장지리, 하기리, 황사리, 오곡리 고분에 분포하며, 현재는 행정구역상 분리되었지만 마산 현동과 의령 예둔리에도 그 존재가 확인되고 있다. 현재까지 조사된 유적은 총 8개소로 확인된 목곽묘는 총 398기에 이른다.

이와 같은 함안지역의 목곽묘는 출토된 토기를 기준으로 크게 4세기와 5세기로 나누어 볼 수 있다. 4세기의 함안지역 목곽묘는 함안 말이산, 황사리, 윤외리, 오곡리, 하기리, 마산 현동, 의령 예둔리 등에서 확인되며 총 107기가 이에 해당된다. 이 시기 목곽묘 묘광 면적을 토대로 크게 1~5㎡, 5~10㎡, 10㎡ 이상의 것으로 분류할 수 있으며 주로 중·소형 분들이 주축을 이루었던 것으로 보인다. 한편 구조적 측면에서 살펴보면 묘광과 목곽사이의 보강을 순수하게 흙을 이용하여 막채움한 형식으로 축조되며, 바닥면에는 다른 시설 없이 원지형을 정지하여 사용하였던 것으로 보인다. 출토되는 부장품으로는 주로 토기류와 농·공구류가 주를 이루고 소수이지만 철촉과 철모와 같은 무기류도 발견된다. 특히 부장품으로 사용된 토기와 철기의 비율이 토기가 월등히 높은 양상을 보여 철기의 생산과 소비가 무덤의 부장품으로 이용될 만큼 활발하지 못했던 것으로 추정된다. 하지만 이른시기부터 이 지역에서 선진적인 토기제작 기술이 발생하였고 광범위한 분포권을 보인다는 점에서 김해지역과 같이 4세기대 대형 목곽묘의 존재를 완전히 배제할 수는 없을 것으로 보인다.

5세기에 이르면 함안지역 목곽묘 문화에 큰 변화가 일어난다. 묘광 면적 15㎡ 이상의 대형 목곽묘들이 말이산 고분군에 집중적으로 조영되기 시작하며, 부장품으로 각종 철제 위신재와 무기류들이 배타적으로 사용되기 시작한다. 5세기에 해당하는 유적은 크게 함안 말이산, 오곡리, 장지리, 황사리, 마산 현동, 의령 예둔리 고분 등이 있으며 총 128기의 목곽묘가 이에 해당된다. 목곽묘의 구조에서 전 단계와 구분되는 큰 변화가 일어나는데 대형 목곽묘를 중심으로 바닥면에 자갈돌을 한 벌 전면에 깔고 다시 그 위에 한 층 이상의 관대(棺臺) 시설을 설치하기 시작한다. 묘광과 목곽의 보강 방법은 4세기와 동일하게 흙을 막채움한 양상을 보이나, 전체적으로 규모가 커지고 묘광 깊이도 1~2m 이상을 깊게 굴착하는 현상이 뚜렷해진다. 목곽묘 부장품으로는 마갑, 갑주, 유자이기, 철도, 철정, 환두대도 등 위신재적 철제품이 등장하기 시작하며 큰 묘광을 가진 목곽묘에 배타적으로 부장된 모습을 보인다. 이 시기 말이산 고분군에 조영된 목곽묘는 아라가야 최고 수장층의 묘제로 사용되었던 것으로 보이며, 다른 고분 조영 집단과는 뚜렷한 상·하 관계를 형성하였을 것으로 보인다. 이상과 같은 과정 속에서 말이산 고분 축조 집단은 윤외리 고분 주변의 가마터, 그리고 마산 현동의 철 생산에 대해 적극 관여하며 본인들의 권력을 공고히 해 나갔던 것으로 추정된다.

한편 아직까지 3~4세기 목곽묘 자료의 부족은 아라가야문화를 이해하는데 큰 어려움으로 작용한다. 최근 조사된 대형 목곽묘 혹은 마산 현동 목곽묘처럼 더 많은 자료의 구축이 아라가야문화 해석의 가장 큰 요소 일 것으로 생각된다.

【참고문헌】

1. 보고서, 단행본

국립창원문화재연구소,『咸安 道項里古墳群Ⅰ』, 1997.

국립창원문화재연구소,『咸安 道項里古墳群Ⅱ』, 1999.

국립창원문화재연구소,『咸安 馬甲塚Ⅲ』, 2000.

국립창원문화재연구소,『咸安 馬甲塚』, 2002.

국립창원문화재연구소,『咸安 輪外里墳墓群』, 1996.

경남고고학연구소,『道項里 末山里 遺蹟』, 2000.

경상문화재연구원,『함안 도항리 고분군－도항리 428-1번지 일원－』, 2011.

경상대학교박물관,『咸安 篁砂里墳墓群』, 1994.

창원대학교박물관,『咸安 梧谷里遺蹟』, 1995.

동서문물연구원,『咸安 下基里遺蹟』, 2011.

해동문화재연구원,『咸安 長池里遺蹟Ⅱ』, 2014.

창원대학교박물관,『馬山 縣洞遺蹟』, 1990.

동서문물연구원,『馬山 縣洞遺蹟Ⅰ』, 2012.

2. 논문

강동석,「아라가야의 공간구조」,『아라가야의 역사와 공간』, 제10회 아라가야 국제학술심포지엄,
        2018.

김정완,「咸安圈域 陶質土器의 編年과 分布 變化」,『伽耶考古學論議』3, 가야문화연구, 2000.

우지남,「咸安地域 出土 陶質土器」,『함안도항리말산리유적』, 경남고고학연구소, 2000.

이주헌,「阿羅伽에 대한 考古學的 檢討」,『가야각국사의 재구성』, 혜안, 2000.

정주희,「咸安樣式 古式陶質土器의 分布定刑에 관란 硏究」, 경북대학교 석사학위논문, 2009.

정주희,「가야의 토기」,『가야고고학개론』, 진인진, 2016.

4세기 아라가야양식 토기의 분포와 그 의미

김규운 ｜ 강원대학교 사학과

Ⅰ. 머리말

최근 '가야사 복원'이라고 하는 국정 과제 수행에 힘입어, 그리고 가야 고분군을 유네스코 세계유산으로 등재하려고 하는 움직임과 더불어 가야 유적에 대한 관심이 높아지면서 많은 유적이 발굴조사되고 있다. 아라가야와 관련해서도 말이산고분군과 남문외고분군 등의 고분군와 왕궁리 유적 등이 조사되어 많은 성과를 올리고 있다. 그러나 여전히 5~6세기 대형 고분군의 조사에 치우쳐져 있는 것이 사실이고, 이는 비단 아라가야만의 상황은 아니다.

이번 글의 주제가 '아라가야의 전환기, 4세기'이다. 안타깝게도 최근의 조사 성과는 아직까지 4세기 아라가야의 실상에 대해서는 많은 자료를 제시하지는 못하는 것으로 보인다. 정작 함안에서는 여전히 4세기대 유적의 조사 성과가 미비하나 아라가야와 관련이 있는 것으로 보이는 토기는 함안 이외의 지역에서 폭넓은 분포를 보이고 있다. 이러한 토기의 분포의 중심지, 그리고 그 의미에 대해서는 여전히 이견이 있다.

따라서 본고에서는 지금까지 계속 이어지고 있는 이른바 고식도질토기 지역양식론의 인정여부 등에 대한 논쟁을 살펴보면서 4세기 아라가야 토기에 대해 정리하고, 4세기 아라가야 토기의 분포가 의미하는 것이 무엇인지, 그리고 그 배경은 무엇인지에 대한 검토를 통해 '아라가야의 성장과정'에 대해 접근하고자 한다.

Ⅱ. 4세기 아라가야양식 토기의 양상

4세기 아라가야 토기의 가장 큰 쟁점은 역시 공통양식론으로 이해할 것인지, 아니면 지역양식론으로 이해할 것인지, 그리고 이 지역양식에서 함안을 중심으로 함안식토기를 설정할 수 있는 지의 여부일 것이다. 자료와 연구 성과가 축적된 2000년대 이후에는 김해·부산지역을 '낙동강 하구양식'으로 설정하고 그 외 경주−함안 등을 '내륙양식'으로 설정한 입장이 있다.[1] 이와는 달리 함안,[2] 경주,[3] 서부경남지역[4] 등 지역별 차이를 강조하는 입장이 있다. 이 지역에 따른 특성을 강조하는 입장에서는 대체로 통형고배·승문계타날호 등 함안지역 토기 문화의 독자성과 주변 지역으로의 유통 현상을 인정하는 반면, 김해·부산 외 지역의 공통성을 강조하는 전자의 입장에서는 이를 함안지역에서만 한정되지 않는 영남 전역의 공통된 특징으로 보고 있다.[5]

이와 관련하여 최근의 연구 성과가 주목된다. 정주희[6]는 고식도질토기 양식론에서 계속 논란이 되어온 김해·부산지역과 함안지역, 경주지역의 고식도질토기의 특징과 변천 양상을 검토하였다. 그 결과 세 지역은 기종 구성이 다르고, 동일 기종도 제작 기술,

[1] 안재호, 「慶州地域の初期新羅土器の檢討」, 『福岡大學總合研究所報』 第240號, 福岡大學總合研究所, 2000; 이초롱, 「內陸樣式 古式陶質土器의 硏究」, 釜山大學校 大學院 碩士學位論文, 2011; 조성원, 「삼국시대 영남지역 도질토기의 생산과 유통−4~5세기를 중심으로−」, 『영남고고학』 69호, 영남고고학회, 2014.
[2] 박천수, 『가야토기−가야의 역사와 문화』, 진인진, 2010; 李政根, 「함안지역 고식도질토기의 생산과 유통」, 영남대학교 大學院 석사학위논문, 2006; 정주희, 「咸安樣式 古式陶質土器의 分布定型과 意味」, 『韓國考古學報』 第73輯, 韓國考古學會, 2009.
[3] 최병현, 「신라 조기양식토기의 설정과 편년」, 『영남고고학』 63호, 영남고고학회, 2012.
[4] 하승철, 「2. 진주 안간리 출토 고식도질토기에 대한 일고찰」, 『진주 안간리유적』, 경남발전연구원 역사문화센터, 2008.
[5] 고식도질토기 양식론에 대해서는 정주희, 「가야의 토기」, 『가야고고학개론』, 진인진, 2016을 참조바람.
[6] 정주희, 「영남지방 고식도질토기 지역 양식의 형성과 전개」, 『한국고고학보』 제112집, 한국고고학회, 2019.

변화 방향에서 확연한 차이를 보인다고 하였다. 따라서 당시 영남지방 토기는 적어도 김해·부산양식, 함안양식, 경주양식을 설정해야 한다고 주장하였다. 세 지역 양식의 형성과 전개 과정에서도 차이를 지적하였는데 도질토기 출현기(Ⅰ~Ⅱ단계)에는 김해·부산지역은 (양이부)무문호, 함안지역은 승문계타날호를 중심으로 한 도질토기가 확인되고, 도질토기 확산기(Ⅲ~Ⅴ단계)가 되면, 경주지역에도 도질토기 제작 전통이 확산되지만 여전히 와질토기 제작 전통이 성행하는 것으로 보았다. 또한 김해·부산양식은 노형기대와 외절구연고배, 함안양식은 승문계타날호를 중심으로 한 중첩 소성과 대량 생산되는 것을 확인하였다. 세 지역 양식의 '생산과 유통'에서도 차이를 살펴보았는데 김해·부산양식은 대성동과 복천동고분군 간에 양식적 유사도가 크지만 일정한 차이도 있어 각각 별도의 생산 체계가 존재하였을 가능성을 제기하였고, 경주양식은 동해남부권을 중심으로 양식적 확산을 보이지만, 각 집단 내에서 생산되어 소비된 소규모 방식으로 보았다. 반면 함안양식은 함안분지를 중심으로 토기가 대량 생산되어 영남지방의 각지에 직접 유통됨을 확인하였다.

즉, 이 연구 성과를 수용하면 김해·부산지역과 함안지역, 경주지역은 기종 구성을 비롯해 제작 기술, 형성과 전개 과정, 생산 방식, 유통 양상 등 모든 면에서 차이를 보이므로 함안지역을 중심으로 하는 4세기의 아라가야양식 토기 설정이 가능한 것으로 생각된다.

최근에도 조사가 이루어지고 있는 우거리 토기가마터를 비롯해 함안지역의 가마 조사 성과 역시 이를 잘 반영해 주는 것으로 생각된다.

4세기 아라가야양식 토기의 주요 기종으로는 노형기대, 통형고배, 승문계타날호를 들 수 있다. 이 노형기대는 김해지역과 비교해, 크기가 작으나 장각인 점이 특징이다. 승문계타날호도 도질토기 등장기부터 나타나는데 초기형은 횡구형 동체에 기고가 21~22cm 정도로 소형이며, 이후 구형 동체에 기고 25~30cm 전후의 상대적으로 대형화된다. 저부에 폭 3mm 내외의 끝이 무딘 도구로 기호를 새기기도 하였다.[7] 통형고배는 무개식고배의 일종으로 같은 시기 김해·부산지역과 비교하면, 좁고 높은 대각이 특징적이다. 배신부는 얕은 편이며 직립하거나 외경·외반하는 구연부를 가진다."[8]

---

7) 이정근, 앞의 학위논문; 정주희, 앞의 논문, 2009.

8) 정주희, 앞의 논문, 2016, 217~220쪽.

이러한 4세기 아라가야양식 토기 인정여부에 대한 논란의 주된 요인 하나는 바로 넓은 분포 양상일 것이다. 3세기 후반 아라가야양식의 공자형고배, 통형고배, 노형기대, 승석문호는 3세기부터 4세기 후반까지 남강과 황강수계, 낙동강상류역를 포함하는 광역분포권을 형성하며 금강 수계의 공주시 남산리고분군, 천안시 두정동, 청주시 봉명동 등의 백제지역과 고성군 송학동고분군, 여수시 고락산성, 여수시 장도, 순천시 횡전면 등의 전남지역의 남해안 일대와 전북지역의 호남동부지역에 이르기까지 출토된다. 또한 경주시 구정동 1호묘 3호곽, 구어리 1호 묘, 울산시 중산리 75호묘과 같은 신라지역의 수장묘에서도 부장되었다.

나아가 승석문양이부타날호를 중심으로 한 아라가야양식 토기가 나가사키현(長崎縣) 다이쇼군야마(大將軍山)고분, 하루노츠지(原の辻)유적, 후쿠오카현(福岡縣) 미쿠모(三雲)유적, 히가시 시모타(東下田)유적, 니시신마치(西新町)유적, 돗도리현(鳥取縣) 아오키 이나바(青木稻場)유적, 에히 메현(愛媛縣) 사루카타니(猿ケ谷)2호분 분구, 후나카타니(船ケ谷)유적, 가가와현(香川縣) 미야야마(宮山)요, 교토부(京都府) 시가이(市街)유적 등에서도 확인된다.[9]

---

9) 박천수, 『가야문명사』, 진인진, 2018.

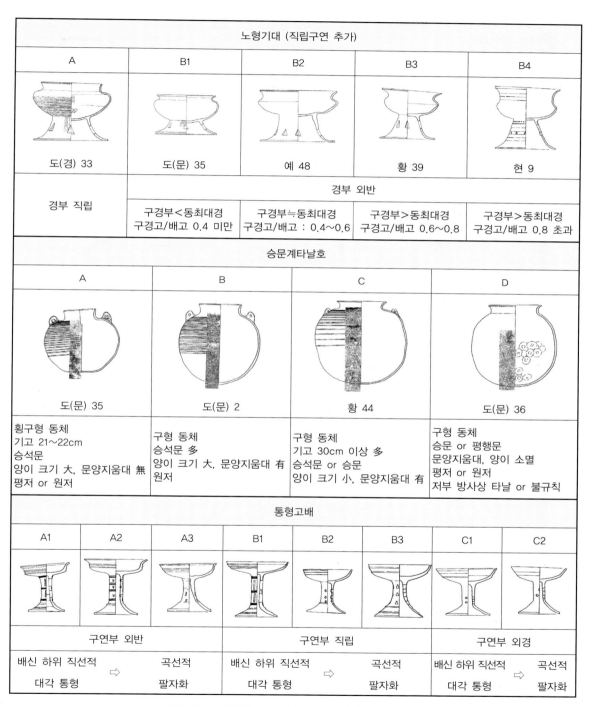

노형기대 (직립구연 추가)				
A	B1	B2	B3	B4
도(경) 33	도(문) 35	예 48	황 39	현 9
경부 직립	경부 외반			
	구경부<동최대경 구경고/배고 0.4 미만	구경부≒동최대경 구경고/배고 : 0.4~0.6	구경부>동최대경 구경고/배고 0.6~0.8	구경부>동최대경 구경고/배고 0.8 초과

승문계타날호			
A	B	C	D
도(문) 35	도(문) 2	황 44	도(문) 36
횡구형 동체 기고 21~22cm 승석문 양이 크기 大, 문양지움대 無 평저 or 원저	구형 동체 승석문 多 양이 크기 大, 문양지움대 有 원저	구형 동체 기고 30cm 이상 多 승석문 or 승문 양이 크기 小, 문양지움대 有	구형 동체 승문 or 평행문 문양지움대, 양이 소멸 평저 or 원저 저부 방사상 타날 or 불규칙

통형고배							
A1	A2	A3	B1	B2	B3	C1	C2
구연부 외반			구연부 직립			구연부 외경	
배신 하위 직선적 대각 통형		⇨ 곡선적 팔자화	배신 하위 직선적 대각 통형		⇨ 곡선적 팔자화	배신 하위 직선적 대각 통형	⇨ 곡선적 팔자화

〈도 1〉 함안지역 토기의 형식 분류(정주희 2019)

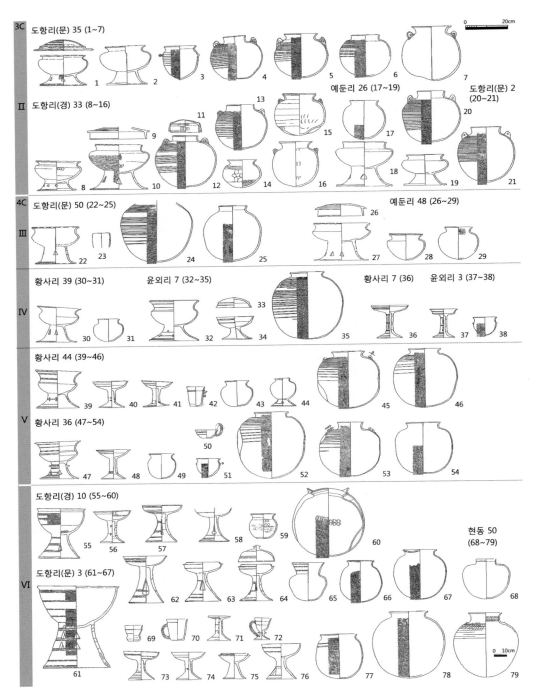

〈도 2〉 함안지역 토기의 변천(정주희 2019)

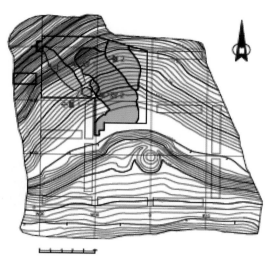

조사 내용

토기가마터 발굴조사(1차년도)

기간   2018. 4. 13 ~ 12. 20
내용   가야의 토기가마터 확인
        (유구 분포면적: 약900㎡)
유구   토기가마터와 부속시설 일체
        (폐기장 수혈 2기 등)
유물   가야토기편 일괄
        (단경호, 고배, 파수부배, 기대 등)

〈도 3〉 함안 우거리 가마터(국립가야문화재연구소 2019)

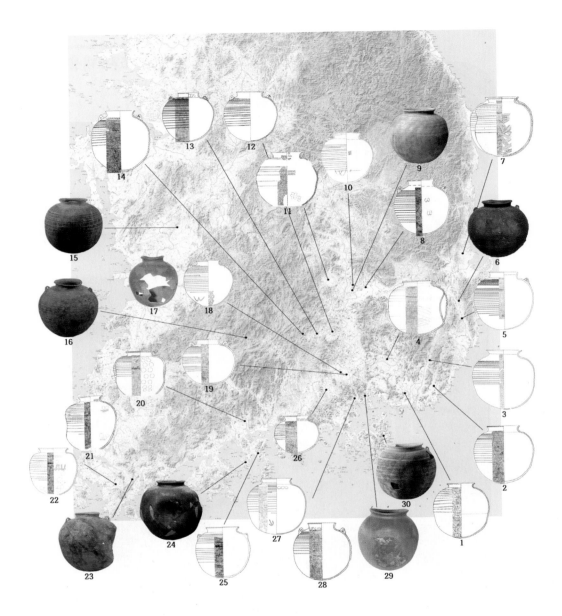

〈도 4〉 4세기 아라가야양식 승석문호의 분포(박천수 2018)

1: 김해대성동 18호묘, 2: 부산복천동 54호묘, 3: 양산소토리 1호목곽묘, 4: 경주구어리 1호목곽,
5: 경주구정동 3호목곽, 6: 포항마산리 149-4적석목곽묘, 7: 대구비산동 2호묘, 8: 칠곡심천리 54호묘
9: 성주가암리 45호(31호)주거지, 10: 합천옥전 54호묘, 11: 합천삼가(동) I 지구 1-2호 목곽묘,
12: 합천저포리A지구 31호묘, 13: 공주남산리고분군, 14: 남원아영 출토품, 15: 함안우거리토기요지,
16: 함안도항리 33호묘, 17~18: 해남신금 55호주거지, 19: 광양도월리(II)41호주거지,
20: 여수고락산성 3호주거지, 21: 진주무촌리 3구 39호묘, 22: 마산대평리 2지구 30호묘,
23: 마산대평리고분군

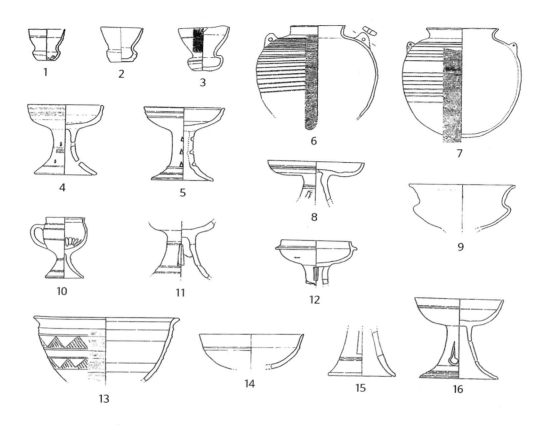

〈도 5〉 마한・백제지역 출토 아라가야계 토기(하승철 2018b)

1. 익산 사덕 33호 수혈, 2. 해남 신월리고분 주구, 3. 무안 양장리 나지구, 4. 여수 죽림리 차동 6호묘,
5. 장흥 신월리 지표, 6. 광양 도월리 41호 주거지, 7. 여수 고락산성 3호 주거지,
8. 광양 도월리 10호 수혈, 9. 광양 지원리 창촌 2호 주거지, 10. 구례 대산 리 지표,
11. 고흥 방사 18호 주거지, 12. 장흥 상방촌 A-1지구 25호 주거지, 13. 장흥 상방촌 A-2지구 25호 주거지,
14. 고흥 한동 1 호 수혈, 15. 고흥 한동 34호 주거지, 16. 광양 칠성리 기두 2호 수혈

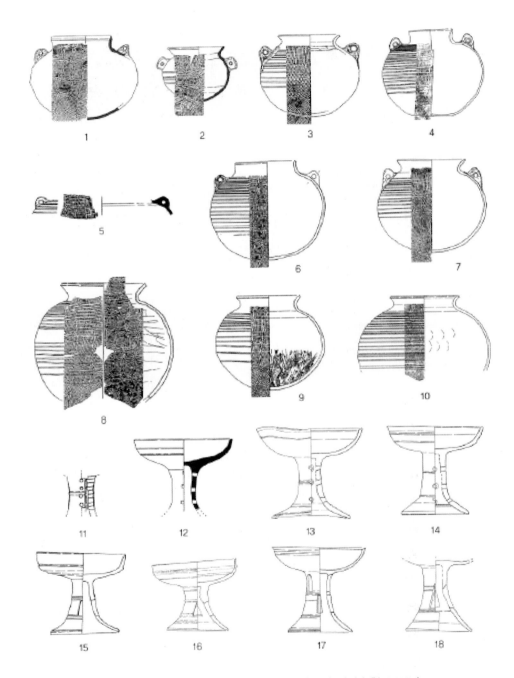

〈도 6〉 일본 출토 아라가야계 토기와 비교자료(하승철 2018a)

1·2. 大將軍山古墳, 3. 말이산13호묘, 4·7. 도항리35호묘, 5. 靑木稻場遺蹟, 6·9. 도항리33호묘,
8. 上長浜貝塚, 10. 현동 177호 수혈, 11. 猿ヶ谷 2호분, 12. 雨流遺蹟, 13. 현동 35호묘, 14. 현동 15호묘,
15. 前二子塚古墳, 16. 도항리 428-1번지 13호 목곽묘, 17. 도항리 10호묘, 18. 도항리 244호 수혈

Ⅲ. 광역 분포의 배경과 그 의미

앞서 살펴본 바와 같이 4세기 아라가야양식 토기는 영남내륙지역뿐만 아니라 전남 남해안 일대와 전남동부지역, 백제 권역 및 일본열도에 이르기까지 폭넓게 분포하고 있다. 그러나 이 토기 분포의 중심지를 함안으로 설정하는데 주저하는 가장 큰 이유가 바로 이 시기 목곽묘의 조사가 미진하기 때문일 것이다. 앞서 언급한바와 같이 함안의 왕묘역으로 볼 수 있는 말이산고분군 역시 5세기 이후의 고총 고분이 거의 중심을 이루기 때문에 4세기 토기 분포권의 중심지를 설정할 수 있는 규모의 고분군을 상정하기는 쉽지 않다. 그러나 그렇다고 전혀 그 근거가 없는 것은 아니다. 함안지역에서도 4세기 목곽묘가 어느 정도 조사가 되었기 때문에 4세기 아라가야양식 토기가 출토되는 함안지역 목곽묘의 양상을 간략하게나마 정리하면 다음과 같다.[10]

아라가야의 목곽묘는 도항리고분군 구릉의 북쪽 일대를 중심으로 남강연안의 황사리·윤외리·오곡리고분군 등에서 확인되었고, 3세기대부터 조영되기 시작하여, 4세기 이후에 본격적으로 조영되는 양상이다. 유물의 배치 상태와 꺾쇠·관정 등 목관(목곽) 결속구의 출토위치를 통해 복수의 곽이 사용되었을 가능성이 있다. 목곽은 기본적으로 단곽식 구조로 볼 수 있고, 목곽의 규모와 내부공간의 활용, 부장유물에 의해 세부적으로 구분할 수 있다.

복수의 곽이 사용된 목곽묘는 꺾쇠와 관정의 출토위치로 볼 때, 목곽의 중앙부에 목관을 배치하고, 이를 감싼 내곽을 설치한 구조이다. 즉, 6~8m 규모의 묘광을 굴착한 후 외곽-내곽-목관(피장자)으로 구성된 5~6m 내외의 매장시설을 조성한 대형목곽묘에 해당하는 구조인데, 내곽의 존재는 꺾쇠·관정 외에도 토층의 퇴적양상과 유물의 배치 상태 등으로도 파악가능하다.[11]

목곽 내 바닥에는 도항리36호(문)를 제외하면 전면 혹은 양단벽 아래의 일부를 제외한 공간에 시상을 마련하였는데, 이러한 구조가 대형목곽묘에서만 확인되는 점에서 바닥시상의 유무는 위계를 반영하였을 가능성이 있다. 또한 마갑총·도항리3·9·10·

---

10) 김준식·김규운, 「가야의 묘제」, 『가야고고학개론』, 진인진, 2016 가운데 아라가야 목곽묘 부분 인용하였음.

11) 최경규, 「가야 수혈식석곽묘 연구」, 동아대학교대학원 고고미술사학과 박사학위논문, 2013.

20·27·48호(문)는 피장자의 목관이 놓인 바닥 중앙부에 단면 '凸'자상의 관대시설을 마련한 것이 확인된다. 특히, 도항리36·48호(문)는 피장자가 놓인 바닥에 철정을 깔아 주목된다.

이러한 형태의 대형목곽묘는 목곽의 규모와 부장유물의 세부적인 차이는 있으나 오곡리5호(문)를 제외하면 모두 아라가야 중심지인 도항리고분군에서만 조성된 것으로 나타나기 때문에 도항리고분군에 조성된 대형목곽묘는 당시 아라가야의 최고지배계층의 무덤으로 판단된다. 유물은 중앙의 내곽을 중심으로 주변이 빈 공간에 사방으로 부장되었고, 부장유물 중 환두대도·유자이기·갑주·마갑·재갈·철정 등은 대형목곽묘에서만 부장되는 특징을 보인다.

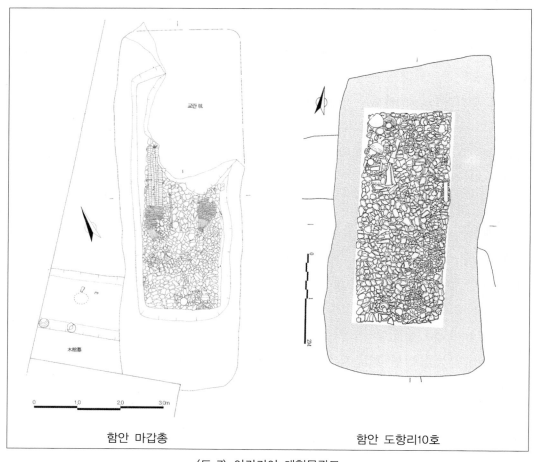

함안 마갑총   함안 도항리10호

〈도 7〉 아라가야 대형목곽묘

반면 대형목곽묘와 달리 내곽이 설치되지 않은 구조가 도항리고분군(문: 6·35·
44·50 / 경상: 11~13, 15~17호)뿐만 아니라 주변 고분군인 오곡리고분군(창: 8·10호), 마
산 현동고분군(50호)에서도 축조되는데, 아라가야 권역 내에서 가장 일반적으로 확인되
는 목곽묘에 해당한다. 또한 대형목곽묘와 달리 바닥에 시상이 마련되지 않는 것이 대다
수를 차지하고, 특히 도항리고분군 내에서 이러한 현상이 현저하게 나타난다. 또한 목곽
을 포함한 묘광의 규모가 대략 3~4m 수준에 해당하기 때문에 대형목곽묘에 비하면 그
규모가 현저히 축소된 구조에 해당하여 이는 곧 위계와 관계되었을 것으로 판단된다.

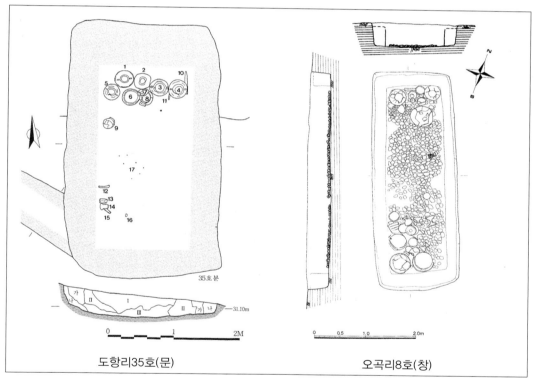

도항리35호(문)   오곡리8호(창)

〈도 8〉 아라가야 중·소형목곽묘

유물부장은 피장자를 중심으로 양단벽의 빈 공간을 활용한 [부장공간]−[피장자]−[부
장공간]의 구조이고, 함안 도항리고분군에서 벗어난 의령 예둔리고분군, 마산 현동고분
군 등에서는 [피장자]−[부장공간]로 다소 간소화된 구조의 목곽묘가 축조되기도 한다.
또한 대형목곽묘에 비해 목곽의 폭이 좁아 피장자의 좌·우측 공간에서의 유물부장은

적극적이지 않고, 갑주와 마구류 역시 거의 확인되지 않았다.

이러한 목곽묘의 양상과 토기 생산 양상을 통해 볼 때 고식도질토기가운데 함안에 중심지가 있는, 아라가야양식 토기의 존재를 인정한다고 하면 이러한 토기가 왜 이렇게 넓은 분포권을 보이는지에 대한 그 배경이 중요하다. 그러나 아직 그 배경에 대해서는 명쾌하게 설명하고 있지 못하고 있다. 물론 토기 자체의 제작 기술과 생산 체계 연구와 유통 확산의 연구[12]의 관점에서 접근하는 것이 바람직하나 이러한 접근만으로 아라가야양식 토기가 왜 이렇게 넓은 분배 범위를 갖게 되었는지에 대해서 답을 내리기는 어렵다. 이러한 관점에서 넓은 분포 범위의 배경으로 설정할 수 있는 거의 유일한 단서가 역시 포상팔국전쟁이라고 생각된다. 포상팔국의 전쟁기사 중 가장 문제가 되는 것은 역시 전쟁시기, 대상, 그리고 포상팔국의 위치로 기존 연구를 간략하게 정리하면 〈표 1〉과 같다.[13]

〈표 1〉 포상팔국전쟁의 시기와 대상 및 내용에 대한 기존 견해

	시기	대상	내용
백승충 (1986)	3세기 초반	김해	209년 포상팔국의 난은 구야국의 수로집단 쇠퇴에 따른 구심체로서의 역할 상실에 기인한 것
이현혜 (1987)	3세기 초반	김해	3세기 초 해상교역권과 연관시켜 김해 구야국의 경쟁세력이 대두하는 과정이라고 인식
권주현 (2000)	3세기 초반	김해	전쟁의 중심세력은 구야국에 버금가는 내륙을 통한 제소국의 장악이 가능한 안야국으로 변한제소국의 주도권 쟁탈
남재우 (2003)	3세기 후반	함안	농업생산력과 철산지 확보, 남강 등의 요지를 점하기 위해 함안을 공격한 것으로 생각
백승옥 (2003)	3세기 말	김해 함안	고자국을 중심으로 남해 해상교역권의 장악을 위해 김해 가야세력을 공격하나 신라의 김해에 대한 지원으로 실패
김태식 (2000)	4세기 초반	김해	안라를 포함한 서부경남의 제국들이 신라의 구원을 얻은 김해에게 패배하고, 이후 가야는 김해와 안라 중심으로 분열하고 재통합
허재혁 (1998)	5세기 전후	신라	포상팔국의 위치에 대해 기존의 김해 서쪽으로만 비정하는 견해 대신 김해를 중심으로 신라에 대항하는 구도로 봄
선석열 (1997)	6세기 전반	함안	6세기 전반 백제의 남부가야지역에 대한 진출에 위협을 느낀 아라가 신라에 도움을 구하고, 이에 백제는 변한 지역의 포상팔국을 움직여 아라가야를 공격

---

[12] 李盛周, 「가야토기 생산·분배체계」, 『가야 고고학의 새로운 조명』, 혜안, 2003.
[13] 포상팔국전쟁에 관한 내용은 김규운, 「고고자료로 본 소가야의 권역과 변천」, 『한국고대사연구』 92, 한국고대사학회, 2018을 참조하였음.

문헌사료에 대한 직접적인 해석은 필자의 능력 밖이기 때문에 따로 논할 순 없다. 다만 기존 연구 중에서 주목되는 견해는 남재우의 견해이다. 그는 포상팔국전쟁에 대해 삼국사기 초기 기년의 수정뿐만 아니라 고고학적으로 3세기 말에 대형목곽묘와 고식도질토기 등이 출현하고 그 도질토기의 기형이 부산·김해지역군과 서부경남지역으로 나누어진다는 견해 등을 수용하여 3세기 후반의 기사로 파악하였다. 그리고 그 대상과 목적에 대해 포상팔국은 해상의 교역에는 유리하나 농경기반이 약하기 때문에 내륙으로 진출할 필요가 있었고, 함안지역은 그 자체로도 농업기반을 확보하고 있으며, 일단 함안지역으로 진출하고 나면 남강을 건너 의령, 진주 등지의 경남 내륙지역으로도 진출할 수 있었기 때문에 함안을 공격한 것으로 보았다.[14] 이러한 그의 주장은 대체로 수긍이 가며 공격 대상은 역시 '가라' 등의 모호한 표현보다 특정대상을 가리킨 '阿羅'가 좀 더 명확하게 표현한 것으로 볼 수 있다.

그리고 포상팔국의 비정에 있어 그의 견해가 크게 무리가 없는 것으로 생각된다. 그는 골포국—창원, 칠포—칠원, 고사포·고자국—고성, 사물국—사천으로 비정하고 그 외 진동, 삼천포, 거제도 등을 포상팔국으로 비정하였다. 포상팔국을 나타내는 특정 유구와 유물 등을 설정하는 것은 거의 불가능에 가깝기 때문에 이를 고고학적으로 검증하기는 어렵다. 다만 골포국의 경우 삼국사기에 合浦[15]라고 표현되어 있어 조선시대까지 합포라 불린 마산으로 비정하는 것이 옳을 듯하다. 그리고 진동지역 역시 이전 시대의 대대적 지석묘 축조와 이후 소가야와의 관계를 보아 포상팔국 중 하나로 추정할 수 있을 것이다. 삼천포일대 또한 이전시기 교역의 중심지인 늑도 유적 등으로 보아 그 일원으로 추정가능 할 것이다. 그리고 창원지역의 경우 구야국의 영향이 강했을 것이라 보이기 때문에 포상팔국에 속했을 가능성은 오히려 낮을 것이다. 그 외 지리적인 조건을 보았을 때 거제도와 사천 등지가 유력하고 칠원지역이 칠포에 비정되는 것처럼 당시 '포상'이 군이 해안가를 의미하지는 않으므로 남강수계의 진주도 후보지가 될 것으로 생각된다. 여수지역 또는 돌산도 역시 남해안의 요충지에 입지하고 5세기대 소가야와의 관계를 통해 유추해 보았을 때 포상팔국의 일원이라 비정하고 싶지만 정약용이 포상팔국의 서쪽 끝을 곤양지역으로 선을 긋고 있어[16] 무리하게 이 지역을 포함시키지는 않겠다.

---

14) 남재우, 「칠포국의 형성과 변천」, 『한국상고사학보』 제61호, 한국상고사학회, 2008.
15) 『三國史記』 卷 第34 雜志 第3 地理1.

〈도 9〉 포상팔국 위치 비정도(김규운 2018)

    이러한 지역의 포상팔국들이 안야국을 공격한 이후 다시 골포국, 칠포국, 고자국이 울산으로 비정되는 갈화성을 공략한 것은 안야국을 도와준 신라에 대항으로 하는 것으로 역시 이 집단들이 남해안의 해상교역에 능숙하기 때문에 내륙으로 신라를 공격한 것이 아니라 경주에 가장 가까운 해상창구인 울산을 공격한 것으로 보인다.

    결국 아라가야는 신라의 도움을 받으면서 포상팔국과의 경쟁에서 승리하고 제해권, 내륙의 교역망을 장악할 수 있었던 것으로 보인다. 이 시기가 문헌에서 보이는 안야에서 안라로 변화하는 시기이다.[17] 따라서 고식도질토기의 앞선 생산체계를 갖추고 있던

---

16) 『與猶堂全書』6集 疆域考2 弁辰別考.

아라가야가 교역권을 장악하게 되고, 그 결과로 앞에서 살펴본 것처럼 4세기 초에 아라
가야양식 토기가 영남 전역에 걸쳐 활발하게 유통되는 것이다. 경남서부와 남해안 일대
는 단순히 아라가야양식 토기가 유통되는 것에 그치는 것이 아니라 도질토기 생산체계
와 매장 방식 등에서도 영향을 받게 된다. 4세기 후엽의 고성군 송학동 1호분 분구 하
층에서 발견된 1E호묘에서 아라가야양식의 통형고배, 장각노형기대, 통형기대가 부장되
고, 고령군 쾌빈동 12호묘에서도 아라가야양식의 장각노형기대와 양이부호가 부장되는
것이 이를 여실히 보여준다. 이는 5세기 전반 소가야권역의 중심인 고성세력과 5세기
후반 가야의 중심국인 고령 대가야세력조차도 이 시기에는 아라가야의 관계망 속에 포
함되어 있었음을 알 수 있다.[18]

경주지역에서도 아라가야양식 토기가 집중하고 있는 점 역시 포상팔국전쟁에서 신라
와의 관계를 형성하였기 때문으로 생각된다. 이는 단순히 토기 생산, 유통의 관계를 넘
어서는 정치적 교섭의 산물로 이해할 수도 있을 것이다.

나아가 아라가야양식 토기의 광역분포권은 그 세력이 남강하구에서 수계를 거슬러
올라가 금강상류를 통해 백제지역과 교섭함과 동시에 일본열도와도 활발히 교섭하였음
을 보여준다. 이처럼 아라가야 세력은 내륙교역의 회랑과 같은 남강수계를 통해 금강유
역과 남해를 연결, 백제와 왜를 중계하는 역할을 한 것으로 보기도 한다.[19]

이러한 아라가야의 대외 교섭의 교역항으로 마산만 입구에 위치한 창원 현동유적과
진동만에 위치한 대평리유적을 꼽았다. 현동유적에서는 4세기 후반부터 주변 각국의 토
기와 왜계 하지키가 다량 출토되어 남해안의 주요 교역항으로 기능하였음이 입증된 것
으로 보았다. 특히 아라가야 유물의 시기별 분포 양상을 통해 4세기의 아라가야 마한-
아라가야-규슈지역의 관계망이 형성되어 있었던 것으로 상정하였다.[20]

광역의 아라가야양식 토기의 분포는 무엇을 의미하는가. 기본적으로는 생산과 유통
의 관점에서 접근해왔으나 아라가야양식 토기가 남강, 황강, 낙동강중상류역, 남해안일
대에 유통되고 또한 이러한 지역의 토기 생산에 영향을 미친 것은 아라가야가 낙동강하
류역을 제외한 지역의 관계망을 장악한 것으로, 이는『삼국지』위서 동이전 한조의 진

---

17) 남재우,「안야국에서 안라로의 변천」,『사림』제58호, 2016.

18) 박천수, 앞의 책, 2018.

19) 위의 책.

20) 하승철,「유물을 통해 본 아라가야와 왜의 교섭」,『중앙고고연구』제25호, 중앙문화재연구원, 2018a.

왕으로부터 우호를 받았던 아라가야의 위상을 반영하는 것으로 보고 가야 전기의 정치 구도를 금관가야와 아라가야 양대 구도로 파악하는 견해도 있다.[21]

　토기 양식 분포에 곧바로 정치적 해석을 내려버리는데 대한 비판[22]이 오랫동안 제기 되어 왔다. 이희준[23]은 토기 분포권을 문화권과, 경제권, 정치권으로 구분하고 이를 구 분하는데 몇 가지 조건을 제시하였다. 문화권은 토기의 양상을 표현하는 서술적 의미만 지니며, 경제권은 토기 자체의 유통권이다. 토기 분포가 정치적 의미로 해석되려면, 한 양식 일색의 지속적 분포라는 요건을 충족시켜야 하며, 그 분포가 면적으로 접속된 양 상을 띠어야 한다. 해당 지역에 고총군이 존재하는지, 중대형 고총군에서 나오는지 아 니면 하위 고분군에만 나오는지에 따라서도 차이가 있다고 하였다.[24]

　기본적으로 아라가야양식 토기는 이희준의 분류에서 문화권 혹은 경제권으로 해석될 수 있다. 고총고분군 자체가 발견되기 어려운데, 토기를 부장하는 집중도에서도 차이가 나기 때문이다. 따라서 아라가야양식 토기의 부장 집중도에 따라 아라가야의 권역을 설 정해야 할 것이다. 앞서 언급한 창원 현동유적과 같이 목곽묘 부장토기가 아라가야양식 토기의 일색인 경우 아라가야의 영역으로 적극 상정 가능하다. 그러나 그 외 광역의 분 포권은 생산기술의 전파 혹은 생산된 토기 자체의 유통의 시각으로 인식하는 것이 일반 적이다.

　그러나 반드시 경제, 문화권으로만 해석되는 것은 아니다. 물론 아라가야양식 토기가 다른 지역에서 부장토기의 대부분을 점하는 경우는 잘 확인되지 않으나, 매장의례에 사 용되는 경우는 달리 해석해야할 여지가 분명 있다.

　이를 보여줄 자료가 최근에 확인되었는데, 석촌동고분군에서 함안산으로 보이는 통 형고배가 출토된 것이다. 주지하다시피 석촌동고분군은 한성기 백제의 왕묘역이다. 이 왕묘역에서도 중심 고분의 제사와 관련된 시설에서 통형고배가 출토된 것은 단순히 문 화·경제적 관점을 넘어 정치적 관점에서 해석할 여지가 충분하다. 기왕에 한성기 백제 의 중심인 풍납토성과 몽촌토성 등에서 가야토기가 출토된 적은 있지만 모두 5세기 이

21) 박천수, 「가야토기에서 역사를 본다」, 『가야 잊혀진 이름 빛나는 유산』, 혜안, 2004.

22) 이성주, 앞의 논문, 2003.

23) 이희준, 「고고학으로 본 가야」, 『가야문화권 실체 규명을 위한 학술연구』, 가야문화권 지역발전 시 장·군수협의회, 2014.

24) 정주희, 앞의 논문, 2016, 250쪽.

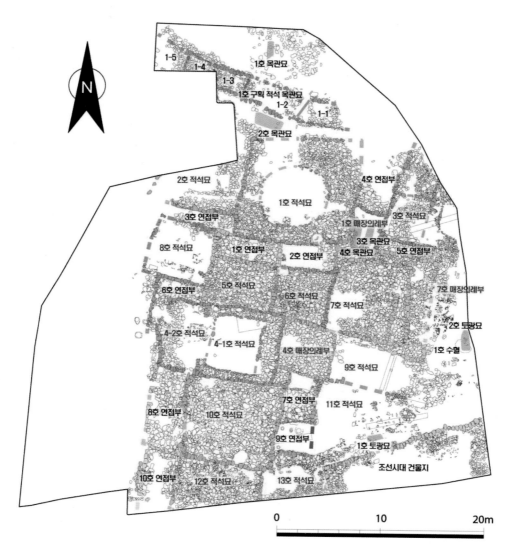

정밀발굴조사 구역 유구배치도

기저부 출토 가야토기

1호 적석묘의 동쪽 기저부 성토층에서 출토되었다. 뒤집어져 깨진 상태였고 구연부와 대각 접지부 일부를 훼기하여 매납했다.

〈도 10〉 석촌동고분군 2019 발굴조사 구역 유구배치도 및 통형고배 출토 양상(한성백제박물관 2019)

후의 토기이고, 왕묘역에서 출토된 것은 처음이다. 앞으로 자료가 더 증가할 여지가 있을 것으로 생각되므로 정치적 교섭에 대한 가능성을 열어둘 필요가 있을 것 같다. 일본 열도에서 확인되는 아라가야양식 토기 역시 단순 교류 이상의 산물로 여길 수 있을 것으로 생각된다.

이처럼 광역의 분포 양상을 보이던 아라가야양식 토기는 5세기 이후 급격하게 그 분포권이 축소되고 거의 함안분지를 중심으로만 확인된다. 이는 역시 고구려 남정과 관계가 있을 것이다. 여기서 주목되는 것이 바로 소가야양식 토기의 확산이다. 아라가야가 형성해 놓았던 관계망을 그대로 소가야가 이용하는 것처럼 그 분포 양상이 확인된다. 그러나 4세기 아라가야와는 다르게 소가야양식 토기는 부장 양상에서 소가야양식 토기의 집중 부장이 확인된다. 기왕에 아라가야는 생산 유통의 관계에 그쳤다면 소가야는 이를 권역화하였던 것으로 보인다.[25] 같은 양상으로 5세기 중엽 이후에는 대가야가 진출하면서 권역화하게 이른다.

이렇게 보면 4세기에 아라가야가 형성해 놓은 관계망을 그 뒤로 소가야와 대가야가 차례로 운영하는 것처럼 보인다. 이 관계망의 이용 주체와 권역화 여부의 차이는 있으나 거의 그대로 이어지는 것을 확인할 수 있다. 4세기 아라가야의 관계망 형성은 이러한 점에서 그 의의가 더 크다.

이를 간략하게 정리하면 다음과 같이 도식화 할 수 있을 것이다.

포상팔국전쟁 – 4세기 아라가야 관계망 – 고구려 남정 – 소가야의 확산 – 대가야의 진출

Ⅳ. 맺음말

아라가야의 중심지인 함안은 삼국시대 토기 가마가 가장 많이 발굴조사된 지역이다. 이 토기 가마에서 생산된 아라가야양식 토기는 영남내륙지역뿐만 아니라 넓은 관계망을 형성하고 확산된다. 5세기 이후 광역의 관계망을 상실하게 되지만 말이산고분군에서의 고총 축조는 폭발적으로 늘어난다. 일제강점기부터 최근에 이르기까지의 말이산고

---

25) 김규운, 앞의 논문, 2018.

분군의 조사는 5세기 이후 아라가야의 위상을 여실히 보여주고 있고, 가야리유적 역시 이를 뒷받침하고 있다. 그러나 아직 4세기 아라가야의 수장묘의 양상에 대해서는 명확하게 밝히지는 못하고 있다. 앞으로 이 시기 고분의 조사를 통해 4세기 아라가야의 양상을 명확하게 밝힐 수 있을 것으로 기대하면서 맺음말을 대신하고자 한다.

【참고문헌】

국립가야문화재연구소, 「함안 우거리 토기가마터-산 139번지 일원-」, 발굴조사 현장설명회 자료, 2019.

권주현, 「'고자국'의 역사적 전개와 그 문화」, 『가야각국사의 재구성』, 가야사학술심포지움, 부산대학교 한국민족문화연구소·가야사 정책연구위원회, 2000.

김규운, 「고고자료로 본 소가야의 권역과 변천」, 『한국고대사연구』 92, 한국고대사학회, 2018.

김준식·김규운, 「가야의 묘제」, 『가야고고학개론』, 진인진, 2016.

김태식, 「역사적으로 본 소가야의 정치체」, 『묘제와 출토유물로 본 소가야』, 국립창원문화재연구소, 2000.

남재우, 『안라국사』, 혜안, 2003.

남재우, 「칠포국의 형성과 변천」, 『한국상고사학보』 제61호, 한국상고사학회, 2008.

남재우, 「안야국에서 안라로의 변천」, 『사림』 제58호, 2016.

朴升圭, 「加耶土器 樣式 硏究」, 東義大學校 大學院 史學科 博士學位論文, 2010.

박천수, 「가야토기에서 역사를 본다」, 『가야 잊혀진 이름 빛나는 유산』, 혜안, 2004.

박천수, 『가야토기-가야의 역사와 문화』, 진인진, 2010.

박천수, 『가야문명사』, 진인진, 2018.

백승옥, 「가야 지역연맹체의 성립」, 『가야 각국사연구』, 혜안, 2003.

백승충, 「1~3세기 가야세력의 성격과 추이-수로집단의 등장과 浦上八國의 亂을 중심으로-」, 『釜大史學』 13, 1986.

선석열, 「포상팔국의 아라가야 침입에 대한 고찰」, 『가라문화』 14, 1997.

안재호, 「慶州地域의 初期新羅土器의 檢討」, 『福岡大學總合研究所報』 第240號, 福岡大學總合研究所, 2000.

李盛周, 「가야토기 생산·분배체계」, 『가야 고고학의 새로운 조명』, 혜안, 2003.

李政根, 「함안지역 고식도질토기의 생산과 유통」, 영남대학교 大學院 석사학위논문, 2006.

이초롱, 「內陸樣式 古式陶質土器의 硏究」, 釜山大學校 大學院 碩士學位論文, 2011.

이현혜, 「4세기 加耶社會의 交易體系의 변천」, 『韓國古代史硏究』 1, 1987.

이희준, 「고고학으로 본 가야」, 『가야문화권 실체 규명을 위한 학술연구』, 가야문화권 지역발전 시장·군수협의회, 2014.

정주희, 「咸安樣式 古式陶質土器의 分布定型과 意味」, 『韓國考古學報』 第73輯, 韓國考古學會, 2009.

정주희, 「가야의 토기」, 『가야고고학개론』, 진인진, 2016.

정주희, 「영남지방 고식도질토기 지역 양식의 형성과 전개」, 『한국고고학보』 제112집, 한국고고학회, 2019.

조성원, 「삼국시대 영남지역 도질토기의 생산과 유통−4~5세기를 중심으로−」, 『영남고고학』 69호, 영남고고학회, 2014.

최경규, 「가야 수혈식석곽묘 연구」, 동아대학교대학원 고고미술사학과 박사학위논문, 2013.

최병현, 「신라 조기양식토기의 설정과 편년」, 『영남고고학』 63호, 영남고고학회, 2012.

하승철, 「2. 진주 안간리 출토 고식도질토기에 대한 일고찰」, 『진주 안간리유적』, 경남발전연구원 역사문화센터, 2008.

하승철, 「유물을 통해 본 아라가야와 왜의 교섭」, 『중앙고고연구』 제25호, 중앙문화재연구원, 2018a.

하승철, 「전남지역 마한·백제와 가야의 교류」, 『호남고고학보』 제58집, 호남고고학회, 2018b.

한성백제박물관, 「2019 서울 석촌동 고분군 발굴조사 현장설명회 자료집」, 2019.

허재혁, 「5세기대 남부가야의 세력재편−포상팔국 전쟁과 고구려군 남정을 중심으로−」, 부산대학교 대학원 문학석사학위논문, 1998.

아라가야의 상형토기, 공유·관념·의례

김현희 | 국립제주박물관

I. 머리말

　토기는 음식을 담는 그릇의 기능을 수행하기 위한 일차원적인 기능을 가진 그릇이다. 그 형태는 천차만별이지만 나름의 선호하는 형태가 있고 시기에 따라 유행하는 트랜드가 다를 수 있다. 우리는 토기 흐름의 트랜드를 알아냄으로서 그 안에 내포된 시간적·공간적 의미를 해석하게 된다. 일정하게 통용되는 그릇 외에 특별하게, 다르게 생긴 그릇이 있다. 즉 어떤 형상의 본떠 만든 그릇을 통칭하여 상형토기라고 한다. 또 그릇의 일차적인 용도를 기준으로 볼 때 액체를 담는 빈 공간이나 注口의 유무에 따라 구분하기도 한다. 이처럼 토기는 하나의 도구이기 때문에 과거 사람들의 생활모습을 복원뿐만 아니라 과거 사회의 정치·경제 사회조직 관념과 종교 등에 대해 분석하는 자료로 활용된다. 토기는 만드는 사람의 의지에 따라 아무렇게나 만들 수 있지만 소속된 사회나 문화 체계 속에서 이루어지기 때문에 어떤 일정한 형태와 규칙이 적용된다. 따라서 일정한 형태의 토기 분포와 토기유물복합체의 양상을 살펴보면 분포권 내에 인간 행위가 일어난 공간적 범위를 추론[1]할 수 있다.

---

[1] 칼리 시노폴리, 이성주 역,『토기연구법』, 경남고고학연구소 번역총서1, 도서출판 考古, 2008.

또 일정하게 통용되었던 토기 외에 특별한 용도와 역할을 가지고 있었던 토기, 즉 상형토기의 경우도 동일한 방식으로 연구된다. 즉 상형토기의 용도에 관한 이해를 통해 정치나 경제적으로 얽혀있는 관념적 시스템을 읽어낼 수 있는 것이다. 토기가 생산된 지역이나 1차 소비지역의 경계를 넘나든다는 것은 토기를 사용하는 인간들의 효용 가치에 의해 움직이는 것이기 때문에 특히 토기 중에서도 상징성이 강하거나 의례적인 성격이 강한 경우에는 더욱 특별할 것이다. 액체 등을 담을 수 있는 주구가 달린 상형토기의 경우에는 상징성과 의례성을 다 포함하는 특별한 토기이다. 물론 어떤 것을 담았을까라는 의문에 대해서는 최근 4~5세기 동아시아와 가야의 토기에 대한 글 중에 항아리 타입의 토기에 무엇을 담았을까에 대한 의견 제시[2]와 무덤 속 토기에 담긴 음식에 대한 의견이나 중국 청동항아리에 담겨있었다는 술과 같은 액체에 대한 다양한 발굴조사결과[3]는 매우 흥미롭다.

상형토기는 일반적인 그릇으로 통용되는 것의 외적인 영역으로 異形토기라고도 하고 본떠 만든 작은 인형이라는 토우라는 개념에 포함시켜 보기도 한다. 또 주구가 달려있는 점에 맞추어 '注口附土器'[4]라고도 하고 무언가를 담는 용기적인 측면과 제사적인 면을 강조하여 '상형용기'[5]라는 용어를 사용하기도 한다. 이러한 용어적 구분에 대한 시도는 토기의 기능적인 면에 초점을 맞추어 구분하고자 명명한 것이지만 본떠 만든 것을 포괄하는 1차적인 측면에서 볼 때 기존에 사용하던 '상형토기'라는 용어를 본고에서는 그대로 사용하고자 한다.

최근 발굴조사 성과에서 확인되듯이 여러 형태의 상형토기가 마산 현동, 함안뿐만 아니라 전북 남원 청계리에서 함안 말이산 4호(구 34호)에서 출토된 수레바퀴모양의 토제품과 유사한 것이 출토되는 점으로 보아 가야의 상형토기에 새로운 점검이 필요할 때이기도 하다. 따라서 본고에서는 아라가야에서 출토되었던 상형토기를 중심으로 상형토

---

2) 定森秀夫, 「4~5世紀東亞細亞と加耶の土器」, 『가야 기마인물형토기를 해부하다』, 제25회 가야사국제학술회의, 인제대학교 가야문화연구소, 2019.

3) 김현희, 「고고자료로 본 고대 음식문화」, 『신라의 食문화』, 제12회 신라학국제학술대회, 경주시·신라문화유산연구원, 2018.

4) 신인주, 「新羅 象形 注口附土器 硏究」, 東亞大學校大學院 文學博士學位論文, 2002.

5) 김동숙, 「신라·가야의 象形容器와 분묘제사」, 『상형토기의 세계』, 용인대학교박물관 학술대회, 2008; 이정근, 「기마인물형 뿔잔의 제작기법과 등장배경」, 『가야 기마인물형토기를 해부하다』, 제25회 가야사국제학술회의, 인제대학교 가야문화연구소, 2019.

기에 담겨있는 여러 관념적·의례적인 면을 중심으로 다루어보고자 한다.

II. 상형토기의 존재와 네트워크 공유

무덤 속의 화려한 잔치, 의례의 흔적은 다종다양하다. 그 속에 담겨있는 수많은 물건 속에 내포되어 있는 당시 사람들의 관념이나 그것을 구성하는 여러 정치적·경제적·문화적 틀에 대한 해석은 곧 권력이라는 매커니즘과 연결되어 있다. 권력은 곧 공유라고 생각한다. 정치적 권력 시스템이 장악하고 있는 영역 속에서 공유되어야 만이 그 효력의 진가를 발휘할 수 있기 때문이다.

더글라시와 이셔우드의 글을 인용한 칼리 시노폴리의 글[6]에 의하면 '물품은 문화의 카테고리들을 정착시키고 분명히 드러내는데 필요하다'라고 했다. 단순한 문화도 수많은 사회적 카테고리와 여러 층으로 형성된 사회적 관계의 세트를 품고 있다. 또 다양한 물품들은 서로 다른 수준의 사회적 관계를 보여주고 그 의미를 매개로 하여 드러내거나 은폐하기 때문이라고 하였다. 따라서 토기가 상징하는 의미와 역할 등을 살펴보기 위해서는 토기가 어떻게 사용되었고 그 사용 행위는 그 사회나 구성원들에게 어떤 의미를 갖는지, 토기가 사용되는 동안 그 토기와 관련된 사람이 누구인지, 토기의 생산과 분배는 어떠한지, 토기 자체가 가지는 절대적인 가치와 토기의 대용품으로 사용되는 금속기나 바구니, 천과 같은 유기물질로 이루어진 물품에 대한 상대적인 가치는 어떠한지에 대한 검토가 필요하다고 하였다.

삼국시대의 토기 중에서 가장 대표적인 기종은 고배와 항아리를 꼽을 수 있다. 가장 일반적인 형태로 음식을 담을 수 있는 기능을 가지고 있기 때문에 사회 구성들이 먹고 마시는, 때로는 바치는 음식과 그 의례 행위에 연관성을 가지고 있다고 본다. 또 각 지역마다, 시간의 흐름에 따라 차이점을 확인할 수 있고 그 속성의 패턴을 분석하여 어떤 지역의 토기인지, 어떤 시대의 토기인지를 알 수 있다. 또 일상적인 토기 외에 특수한 목적을 가진 토기, 이를테면 본고에서 다룰 상형토기의 경우에는 그 토기와 관련된 구성원이나 계층이 누구인지, 상형토기의 분포권을 분석해서 어떤 루트로 유통되거나 분

---

[6] 칼리 시노폴리, 이성주 역, 앞의 책.

배되었는지를 파악해 볼 수도 있다.

　하나의 중앙집권적 정치체의 결과로서 국가라는 결집체에 도달하지는 못하지만 삼국시대 토기 중 대가야 토기양식의 분포권역을 분석하여 문화권 이상의 정치적 영역까지 포괄할 수 있다는 견해[7]는 호남지역에서 발굴조사되고 있는 대가야 관련 유적 덕분이라고 할 수 있다. 또 최근 남원 청계리유적에서 확인된 아라가야계 토기와 수레바퀴모양 토제품[8]도 대가야뿐만 아니라 5세기 전반 아라가야의 경제적 네트워크 권역을 다시 살펴볼 수 있는 중요한 자료이기도 하다.

　최근 가야에 대한 다양한 발굴조사와 학술대회 등의 연구 성과를 살펴보면 상형토기에 대한 물량확보와 새로운 정보를 축적하고 있다. 신라와 가야에 대한 상형토기에 대한 여러 분석적인 글[9]을 비롯하여 집모양이나 배모양 등 하나의 형태에 관한 집중적인 글[10]도 있다. 또 국은 기증품인 기마인물형토기만을 분석한 가야사국제학술대회도 이루어졌다. 대체로 상형토기는 무덤에서 출토되는 수량이 대부분이지만 같은 무덤에서 출토되는 다양한 기종의 토기의 수량과 비교해보면 매우 소량의 물품임에 틀림없다. 물론 상형토기는 무덤 외에 의례적인 공간이라고 추정되는 수혈이나 저습지에서도 확인되기도 한다. 아마도 이러한 출토 상황은 명기나 토우가 출토되는 정황과도 유사하다고 본다.

　상형토기의 주토 출토 상황을 정리해 보면 주로 3~4세기대 목곽묘에서 확인되는 압형토기를 시작으로 4~6세기대 고분에서 배·집[지상식, 곳간식]·수레나 수레바퀴모양·신발과 같은 기물 형태와 말·새·사슴[또는 노루]·낙타(?)와 같은 동물을 모습으로 나타나고 있다. 말이나 새(3~4세기대 오리), 집이나 배, 신발 등은 운송[이동]할 수 있는 수단의 하나로 인식되어 상형토기의 의미를 해석하는데 활용되었다. 새의 경우는 이른 시

---

7) 이희준, 『대가야고고학연구』, 사회평론, 2017.

8) 국립나주문화재연구소, 「남원 청계리 고분 조사」, 발굴조사 리플렛, 2019.

9) 한도식, 「新羅·加耶 象形土器의 分布樣相」, 『家形埴輪의 群構成과 階層性からみた東アジアにおける 古墳葬送儀禮に關する基礎的研究』, 東京國立博物館, 2015; 홍보식, 「신라·가야지역 象形土器의 변화와 의미」, 『한국상고사학보』 제90호, 2015.

10) 愼仁珠, 「三國時代 家形土器에 관한 研究」, 『문물연구』 제5호, 동아시아문물연구학술재단, 2001; 신인주, 「삼국시대 馬形土器 연구」, 『상형토기의 세계』, 용인대학교박물관 학술대회, 2008; 함순섭, 「嶺南地方 三韓 三國時代 살림집의 復原研究」, 『동원학술논문집』 9, 國立中央博物館·한국고고미술연구소, 2008; 김건수, 「주형토기로 본 삼국시대 배 고찰」, 『도서문화』 42, 국립목포대학교 도서문화연구원, 2013; 박현상, 『압형토기의 변천과 그 의미』, 한신대학교 석사학위논문, 2017.

기부터 대표적인 풍요의 상징물로 이용되었다. 상형토기 자체를 새로 표현하기도 하지만 뚜껑, 컵이나 기대의 장식적인 요소로서 작은 새 장식[11]을 사용하기도 한다. 그러나 무덤에서 확인되는 출토된 여러 종류의 동물희생물에 대한 자료가 늘어나면서 새로운 의견이 제시되었다. 홍보식[12]은 상형토기의 의미가 기존의 죽은 자의 영혼을 승천할 수 있도록 해주는 매개체라기보다는 죽은 자의 사회적 신분의 표현이자 공동체 의식에 의한 공헌물일 가능성에 대한 새로운 이해가 필요하다면서 계세관념의 틀이 확립된 이후 6세기 후반에는 상형토기 매납이 거의 중지되었다고 보았다. 하지만 김해 망덕리 Ⅰ-194호묘에서 출토된 오리모양토기를 보면 오리머리 위에 엎어진 사람이 표현되어 있다. 마치 죽은자의 영혼을 이승에서 저승으로 전달하는 매개체로서의 역할이었음을 잘 보여주는 자료도 있기 때문에 본고에서는 매개체, 또는 신분의 상징물, 공헌물일 가능성을 열어두고 살펴볼 것이다. 또 상형토기와 토기 표면에 새겨진 다양한 동물문양까지 포함하여 공헌에 대한 대체품[13]일 가능성도 제시해보고자 한다.

　기존의 상형토기의 출토 사례는 최근 연구 성과[14]에 의해 잘 정리되어 있기 때문에 본고에서는 추가적인 의미로 최근 조사된 마산 현동유적, 함안 말이산고분군, 경주 금령총, 남원 청계리 등에 대해 좀 더 살펴보고자 한다.(〈표 1〉 참고)

　마산 현동유적은 4세기대부터 6세기대에 걸쳐 조영된 곳으로 덕동만을 끼고 발달한 분자상의 평야를 앞에 둔 봉화산 경사면에 자리 잡고 있다. 현동유적은 진동고개와 쌀재 고개를 통해 고성, 진주, 함안 등으로 연결되는 요충지이기도 하다. 4세기대에 형성된 목곽묘를 파괴하면서 5세기대 목곽묘가 들어서는 양상을 보여주지만 이는 집단의 교체라기보다는 한정된 공간의 활용 때문에 일어나 현상[15]으로 파악하고 있다. 특히

---

11) 함안 우거리 산 139번지 토기생산유적에서 약 2cm 정도의 오리모양 장식편이 소성부와 연소부 경계면에서 확인된 바 있는데 이러한 새 장식은 기장 청강 대라리 유적의 발형기대의 표면에 부착된 새장식과 유사한 것으로 파악하였다(김지연, 「함안 법수면 일대 토기 가마와 조사 성과」, 『가야와 왜의 토기생산과 교류』, 2019년 가야사 기획학술심포지엄, 국립가야문화재연구소, 2019).

12) 홍보식, 앞의 논문, 2015.

13) 김현희, 「삼국시대 동물뼈의 매장에 대한 검토」, 『동원학술논문집』 18집, 국립중앙박물관 · 한국고고미술연구소, 2017.

14) 김동숙, 앞의 논문, 2008; 신인주, 앞의 논문, 2008; 한도식, 앞의 논문, 2015; 홍보식, 앞의 논문, 2015; 이정근, 앞의 논문, 2019.

15) 윤천수, 「발굴조사 성과로 본 창원현동고분군 조영집단의 성격」, 『창원의 고대사회, 가야』, 창원시 · 창원대 경남학연구센터 가야사 학술심포지엄, 2019.

〈표 1〉 4~6세기대 신라 가야권 상형토기 출토 분류표

기종	유적	시기	비고
압형토기	포항 옥성리 나-108호·가-73호, 경산 임당 E Ⅰ-3호, 경주 덕천리 16호·70호·80호·100호·120호, 경주 사라리 55호, 울산 하삼정 4차 Ⅱ-가77호·Ⅱ-가5호, 경주 인왕동 월성 북서편 1호	3세기대	
	경주 황성동 20호, 울산 중산리 Ⅰ-D-15호·Ⅰ-C-3호, 울산 하대 46호, 동래 복천동 38호·86호, 울산 다운동 바-4호, 김해 대성동 주변 Ⅱ-24호	4세기대	
	김해 망덕리 Ⅰ-194호, 기장 청강 대라리 7호, 울진 덕천리 Ⅱ구역 5호(수혈), 부산 연산동 M3호, 상주 청리 C-6호, 함안 말이산 4호(구34호), 양산 법기리고분	5세기대	
	산청 평촌리 74호, 포항 냉수리 고분, 김천 삼성동 고분	6세기대	
압형+마형	해남 만의총 고분		
마형	전 현풍, 대구 욱수동 1호,	5세기대	
	경주 황남동 석곽, 경산 임당 Ⅰ지구, 경주 천관사지, 대구 시지택지개발지구 Ⅰ-5G 11-3호, 경주 금령총 호석	6세기대	
사슴(노루)형토기	함안 말이산 45호분(도항리 484-2)	4세기 후반~5세기 전반	
낙타형토기	마산 현동 335호	4세기 후반~5세기 전반	
구형토기	대구 달성공원	6세기대	
서수형토기	경주 미추왕릉 C지구 3호	6세기대	
기마인물형토기	전 김해 덕산, 경주 덕천리 1호	5세기대	
	경주 금령총, 경산 임당 저습지	6세기대	
주형토기	마산 현동 106호(수혈)·387호(목곽), 함안 말이산 45호분(도항리 484-2)	4세기 후반~5세기 전반	
	김해 진영 2지구(여래리), 대구 달성 평촌리	5세기대	
	경주 금령총, 합천 옥전 99호	6세기대	
가형토기	함안 말이산 45호분(도항리 484-2), 김해 봉황동	4세기 후반~5세기 전반	
	경주 사라리 5호, 부산 기장 용수리고분, 전 현풍, 창원 석동 415호	5세기대	
	창원 다호리 B1-1호, 함안 소포리(수습)	6세기대	
	경주 북군동*	통일신라	
차형토기 차륜	남원 청계리 2호(차륜)	5세기대	
	경주 황성동, 경주 계림로 25호	6세기대	
식리형토기	부산 복천동 53호	5세기대	
각배	마산 현동 50호, 김해 양동리 304호, 청도 봉지리 5호, 동래 복천동 7호, 경주 월성로 가Ⅱ-1호, 울산 구미 31호, 칠곡 심천 72호, 달성 평촌(수습), 합천 저포 A-24호, 창녕 강리(수습), 김해 망덕 194호, 김해 두곡 12호, 김해 부원, 경주 미추왕릉 지구 C-7호	5세기대	
	동해 구호 A-5호, 포항 냉수리, 달성 내리 34호	6세기대	

4~5세기대 현동유적과 아라가야와 소가야와의 관계를 파악함에 있어 5세기 후반경까지는 아라가야의 권역이었고 가장 최전성기였을 것으로 보는 의견이 있다. 또 제철유구와 주형토기의 존재로 근접한 해상 루트를 장악한 교역항으로서의 역할을 차지하고 있었다고 보았다.

특히 왜계 유물의 부장 등이 해상 교역품의 하나로 거론될 수 있다. 특히 현동유적이 위치하는 진동지역은 남해안 해수면의 변화를 추정해 볼 수 있는 곳이다. 가야 때에 내륙 깊숙이 바닷물이 들어왔던 것으로 추정된다. 제철유구의 존재는 현동유적이 해상루트 뿐만 아니라 육로 이용과 관련이 있었던 것으로 보인다. 5세기 후반 이후 소가야 토기의 증가로 보아 점차 소가야의 세력이 확장되는 듯 보이며, 아라가야와 소가야의 두 세력 간의 접점이었던 시기가 있었던 것으로 파악하고 있다.

앞서 언급했듯이 현동유적 Ⅱ(동서)에서는 94호 수혈과 현동유적(삼한) 387호 목곽묘에서 각각 주형토기 1점이 출토되었다. 그 외 대구 달성 평촌리 12호 수혈과 김해 진영 여래리 24호 목곽묘에서 출토된 주형토기가 있다. 경주 금령총에서 출토된 주형토기는 노를 젓는 사람이 타고 있는 모습이다. 현동유적에서 출토된 주형토기는 첨저형 바닥에 노걸이가 없는 점으로 보아 범선이자 준구조선의 형태[16]로 파악할 수 있다. 이러한 형태의 배는 주로 바람과 파도를 이용하여 먼 거리 항해를 하는데 유리하다. 이와 반대로 평저형 바닥을 가진 배는 연안이나 하천 등의 유속이 심하지 않고 수심이 얕은 물길에 주로 이용된다. 따라서 海船과 江船의 구분은 바닥의 형태에 따라 항해하는 구역이 달랐다는 점을 암시하며 항해의 안전성과 효율성을 극대화하는 점[17]에 주목해야 한다. 아마 4~5세기대 마산 현동유적의 세력들은 첨저형의 준구조선인 범선을 이용하여 유적의 남동쪽 덕동만을 통하여 일본(왜)이나 주변 나라와 교역하였던 것으로 추정된다.

94호 수혈과 387호 목곽묘에서 출토된 주형토기의 세부적인 면을 비교 검토해 보면 제작기법이나 문양 등에서 차이를 보인다. 수혈에서 출토된 주형토기보다는 목곽묘에서 출토된 주형토기의 문양기법이 매우 섬세하고 몸통 측면의 문양도 좌우가 다르게 새겨져 있다. 한쪽은 삼각집선문이고 다른 한쪽은 사격자문이다. 또 선수와 선미, 측판의 외면에도 빼곡이 삼각집선문과 사격자문이 새겨져 있다. 전체적인 양상에서 수혈쪽보

---

16) 위의 논문.
17) 최근식, 『신라해양사 연구』, 고려대학교출판부, 2005.

다는 목곽묘에서 나온 주형토기가 완성도나 장식적인 면이 높은 편이다. 이러한 문양구성은 주로 4~5세기대 함안지역에서 많이 보이는 것으로 5세기 전반까지는 함안지역에서 유행하던 삼각집선문이나 사격자문, 점열문 등이 많이 보이지 않는 편이다. 특히 현동에서 출토된 주형토기의 문양 구성, 대각형태와 대각에 새겨진 점열문, 토기 표면 상태는 전 김해 덕산으로 알려진 기마인물형각배(국은기증품)과 거의 동일하다고[18] 보았다. 따라서 이 기마인물형각배도 5세기 전반 함안 일대에서 제작되었을 것으로 파악하였다.

〈사진 1〉 마산 현동유적에서 출토된 배모양토기 [94호 수혈, 387호 목곽묘]

  그러나 주형토기를 만드는 제작기법은 거의 비슷하다. 점토판을 구부려 둥근 몸통을 만들고 그 외에 작은 점토판으로 선수와 선미, 현측판 등을 부착하였다. 몸통 표면은 깎아내는 방법으로 마무리하였다.

  가야의 항해사와 관련한 자료는 주로 일부 문헌이나 주형토기에 의존할 수밖에 없었으나 이미 금관가야에 속했던 김해 봉황동유적에서 출토된 선박 부재편의 존재[19]는 이미 3세기 말부터 준구조선 형태의 외항선이 존재했음을 알려준다. 김해 봉황동유적의 선박 부재편은 길이 386cm, 폭 약 32~58cm, 두께 2~3cm로 호상의 형태를 하고 있다. 중간에 결구를 위한 용도로 추정되는 구멍 9개와 상단에 3개의 홈, 후면에 2개의 긴 홈이 있다. 그중 2개의 구멍에는 쐐기 형태로 다른 목재가 결구된 채로 남아있으며 쐐기 표

18) 이정근, 앞의 논문, 2019.

19) 김갑진, 「고찰-고선박」, 『김해 봉황동유적-김해 봉황동119-1 및 22-6 일대 주택신축부지 문화재 발굴조사』, 동양문물연구원, 2014.

면에 수피를 감은 것으로 추정된다. 이 수피는 구멍과 쐐기(삼나무)와의 빈 공간을 메꾸고 방수하는 역할을 하였을 것으로 보인다. 이 호상의 선박 부재편은 선박 내부의 격벽, 늑골, 선체의 외판이나 외판의 부재일 가능성이 있다. 이 세 가지의 가능성 중에 가장 근접해 보이는 부분이 선체의 외판 중에서 현측재에 해당한다고 파악된다. 현동유적에서 출토된 주형토기와 비교해보면 전체적으로 舷弧가 크고 선체 상부 양측에 현측재 또는 현측판이 있고 선체 좌우를 지지할 수 있는 가목이 존재한다. 특히 현호가 급격하게 치켜올라간 점은 일본 미야자키현 사이토바루 고분군 169호 출토 주형토기와 흡사하다. 또 봉황동의 선박 부재의 재질이 녹나무[20]인 점과 비교해서 볼 때 선박 제작에 필요한 기술과 형태, 항해술 등과 관련해서 금관가야와 일본(왜)와의 네트워크 형성이 이루어졌다고 볼 수 있다.

금관가야의 중심지였던 김해도 마산 현동유적의 입지적 환경과 마찬가지로 과거 해수면의 변화와 근대 간척 등의 요인으로 내만과 같은 환경이었을 것이다. 삼국시대의 항해술은 육지로부터 일정한 거리를 두고 항해하다가 일정한 주요 거점항을 두고 항해하는 '근해항해'라는 방식을 채택하였을 것이다. 즉 금관가야의 김해가 주요 거점항이었다면 마산 덕동만의 근해도 또 하나의 아라가야의 교역항으로 역할을 수행했을 것으로 보인다.

〈사진 2〉 김해 봉황동유적 출토 선박 부재 앞면

---

[20] 녹나무는 매우 치밀한 목재로 그 속에 정유 성분이 있어 주로 불상이나 가구를 만드는데 이용되었고 물 속에서도 잘 썩지 않아 선박 제작에도 사용되었다. 창녕 송현동고분에서 확인한 배모양의 목관도 녹나무로 만들었다. 녹나무는 일본 서남부 지역에 편중되어 있으며 주로 구마모토, 후쿠오카, 나가사키, 야마구치 등 규슈지방에 분포한다(동양문물연구원, 『김해 봉황동유적-김해 봉황동119-1 및 22-6 일대 주택신축부지 문화재 발굴조사』, 2014).

　　이러한 주형토기는 함안 말이산 고분군[도항리 484-2번지] 45호 목곽에서도 확인되었다. 특히 이 목곽묘에서는 주형토기 외에 사슴(노루)모양토기, 가형토기, 등잔형토기 등 상형토기 4점뿐만 아니라 마갑, 안교, 종장판주와 대도 등의 위세품도 함께 출토되었다. 특히 45호 목곽묘는 말이산고분군의 주능선에 조영된 봉토분(목곽묘) 중 가장 이른 시기에 조영된 고분이다. 또 말이산고분군의 대형 고총 고분에서는 봉분의 기저 확보 방식에 있어 더 크고 높게 보이기 위한 효과를 노렸고 목곽묘로서 봉토가 쌓았다는 점을 밝혀내었다. 봉토가 있는 목곽묘의 존재를 통해 중·대형급 목곽묘의 축조 공정을 밝힐 수 있는 4세기 중후반 ~ 5세기 초중반 대의 말이산고분군의 묘제와 토기양식의 변화 등에 대한 자료가 확보[21]되었다.

　　먼저 말이산 45호 목곽묘에서 출토된 주형토기는 마산 현동유적에서 출토된 주형토기와 유사한 첨저형의 준구조선의 형태를 나타내지만 현측판의 호상 각도가 현저한 차이를 보이고 있다. 현동유적의 주형토기는 현측판의 높이 치켜올리듯 뽑아내어 가시적인 효과가 돋보이지만 말이산 고분 주형토기의 호상 각도는 직각에 가깝고 높이도 낮은 편이다. 또 노를 걸 수 있는 봉 3개가 좌우에 배치된 점과 대각이 부착되지 않은 차이점도 있다. 이런 점과 비교해볼 때 말이산 고분 주형토기는 대구 달성 평촌 10호 수혈에서 나온 것과 유사하며 노걸이가 좌우 3개씩 배치되어 있다. 평촌 주형토기는 바닥에 대각이 부착되었던 흔적이 있지만 선수가 일부 남아 있지 않고 배의 표면에 크기가 다른 동심원 무늬를 새겨놓았다. 두 점 모두 배 앞머리쪽은 막혀 있고 배 뒤쪽에 트여있으며 첨저형에 가까운 둥근 바닥이다. 마산 현동유적의 주형토기가 첨저형의 준구조선으로 먼바다 항해용이라면 아마도 말이산이나 평촌의 배는 근거리 바다나 강에서 사용되었을 것으로 추정된다. 노걸이가 부착된 것으로 김해 진영 여래리 24호 목곽묘에서 나온 주형토기가 있다. 선수쪽이 약간 치켜들린 듯하며 뚫려있고 선미는 막혀있다. 현동이나 말이산 배에 비해 바닥은 편평하고 좌우에 노걸이 봉이 2개씩 배치되어 있다.

---

21) 두류문화재연구원, 「함안 말이산고분군 정비사업부지내 유적」, 발굴조사현장설명회자료집, 2019.

〈사진 3〉 주형토기[함안 말이산 고분군 도항리 484-2
번지 45호 목곽, 대구 달성 평촌 10호 수혈, 김해 여
래리 24호 목곽]

마산 현동유적 355호 목곽묘에서 출토된 이색적인 동물형 상형토기가 처음으로 출토
되었다. 몸통은 압형토기의 것과 유사하면 표면에 가는 침선이 대각선 또는 격자로 새
겨져 있고 얼굴과 목의 형태를 보면 영락없이 낙타의 머리와 비슷하다. 정면을 향해 약
간 솟은 콧구멍과 얼굴의 양면에 치우진 두 눈은 제법 크게 묘사되어 있다. 앞으로 툭
튀어나온 입모양과 S자로 구부러진 목선이나 목표면에 새겨진 불규칙한 침선은 마치
털의 형상을 표현한 듯하여 낙타의 생태학적 특성과 유사한 점이 있어 보인다. 그러나
사족보행을 하는 말의 경우는 4개의 다리를 표현하고 있기 때문에 포유류가 아닌 조류
의 일종일 가능성도 배제할 수 없지만 말이산 45호분의 사슴형토기나 구미 신당리 31호
석곽묘에서 출토된 마형토기처럼 다리를 표현하지 않은 경우도 있기 때문에 단정할 수
없다. 이 토기는 현동유적에서 출토된 다른 상형토기와 비교해 볼 때 형상 자체의 세밀
한 완성도는 꽤 떨어진다. 일반적으로 동물의 생김새를 한눈에 캐치하여 그려내거나 만
들어내기 때문에 대부분 직감적으로 어떤 동물을 표현했는지 파악할 수 있다. 그런데
낙타는 아프리카나 서남아시아, 고비사막과 중국이나 몽골에 분포한다. 당시 마산 현동
유적을 근접한 덕동만 일대는 아라가야의 교역항으로서 김해의 금관가야에서 확인된
푸른색의 로만글라스 유리편처럼 중국이나 서남아시아와의 교류가 있었을 가능성을 보
여주는 작은 단서로서의 의미를 부여해 본다.

〈사진 4〉 마산 현동 355호 목곽묘 출토 동물모양토기

낙타와 관련된 문헌 자료를 살펴보면 『일본서기』 22권에 599년 가을 9월 계해 초하루에 백제 법왕이 일본 스이코천황[推古天皇]에게 낙타 한 필, 나귀 한 필, 양 두 마리, 흰꿩 한 마리를 바쳤다[22]거나 657년에도 백제로부터 사이메이천황[齊明天皇]때 낙타 1마리와 당나귀 2마리를 받았다고 한다. 낙타에 대한 존재는 백제뿐만 아니라 고구려 을지문덕장군이 수나라와의 전쟁에서 이기고 낙타와 포로 2명을 일본에 보내어 그 영향력을 과시한 적도 있다. 비록 6~7세기 때의 일본 문헌자료이지만 낙타[23]는 전리품이나 나라간의 선물의 하나로 여겨질 만큼 귀한 동물[24]이었음을 알 수 있다. 현동유적의 낙타모양토기는 얼핏 양처럼 보이기도 한다. 당시 백제의 양형청자나 신라 고분에서 출토하는 羊頭鐎斗가 있지만 동물의 생태학적 특징으로 볼 때 양의 뿔이 형상화되어 있지 않기 때문에 양일 가능성은 배제해도 좋을 것 같다.

말이산고분 45호 목곽묘에서는 사슴, 혹은 노루의 머리를 가진 동물형 토기도 출토되었다. 숫사슴의 경우 생태학적으로 뿔을 가지고 있어야 하기 때문에 뿔이 없는 노루와

22) 『日本書紀』卷22, 推古天皇 7年(599) 秋9月, "秋九月癸亥朔, 百濟貢駱駝一匹・驢一匹・羊二頭・白雉一隻."

23) 고려 태조 왕건은 거란 태종이 화친의 뜻으로 보낸 사신 30명과 낙타 50필을 보냈으나, 낙타는 개경 만부교 아래에서 굶겨죽이고 사신은 섬으로 보내버리기도 하였다. 조선시대 중국 금나라는 인조에게 낙타를 선물로 보내기도 하였으며 숙족은 청나라 사신이 버리고 간 낙타를 한양으로 끌고 오기도 하였다고 한다.

24) 김영관, 「삼국시대 동물원에 대한 고찰」, 『신라사학보』 13, 신라사학회, 2008.

분간하기는 어렵다. 본고에서는 사슴의 생태학적 특성, 각배달린 사슴모양토기와 유공광구소호에 부착된 사슴, 합천 옥전 M3호에서 출토된 사슴뿔과 뼈, 문헌에 주로 등장하는 사슴과 사슴이 가지는 신성함 등과 연계해서 일단 사슴[25]으로 보고 서술하고자 한다. 먼저 문헌을 살펴보면 노루의 경우는 『삼국사기』 고구려 본기에서만 흰 노루, 자주빛 노루에 대한 내용을 찾아볼 수 있다. 사슴은 고구려뿐만 아니라 백제와 신라에서 골고루 찾아볼 수 있는데 주로 흰사슴에 대한 내용으로 사냥의 대상이나 제사의 희생물, 임금에게 바치는 대상물로서 여겨졌음을 알 수 있다. 이 사슴모양토기는 몸통 위에 양갈래의 각배를 떠받치고 있으며 각배와 몸통을 연결되어 있기 때문에 술과 같은 액체를 넣으면 각배를 통해 마시거나 따라낼 수 있는 구조이다. 사슴의 엉덩이 부분을 보면 확연히 이 동물의 정체가 노루가 아닌 사슴인지를 알 수 있다. 짧은 꼬리가 몸통에 바짝 붙힌 채로 표현되어 있다. 사슴과 노루의 생태학적 차이는 꼬리의 유무로 판별할 수 있는데 노루는 꼬리가 거의 없고 사슴은 짧은 꼬리가 있다.[26]

〈사진 5〉 함안 말이산 고분군 도항리 484-2번지 45호 목곽분 출토 사슴모양토기,
뿔잔달린 사슴모양토기, 숫사슴 토우가 부착된 유공광구소호

---

[25] 사슴은 예로부터 십장생의 하나로 영원불멸의 존재로 인식되어 왔다. 주로 삼국시대에는 고구려에서 돼지나 사슴을 숭상하였고 백제나 신라에서도 흰사슴을 신성하게 여겨 임금에게 바치는 기록이 많이 남아 있다. 무덤 속에서 발견되는 동물뼈나 동물의 형상 중에 오리(새)나 말이 가장 많은 편이고 사슴은 사례가 드물다. 다만 앞서 언급한 합천 옥전 M3호분 외에 고려시대 단양 현곡리 석곽묘에서 사슴뼈가 인골과 함께 확인된 적이 있다(김현희, 『시간을 비우는 존재, 사슴』, 국립김해박물관 테마전 도록, 2015).

[26] 김현희, 위의 책.

  동일한 45호 목곽묘에서는 이승과 같은 집에서 저승의 편안한 삶을 영위하고자 하는 마음을 담았던 가형토기도 출토되었다. 집의 형상은 고상식과 지상식으로 구분될 수 있는데 고상식의 경우 땅의 표면에서 기둥을 박아 그 위에 집을 세워 만드는 것으로 습기나 벌레를 차단하고 귀한 물건이나 음식 등을 보관해두는 창고의 역할을 했다고 본다. 또는 지상보다 높게 세워진 집이기 때문에 신분이 높은 사람들이 거주했을 가능성도 배제할 수는 없다. 46호 목곽묘에서 출토된 집모양토기는 고상식으로 집 바닥면 아래에 일정한 간격으로 3줄의 원형 점토띠를 부착하고 그 아래에 9개의 기둥을 부착한 형태이다. 출입구로 보이는 앞면에 가로로 빗장이 단단하게 고정되어 있는 것처럼 표현되어 귀중한 물건이 넣어두는 의미를 담은 것으로 추정된다. 몸통의 뒤쪽에 주출구가 마련되어 있고 맞배지붕 한가운데 주입구가 있다. 지붕은 초가지붕으로 띠를 둘러 초가지붕을 고정한 것으로 표현하였다. 앞면의 출입구 주변과 초가지붕의 가장자리를 사격자문으로 장식하였다. 이와 가장 유사한 가형토기는 진해 석동 415호에서 출토된 가형토기이다. 전체적인 집 구조는 유사하지만 지붕의 세부 모습과 지붕 위의 주입구 위치, 주출구가 앞면 출입구 위쪽에 배치된 점, 집 벽체에 새겨진 삼각집선문과 사격자문 등에서 차이가 있다.

  45호 바닥을 조사하던 중 추가로 확인된 가형토기 앞면 부분이다. 완형의 가형토기와는 주출구가 출입문 앞쪽에 배치되어 있고 크기도 좀 더 큰 편이다. 앞쪽 사격자문의 표현도 가장자리에 더 새겨져 있지만 빗장 2개를 단단히 걸어잠겨두는 것은 동일하다. 아마도 주출구의 위치가 집의 앞면과 뒷면으로 구분되는 것이라면 1쌍으로 제작하였을 가능성[27]도 있다.

〈사진 6〉 말이산 45호 바닥에서 추가로
확인된 가형토기 출입문 앞면

---

27) 경주 금령총의 기마인물형토기나 주형토기가 각 1쌍으로 제작되어 매납된 것과 유사하다. 가형토기도 1쌍으로 제작되었을 가능성과 더불어 1점은 완형으로 1점은 바닥에서 일부 편으로 수습된 것으로 보아 매납의례 행위에 차이가 있었을 가능성은 있다고 본다.

〈사진 7〉 가형토기[함안 말이산 고분군 도항리 484-2번지 45호 목곽분, 창원 석동 415호 목곽묘]

『삼국지』위지 동이전 한조의 기록에 의하면 "거처는 초가에 흙방을 만들어 사는데 마치 무덤과 같고 문은 윗부분에 있다"라고 한다. 삼국시대 가형토기가 고상식 구조와 비교해볼 때 맞지 않지만 김해 봉황동 생활유적에서 출토된 작은 지상식 초가지붕집은 기록의 모습과 유사하다. 4세기 말~5세기 초에 해당하는 건물지에서 발견되었으며 집 옆면에 작은 구멍이 있고 출입문은 활짝 열려져 있는 상태로 표현되어 있다. 문 아래

〈사진 8〉 가형토기[김해 봉황동]

쪽에 발을 딛고 들어설 수 있는 작은 턱이 표현되어 있다. 지붕의 앞은 박공(맞배지붕의 측면에 삿갓형으로 붙인 건축 부재)을 가진 맞배지붕이고 뒤로 갈수록 경사져 내려가며 둥근 형태를 이루고 있다.

한편 등잔형토기도 함께 출토되었는데 함안 도항리 25호에서 출토된 7개의 등잔이

달린 등잔형토기처럼 등잔처럼 생기지는 않았지만 5개의 원통형이 하나의 몸통과 연결되어 있는 형태로 보아 등잔의 기능을 위해 상징적으로 만든 것으로 보인다. 5개의 원통형 가운데에 주입구로 추정되는 넓은 주둥이를 가진 것이 있다. 이와 가장 유사한 것이 함안 도항리 35호에서 출토된 것으로 보이는 등잔형토기가 있는데 대각의 유무로 구분[28]할 수 있다. 최근 창녕 송현동 63호분에서도 6개의 잔처럼 생긴 등잔이 달린 토기와 2개의 등잔이 달린 토기 1쌍이 출토되었다. 주로 신라지역에서 확인되었던 등잔형토기는 함안지역에서 다른 상형토기의 유행과 더불어 만들어졌던 것으로 보이며 5세기 중후반에 해당된다고 한다.

〈사진 7〉 등잔형 토기[함안 말이산 고분군 도항리 484-2번지 45호 목곽분,
도항리 39호, 도항리 25호, 창녕 송현동 63호 2점]

마지막으로 아라가야의 남원 방면으로의 교류를 보여주는 자료가 나왔다. 남원 청계리 고분군으로 주변 월산리나 유곡리와 두락리와의 관계를 연결시킬 수 있는 유적 중의

---

28) 두류문화재연구원, 앞의 논문, 2019.

하나다. 현재 조사 중인 유적으로 하나의 봉분에 1호에서 3호의 석곽이 배치되어 있다. 봉분을 쌓으면서 3호와 2호를 축조하고 그 아래에 다시 봉토를 제거하면서 3호를 축조한 대형분으로 호남지역의 最古·最大 규모[길이 31m, 너비 20m, 높이 5m]의 가야계 고총이다. 그중 호남지역에서 최초로 2호분에서 수레바퀴모양의 토제품 2점이 확인되었다. 이 수레바퀴모양의 토제품은 함안 말이산 4호분(구 34호분)에서 출토된 수레바퀴가 달린 각배의 것, 함안 도항리 39호분에서 출토된 수레바퀴 1점과 유사할 뿐만 아니라 아라가야계로 보이는 고배와 기대도 함께 다량으로 출토되었다. 현재까지 주로 호남지역에 진출한 가야 세력은 대가야가 대부분이라고 여겨졌지만 5세기 전반대의 남원 청계리고분에서 출토된 아라가야계 토기와 수레바퀴와 같은 상형토기의 존재는 최전성기를 이루었던 아라가야의 네트워크가 해상을 넘어서 육로와 수로를 통한 남원 내륙지방까지 확장되었다는 점을 알 수 있다.

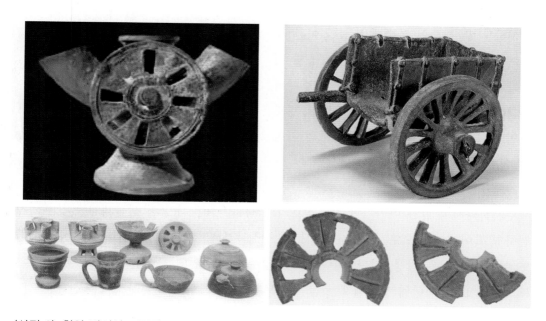

〈사진 8〉 함안 말이산 4호분(구 34호) 수레바퀴장식각배, 경주 계림로 25호 옹관 출토 수레모양토기, 도항리 39호 수레바퀴 등 일괄출토품, 남원 청계리 수레바퀴모양 토제품

지금까지 가야나 신라토기 양식이나 금공품 위주로 생산과 분배, 교역 등의 네트워크를 파악하고 그 권역을 상정하는 작업들이 무수히 이루어져 왔다. 최근 발굴조사 성과

로 상형토기의 출토량이 조금씩 축적되고
있는 상황에서 상형토기를 통한 아라가야의
네트워크에 대한 기초적인 이야기가 가능해
지고 있다. 상형토기는 주로 무덤 속에서 출
토되고 그 외 수혈이나 생활유구에서 출토
되는 경우는 1~2점 정도가 일반적이다. 그
러나 함안 말이산고분 45호 목곽분에서는
무려 가형토기·주형토기·사슴모양토기·등
잔형토기 등 상형토기 4점이 한꺼번에 출토
되었다. 더불어 위세품이라 할 수 있는 마
갑과 종장판주, 대도, 안교 등과 다량의 토
기도 확인되었다. 45호는 말이산고분군이
위치하는 주 능선의 북쪽에 조성된 이른 시
기의 목곽묘로 4세기 후반의 지배계층의 것
이라 추정되고 남쪽으로 내려오면서 후대의
무덤이 축조된다. 또 마산 현동유적 주형토
기의 존재도 아라가야의 교역항으로의 거점
지 역할을 수행했음을 보여주는 중요한 단
서가 된다.

〈사진 9〉 함안 말이산고분군 내 분포현황
[두류 2019 전재]

주시하다시피 함안 아라가야의 도질토기의 생산기술은 대단위 생산체계를 갖추고 발
전하였고 이를 기반으로 주변 지역과 토기 생산·분배·교역의 네트워크를 형성하였다.
또 이러한 사실은 창녕, 경산, 의령, 양산, 경주에서 확인되는 생산 유적의 존재[29]에서
도 알 수 있다. 대단위 생산체계는 곧 지역토기 양식 확립과도 맞물려서 확산되는 것이
며 기본적인 토기 기종의 유통과 더불어 당시 아라가야에서 가지고 있는 관념이나 상징
적인 형상화가 상형토기에 내재되어 나타나고 있음도 서서히 밝혀지고 있다. 최근의 발
굴조사 성과로 상형토기의 존재는 무덤 내에서는 또 하나의 위세품의 역할과 공헌물로

---

[29] 조성원, 「토기 생산으로 본 가야와 왜의 토기문화－4세기~5세기 전반을 중심으로」, 『가야와 왜의 토
기생산과 교류』, 2019 가야사 기획학술심포지엄, 가야문화재연구소·가야문물연구원, 2019.

서의 의미와 실제 동물이나 기물의 대체품으로서의 역할이 부여되었다고 볼 수 있다. 매장의례에 포함되는 내세관이나 계세관념으로 심층깊게 다루어 질 수 있는 상형토기의 공유는 일반적인 토기의 공유와 더불어 존재하였지만 그 수효는 극히 일부에 한정되었을 것으로 추정된다.

아라가야의 도질토기의 공유는 정치적인 권역의 표상일 수도 있겠지만 앞서 언급하였듯이 경제적인 교역, 즉 물건 자체의 교역으로 바라보아야 한다. 즉 호남 지역에서 확인되는 아라가야계 토기뿐만 아니라 일부 확인되기 시작하는 수레바퀴모양의 토제품처럼 상형토기의 공유도 있었음을 알 수 있다. 내세관이 포함되는 상형토기의 공유는 아라가야 네트워크상에서 확인할 수 있는 또 다른 관념의 공유를 뜻하기 때문이다.

상형토기 중 특히 주목받는 것은 주형토기이다. 4~5세기대 해상 네트워크를 형성하는데 가장 필수 불가결한 요소가 배이기 때문이다. 해상 네트워크 속에서 이루어지는 다양한 교역은 당시 주로 연안을 따라 이동하는 근거리 항해로 집중되어 있었을 것이고 교역에 필요한 배나 배를 축조하거나 유지하는데 필요한 비용과 인력 충원 등도 그것을 담당하는 집단의 경제권과 정치적 세력 등과 연관지어서 살펴봐야 한다. 여러 교역항이 각 시대별로 번성하겠지만 주로 남해안은 이전 시기는 사천 늑도를 중심으로 국제적인 해상 네트워크가 이루어졌다면 4~5세기대에는 김해만이나 덕동만을 중심으로 하는 금관가야 루트와 아라가야 루트가 있었던 것으로 볼 수 있다. 일본의 토기생산에 있어 아라가야의 공인의 진출이 경쟁력을 확보했다는 점은 우연적인 교역을 넘어서는 집단이나 소국간, 바다 건 일본 등의 국제적인 교역 네트워크 속에서 철저히 움직이고 있었음을 보여준다.

Ⅲ. 매장 의례으로 본 상형토기의 관념

토기를 제작한다는 것은 기존에 답습되어 오던 기술이나 조직의 관념 속에서 새로운 기술과 정보를 접목하여 모방하거나 발전시키는 행위가 담겨 있다고 한다. 이것은 토기뿐만 아니라 당시 인간들이 만들고 사용하고 공유하였던 모든 물건에 해당된다. 수많은 무덤 속에서 확인되는 물질 자료는 양적인 측면에서는 토기가 으뜸이기 때문에 다량의 토기에 담긴 여러 법칙을 읽어낸다는 점이 당시의 기술이나 경제, 문화적 관념까지 읽어낼 수 있다. 그런데 일반적으로 사용하는 토기나 금속품 중 위세품으로 취급되는 몇몇 기종 중에 금관과 같은 최상층을 가리키는 것을 제외하면 가장 희소가치를 가지는 것이 상형토기[30]이다. 어떤 문화적·관념적 측면이 적용되었기 때문일까? 라는 질문을 던질 수 있다. 최근 성과로 조금씩 상형토기의 사례가 증가하기는 하지만 이 질문에 해답을 분명하게 제시하기에는 아직 역부족이다.

그러나 여러 자료를 비교 검토해보면 여러 추정적인 의견을 제시해 볼 수 있지 않을까 한다.

먼저 4~5세기대 함안은 도항리유적에서 확인되는 원저호(또는 양이부호)가 성형기법을 분석해보니 다른 지역보다 이미 도질토기 생산체계화되었다고 파악[31]하였다. 함안의 토기 생산체계나 기술은 독보적이었기 때문에 상형토기를 제작하는 기술이 부족하였던 것은 아니라고 판단된다. 상형토기의 제작은 일반 토기를 제작 유통하는 것과는 다른 시스템이 있었기 때문이다. 마산 현동과 함안 말이산고분에서 출토되는 상형토기의 정황은 해상 교역이나 호남 내륙으로 통하는 육로의 네트워크를 설명하는 중요한 단서로 사용할 수 있다. 상형토기에 포함되는 여러 관념까지 이동하였기 때문이다. 그 관념은 피장자 또는 피장자가 속해있는 집단의 사회적 성격을 담아 과시하고자 하는 상황에서 해석되어져야 한다. 무덤뿐만 아니라 수혈이나 주거지[건물지]에서도 확인되는 상형토기는 피장자의 신분을 담은 위세품이자 공헌에 사용되는 제기같은 그릇이고 실제로 행할 수 없는 희생의례의 대체품이기도 하기 때문이다. 마치 순장을 대신해 토용이 사용되었거나 당시의 생각이나 생활의 한 장면[사냥이나 의식행위, 숭배대상]을 담은 그림은 이를 대변해줄 수 있다.

마산 현동유적의 지리적 위치에 가늠하여 일찍이 해상교역의 네트워크와 연관되어 있음이 지적되었다. 해상 네트워크라는 사회 질서를 유지하기 위한 필수적인 부속물은 '배船'이다. 마치 배와 해상 무역과 관련된 업계에 있는 사람들의 집이나 차에 장식되어 있는 배모형의 소유[또는 소유욕, 과시욕]와 비슷하다. 물론 이는 당시의 위계적인

---

30) 여기에서는 자체 생산되는 물품에 한정하는 것을 기준으로 하였고 국제적 교역품이나 수입품으로 상정되는 기종, 예를 들면 유리제품이나 장식보검과 같은 것은 제외한다.

31) 이성주, 『토기제작의 技術革新과 生産體系』, 학연문화사, 2014a; 이성주, 「貯藏祭祀와 盛饌祭祀 : 목곽묘의 토기부장을 통해 본 음식물 봉헌과 그 의미」, 『영남고고학보』70호, 영남고고학회, 2014b.

질서 속에서 드러나는 것이 강하고 현재에는 직업적 또는 취미적 신분을 드러내는 것과
는 차이가 있기는 하지만 자신이나 자신이 몸담고 있는 집단의 정체성을 드러내는 대체
품이라는 것에는 동일하다고 본다.

보통 지배층이나 특수한 계층의 매장의례에 담겨있는 의식은 개인적인 이해관계를
집단의 이해관계 아래에 두는 데 있다고 한다. 매장 의례에 사용되는 여러 물건들은 제
작·사용·폐기[32]와 같은 인간 행위 결과물[33]이기 때문에 문화적·관념적인 것이 포함
된다고 본다. 상형토기는 출토 사례도 드물고 해당 유적의 지배계층 중심 고분마다 늘
출토되는 양상을 보이지 않는다. 중심 고분 중에서도 선택적으로 상형토기의 존재가 확
인되거나 중소형분에도 간혹 확인된다는 사실은 상형토기가 매장의례라는 관념 속에
어떠한 의미를 가지고 있는가를 다시 생각하게 만든다. 기존의 여러 견해들처럼 새[34]나
말, 집이나 배, 신발 등의 이동성을 강조하여 영혼을 전달하는 메신저나 매개체로서의
역할을 강조하기도 하였다. 최근 드러나는 여러 정황으로 공헌물의 성격을 강조[35]하고
이를 넘어서 상형토기 중 동물모양의 상형토기는 동물희생의례에 대체되는 물건일 가
능성[36]이 있다고 보고 토기나 금속기 표면에 새겨지는 동물문양도 동일한 선상에서 이
해해 보아도 좋을 것이다. 인간이 숭배하는 동물에는 신성함과 생산가치성 등의 상징성
이나 의미를 담고 있다. 또 의례에 포함되는 여러 희생적인 측면에는 가장 중요하게 여
기는 대상, 또는 물건을 바치는 데 의미를 둔다.

매장의례에서 최근 주목받는 점은 늘어난 동물유존체에 대한 정황이다. 단순히 사람
과 물건의 무덤 속 배치 양상을 분석하거나 순장이 빈번하게 이루어진 무덤에서는 이것
까지 포함해서 다양한 연구결과가 나오고 있다. 다양한 동물유존체의 현황은 순장이라
는 개념 속에서 동물 희생으로서만 해석할 것이 아니라 토기에 넣어두었던, 혹은 무덤

---

[32] 여기에서의 폐기는 물건의 효용적인 가치가 없을 때의 쓰레기 폐기와 같은 개념 외에 가치를 담아두
지만 실제적인 '쓰임'이라는 측면에서 본다면 무덤에 매납하는 것도 일종의 쓰임이 다한 상태까지 담
아보았다.

[33] 이성주, 앞의 논문, 2014a.

[34] 압형토기는 새와 오리를 형상화한 상형토기로 현재까지 영남권에서 집중되어 있다. 호남지역의 조형
토기는 영남권과는 달리 형상 자체를 단순화하여 제작 사용하였다(금영희, 「호남지방 鳥形土器(조형
토기)의 성격」, 『호남고고학보』 44권, 호남고고학회, 2013).

[35] 홍보식, 앞의 논문, 2015.

[36] 김현희, 앞의 논문, 2017.

바닥, 봉분과 호석 등의 공간에 의례를 진행하였던 결과물로서 그 행위 자체, 음식문화를 복원해보는 여러 시도[37]가 있다. 현재 상형토기는 '상형용기'라는 용어를 사용할 정도로 액체를 담거나 따라주는 행위를 추정해볼 수 있는 빈 용기이다. 아마도 매장의례라는 측면에서는 술과 같은 종류로 추정되지만 현재 확실한 근거 자료는 없다.

　매장 과정 속에 이루어지는 의례에는 共食을 통한 공동체 의식, 동질문화의 공유와 접대, 그 속에 담겨진 젠더와 권력이 은밀하게 숨겨져 있다. 특히 의례에 대한 음식 소비에 있어 문화적 객관화가 담당하는 중요한 역할을 통해 음식의 중요성이 명확해진다고 보았다. 음식을 제시하는 방법에서도 그 음식이 담보하는 사회문화적 역할은 그것을 먹고 마시고 공유하는 사람들, 젠더의 역할, 정치적 권력에도 스며들기 때문이다. 즉 특정한 사람들에게 음식[식량자원을 포함한]에 대한 특별한 권리와 기대를 부여하는 규정을 형성되기 때문이다. 문헌기록을 살펴보아도 왕에게 진상하는 동물이나 음식은 매우 각별함을 알 수 있다. 음주문화[38]는 일종의 사회적 수행으로서의 역할로 인지하고 있다. 선사시대부터 共食이라는 문화가 있었고 이 안에는 먹는 음식뿐만 아니라 飮酒까지 광의적으로 포함하는 문화체계일 것이다. 특히 음주를 통한 공동체 내부로의 포함과 또는 배제가 이루어진다는 것은 오늘날의 제사문화에서도 나타난다. 일찍이 서양에서도 음주와 축제라는 기념적인 행사의 중요한 부분을 차지하고 있었고 크고 작은 토기의 형태와 음주 사이의 연관성을 정치적·사회적 사건으로 강조하면서 남성과 여성의 구분에 대한 의미도 내포되어 있음을 지적하였다.

　다만 최근 중국의 사례[39]를 비추어 보면 泗川省 靑白江區 大彎鎭 雙元村 船棺 고분

---

37) 이성주, 앞의 논문, 2014b; 김대환, 「신라 마립간기 무덤제사의 성행과 의의」, 『아시아 종묘와 무덤제와의 비교고고학』, 성림문화재연구원·문화재청 신라왕경사업추진단, 2017; 김대욱, 「경산 조영EⅡ-2호분으로 본 신라 지방 고총의 殉葬 가능성」, 『한국고대사탐구』 28호, 한국고대사탐구학회, 2018; 김현희, 앞의 논문, 2018.

38) 음주는 사회적 관계가 승인되는 문화 속에서 중요한 정치적·사회적·경제적 행사잔치, 축제를 기념하기 위해 이루어지는 성찬의 개념에서 이해되어야 한다. 특히 유럽에서는 세럿(Sherratt)은 토기 비커가 무기류와 함께 주로 남성의 무덤에서 나오는 것을 강조하여 이것을 전사 엘리트집단과 음주 사이의 관계를 증명하는 것이라고 주장하기도 하였다.

39) 楊華, 「長江三峽地區古代腰坑葬俗的考古研究」, 『三峽大學學報』 第27卷 第1期, 2005; 郭亮, 「先秦時期陝西地區腰坑葬俗研究」, 重廣師範大學 碩士學位論文, 2009.
　　http://www.cssn.cn/kgx/kgdt/201803/t20180328_3890244.shtml
　　http://www.cssn.cn/lsx/kgx/201804/t20180425_4212485.shtml
　　http://www.kaogu.cn/cn/xccz/20180208/61059.html

군에서 춘추전국시대의 M154호가 가장 큰 배무덤이며 녹나무로 만든 통나무 목관 아래에서 요갱이 조사되었다. 요갱 내부에는 청동제 鼎·缶·甗·盆·匜 및 칠기 뚜껑과 노끈이 확인되었다. M154호의 요갱에 출토된 청동항아리 안에 남아있는 액체에 대한 또 다른 사례를 살펴보면 다음과 같다. 중국 전국시대 만기에서 秦나라에 해당하는 陝西省 西咸新區 空港新城 남쪽의 巖村에 위치한 秦나라 사람의 무덤으로 추정되는 약 56여 기를 조사하였다. 청동검과 청동항아리 및 복골이 출토되었는데 그중 銅壺는 면포로 잘 밀봉되어 있었고 그 안에 우유빛의 액체가 300㎖ 정도 남아있었는데 성분 분석한 결과 주류로 판정되었다. 또 咸陽지역의 진나라 귀족무덤에서도 주류로 추정되는 액체가 들어있는 청동항아리가 발견되기도 하였다. 중국의 무덤 속에서 드물게 확인되는 술로 추정되는 액체를 통해 당시 음주문화, 어떠한 종류의 그릇에 술을 담는지에 대한 구체적인 증거를 제시하는 것이다. 또한 요갱 속 청동항아리에서 술이 담겨있었다는 사실은 이 무덤을 축조하는, 제사를 진행하는 첫 번째 단계에서 술을 담은 청동항아리를 부장하였고 아마도 이 단계에 음주의 행위가 이루어졌을 가능성도 있을 것이다.

상형토기는 다양한 위세품이 갖추어진 대형급 고분뿐만 아니라 중소형급 고분이나 저습지, 수혈과 주거지에서도 출토되기 때문에 일정한 패턴을 찾기는 아직 자료가 부족한 편이다. 다만 상형토기는 착장용 위세품과는 다르게 다루어졌고 개인적인 활동의 소산물이라기보다는 집단의 공동체적인 기원을 바라는 의미[40]를 담았을 것이라고도 본다. 가형토기도 여러 동남아 민속지 자료와 벽화 자료를 비교 분석하여 농경사회 창고를 형상화 한 것이라고 한다면 중요한 음식인 곡물이나 종자 등을 보관해두는 곳을 의미하거나 사자의 환생과 관련한 穀靈을 의미할 가능성을 제시[41]하기도 하였다.

Ⅳ. 맺음말

상형토기의 제작은 선사시대 이후 일정한 형상이나 특정한 동물에 대한 인간의 숭배에 대한 관념이 담겨있다고 본다. 위세품보다 확인되는 사례가 적은 상형토기의 존재는

---

40) 홍보식, 앞의 논문, 2015.
41) 신인주, 앞의 논문, 2001.

단순히 해석할 수 없는 물건이다. 기존의 다양한 견해처럼 상형토기가 매개체, 공헌물, 희생의례의 대체품 등으로 이용되었다는 것처럼 출토되는 상황에 따라 복잡한 관념이 담겨있다고 본다. 클로버드 기어츠는 의례가 권력을 창출하며, 정치적 의례는 정치적 권력을 실체화하고 유력하게 하는 권력 본질에 대한 논쟁이라고 주장하였다. 상형토기 제작과 사용, 공유라는 시스템은 정치적인 측면보다는 소유재(또는 피장자)나 그 집단의 사회적 성격과 역할을 해석하는데 도움이 된다는 점이다. 동물이나 집과 같은 기물을 형상화하는 상징적 구조체계는 현실 세계와 죽은 자의 세계를 동일시하여 연장시키려는 의도의 산물이다. 또 매장의례는 피장자의 혼을 무사히 저승으로 보내는 목적과 사자의 명복을 기원하는 마음을 담겨져 있는 것으로 혈연이나 세습적인 권력 체계가 유지되는 사회에서는 보편적인 행위였다. 그 행위를 과시적으로 공연하고 장식하는 것이야말로 고분 축조를 담당하는 남은 세대의 신분을 세습받는 첫 번째 행동인 것이다

또 상형토기의 용기적인 기능이 부각되는 점은 무덤 속에 매납되었던 다른 토기들과 마찬가지로 술과 같은 액체를 담아 의례 과정의 특정한 행위를 하는데 사용되었을 것으로 추정되기도 한다. 즉 속세와 영적인 세계와의 접촉을 위한 매개체로서 술을 담은 상형토기는 매우 상징적이고 과시적인 퍼포먼스로 보이기 때문이다. 그러한 행위적 퍼포먼스는 최근 경주 쪽샘유적에서 확인된 토기 표면에 새겨진 신라행렬도나 금령총 호석에서 확인되는 최대급인 마형토기편을 보아도 알 수 있다. 말이나 사슴이 주로 새겨진 토기가 가지는 의미는 기록적인 자료로서의 의미도 있겠지만 어떠한 사회적·경제적 이유가 있었을지 모르지만 숭배하거나 중요하게 여기는 동물의 희생 대신 무덤에 넣어두는 일종의 대체품의 의미를 담은 것이라고 본다.

현재까지 아라가야 권역에서는 동물 희생과 관련된 자료가 극히 드문 대신 이를 대체하는 상형토기의 출토사례가 많아지는 이유도 이와 연관지어 생각해 볼 이유가 되지 않을까 싶다. 또한 가야와 신라가 가지는 매장의례 때 담겨진 동물이나 기물을 형상화한 상형토기의 매납은 백제지역과는 다른 것이 존재했다고 본다. 해상 네트워크를 활발히 활용했던 마산과 함안의 아라가야 세력은 그것을 형상화하고 기억하고 과시·공유하기 위해 상형토기를 만들고 무덤을 축조하는 과정 속에 특정한 퍼포먼스를 통해 집단공동체의 성격을 확고히 하고 나아가 확장시키는 활용했음을 추정해본다. 결국 이정근의 견해[42]처럼 함안의 도질토기 생산의 선진지였던 함안과 낙동강 하구지역은 그 우위를 선

점하고 유지하기 위해 차별화된 토기 생산과 공유를 선택했을지도 모른다. 정치적, 또는 경제적 목적이 개입되는 교역의 네트워크 형성은 또 다른 선진지로서의 잉여 가치를 표출시키는 아이템으로서 상형토기를 적절히 활용했다고 보아도 좋을 것이다.

---

42) 이정근, 앞의 논문, 2019.

【참고문헌】

犬木努, 「日本にける古墳葬送儀禮と埴輪−埴輪配置の空間論」, 『日韓埴輪の比較・檢討と倭系古墳出現の歷史的背景』, 제3회고대한일고분연구교류회・제34회고분문화연구회, 2018.

국립경주박물관, 「경주 금령총 재발굴조사(2차)학술자문회의 자료집」, 2019.

국립김해박물관, 『함안 말이산 4호분(구 34호분)』, 일제강점기 자료조사 보고 26집, 2017.

국립나주문화재연구소, 「남원 청계리 고분 조사」, 발굴조사 리플렛, 2019.

금영희, 「호남지방 鳥形土器(조형토기)의 성격」, 『호남고고학보』 44권, 호남고고학회, 2013.

김갑진, 「고찰−고선박」, 『김해 봉황동유적−김해 봉황동119-1 및 22-6 일대 주택신축부지 문화재 발굴조사』, 동양문물연구원, 2014.

김건수, 「주형토기로 본 삼국시대 배 고찰」, 『도서문화』 42, 국립목포대학교 도서문화연구원, 2013.

김대욱, 「경산 조영EⅡ-2호분으로 본 신라 지방 고총의 殉葬 가능성」, 『한국고대사탐구』 28호, 한국고대사탐구학회, 2018.

김대환, 「신라 마립간기 무덤제사의 성행과 의의」, 『아시아 종묘와 무덤제와의 비교고고학』, 성림문화재연구원・문화재청 신라왕경사업추진단, 2017.

김대환, 「네트워크와 위계제 사이에서의 딜레마」, 『가야가 만든 고대 동아시아 네트워크』, 국립중앙박물관, 2019.

김동숙, 「신라・가야의 象形容器와 분묘제사」, 『상형토기의 세계』, 용인대학교박물관 학술대회, 2008.

김영관, 「삼국시대 동물원에 대한 고찰」, 『신라사학보』 13, 신라사학회, 2008.

김지연, 「함안 법수면 일대 토기 가마와 조사 성과」, 『가야와 왜의 토기생산과 교류』, 2019년 가야사 기획학술심포지엄, 국립가야문화재연구소, 2019.

김현희, 『시간을 비우는 존재, 사슴』, 국립김해박물관 테마전 도록, 2015.

김현희, 「삼국시대 동물뼈의 매장에 대한 검토」, 『동원학술논문집』 18집, 국립중앙박물관・한국고고미술연구소, 2017.

김현희, 「고고자료로 본 고대 음식문화」, 『신라의 食문화』, 제12회 신라학국제학술대회, 경주시・신라문화유산연구원, 2018.

남재우, 「安羅國의 형성과 발전」, 『咸安博物館』, 함안박물관, 2004.

남재우, 「문헌으로 본 가야사의 획기」, 『한국고대사연구』 94, 한국고대사학회, 2019.

두류문화재연구원, 「함안 말이산고분군 정비사업부지내 유적」, 발굴조사현장설명회자료집, 2019.

박천수, 『가야토기』, 진인진, 2010.

박천수, 『가야문명사』, 진인진, 2018.

박현상, 『압형토기의 변천과 그 의미』, 한신대학교 석사학위논문, 2017.

삼한문화재연구원, 『거제－마산3 국도건설공사구간 내 유적 발굴(정밀)조사 결과보고서』, 2019.

신광철, 「國寶 第275號 陶器 騎馬人物形 角杯와 騎兵戰術」, 『新羅文物研究』 11, 국립경주박물관, 2018.

愼仁珠, 「三國時代 家形土器에 관한 硏究」, 『문물연구』 제5호, 동아시아문물연구학술재단, 2001.

신인주, 「新羅 象形 注口附土器 硏究」, 東亞大學校大學院 文學博士學位論文, 2002.

신인주, 「삼국시대 馬形土器 연구」, 『상형토기의 세계』, 용인대학교박물관 학술대회, 2008.

와다 세이고, 이기성 등 역, 『거대한 고분에 새겨진 고대인들의 죽음에 관한 관념』, 생각과 종이, 2019.

윤천수, 「발굴조사 성과로 본 창원현동고분군 조영집단의 성격」, 『창원의 고대사회, 가야』, 창원시·창원대 경남학연구센터 가야사 학술심포지엄, 2019.

이성주, 『토기제작의 技術革新과 生産體系』, 학연문화사, 2014a.

이성주, 「貯藏祭祀와 盛饌祭祀 : 목곽묘의 토기부장을 통해 본 음식물 봉헌과 그 의미」, 『영남고고학보』 70호, 영남고고학회, 2014b.

이장웅, 「한국 고대 새(鳥類) 관념의 변화」, 『한국고대사탐구』 31, 한국고대사탐구학회, 2019.

이정근, 「기마인물형 뿔잔의 제작기법과 등장배경」, 『가야 기마인물형토기를 해부하다』, 제25회 가야사국제학술회의, 인제대학교 가야문화연구소, 2019.

이희준, 『대가야고고학연구』, 사회평론, 2017.

定森秀夫, 「4~5世紀東亞細亞と加耶の土器」, 『가야 기마인물형토기를 해부하다』, 제25회 가야사국제학술회의, 인제대학교 가야문화연구소, 2019.

조성원, 「三國時代 嶺南地域 陶質土器 生産體系와 流通」, 『생산과 유통』, 영남 고고학회구주고고학회 제10회 합동고고학대회, 2012.

조성원, 「토기 생산으로 본 가야와 왜의 토기문화－4세기~5세기 전반을 중심으로」, 『가야와 왜의 토기생산과 교류』, 2019 가야사 기획학술심포지엄, 가야문화재연구소·가야문물연구원, 2019.

주보돈, 『가야사 새로 읽기』, 주류성, 2017.

최근식, 『신라해양사 연구』, 고려대학교출판부, 2005.

칼리 시노폴리, 이성주 역, 『토기연구법』, 경남고고학연구소 번역총서1, 도서출판 考古, 2008.

한도식, 「新羅·加耶 象形土器의 分布樣相」, 『家形埴輪の群構成と階層性からみた東アジアにお

ける古墳葬送儀禮に關する基礎的研究』, 東京國立博物館, 2015.

함순섭, 「嶺南地方 三韓 三國時代 살림집의 復原研究」, 『동원학술논문집』 9, 國立中央博物館・한국고고미술연구소, 2008.

홍보식, 「신라・가야지역 象形土器의 변화와 의미」, 『한국상고사학보』 제90호, 2015.

황철주, 「거제-마산3 국도건설공사구간 내 유적 발굴조사 중간보고-삼국시대 유구를 중심으로-」, 《환동해지역 철(철기)생산과 금속 생산 유적 최근 조사 성과』, 2018년도 제12회 한국철문화연구회・한림고고학연구소 학술세미나, 2018a.

황철주, 「마산 현동유적 발굴조사 성과」, 『2018 가야문화유산 최신조사성과』, 국립나주문화재연구소・국립가야문화재연구소, 2018b.

부 록

가야리 유적(전 아라가야 왕궁지)

아라가야 추정 왕성지(가야리 유적 – 사적 554호 –) 연구*

발굴조사 성과를 중심으로

이춘선 | 국립가야문화재연구소

Ⅰ. 머리말

최근 가야사는 과거 조사의 회고와 전망[1]을 통해 새로운 방향을 지향하고 나아가려 한다. 이에 부응하듯 함안의 가야 왕성지 유적 발굴은 가야사의 관심을 고분 중심으로 진행되어 오던 고고학에서 새롭게 가야의 왕성을 중심에 두고 체계적인 도성 경관의 공간을 구성하게 되었다. 또한, 삼국중심 도성연구에 가야도성이라는 하나의 자리를 매김 하는 상당히 고무적인 일이라 할 수 있다. 4세기부터 꾸준히 성장한 안라국은 5세기 광개토대왕 남정 이후에는 남부가야의 중심이 되어 성장하였고 그 중심은 함안 가야읍 일대가 되고 있다.

지금까지 아라가야는 말이산 중심으로 연구가 진행되어 왔으나 이제는 새롭게 가야리 왕성지를 중심으로 아라가야 경관을 완성할 수 있게 되었다. 아라가야 왕성지의 발굴은 초기단계에 불과하나 그럼에도 불구하고 발굴을 통해 드러난 유적의 성격은 가야

---

* 2018년도부터 시작된 국립가야문화재연구소의 아라가야 추정 왕성지 발굴조사 성과를 정리한 내용이다.

[1] 한국고대사연구, 「특집 – 가야사」, 『한국고대사』 85, 2017; 국립가야문화재연구소, 「문헌과 고고학자료로 본 가야」, 『제1회 가야사 기획 학술심포지엄』, 2018.

왕성의 새로운 그림을 그릴 수 있게 되었다.

　따라서, 이 글은 기존의 발굴을 통해 알려진 토성의 축조기법과 그 내부 유구의 공간 구성을 검토하여 지금까지 발굴되었던 함안의 생활유적과 삼국의 생활유적을 비교 검토하고자 한다. 이러한 작업은 앞으로의 발굴조사에서도 중요한 밑그림이 될 것이며, 지금까지 발굴된 가야지역의 토성과도 비교검토를 실시하여 삼국의 토성과 비교한다면 가야의 토목건축기법 연구에도 진전된 연구가 가능할 것이다.

II. 조사내용

1. 조사현황

　함안군 가야리 유적은(전 아라가야 추정 왕성지) 경상남도 함안군 가야읍 가야리 289 · 292번지 일대에 위치하며, 가야리 독립구릉(약 43m)의 북사면에 위치한다. 이 일대는 1587년에 편찬된 조선시대 읍지인 함주지咸州誌에 옛 가야국터로 소개되고 있으며, 1656년 동국여지승람東國輿地勝覽에서는 '古國墟'라고 실려 있다.

　傳안라왕궁지로 알려진 가야리 유적군은 1587년 조선시대 읍지인 『咸州誌』에서 처음 소개되었다.

　함주지에 근거한 토성은 「卷之一 古跡條 古國遺址 白沙里扶尊亭之北 有古國之墟 周回一千六百六尺土築遺址至今宛然 世傳伽耶國舊基云」을 근거로 傳안라왕궁지로 추정되었으며 1,606尺을 환산하면 514.4m이다. 발굴조사로 확인된 토성 부분으로 추정해 보면 큰 가야동의 독립구릉 가장자리를 따라 축조되었다고 볼 수 있다.

　이후 1917년 일제강점기 함안의 고적을 조사한 이마니시 류(今西龍)는 가야리 266번지 일대에서 초석으로 추정되는 석재를 발견하고 작은 가야동을 왕궁지 후보로 파악하였다[2]. 1916년 일제강점기 고적조사보고에는 이 일대의 도면과 여러 장의 사진이 남아 있으며, 초석이 확인된 작은 가야동을 '傳王宮址'로 추정하였다.

---

2) 今西 龍, 『(大正 6年)朝鮮古跡調査報告』, 朝鮮總督府, 1920.

한편, 1995년에 국립창원문화재연구소·창원대학교박물관이 실시한『아라가야문화권 유적 정밀지표조사보고서』, 1996·2000년 아라가야향토사연구회의『안라국고성, 문화유적분포지도－함안군－』에서도 가야리 일대를 왕궁지로 추정하였다. 2010년 (재)우리문화재연구원이 조사한 傳안라왕궁지 동쪽 추정 토성지 발굴조사에서는 삼국시대에 축조된 제방유적이 확인되기도 하였다. 가장 최근의 조사는 2013년 경남발전연구원이 실시한 정밀지표조사로, 유적의 입지조건, 지표에서 수습한 유물 등을 근거로 가야시기 생활유적이 존재할 가능성이 높다고 평가하였다.

이후, 2018년 4월, 가야리 289·292번지 내에서 경작지 조성을 위한 구릉 사면부 절토 중 사면의 인공적인 성토 흔적이 확인되면서, 이 일대의 왕궁 관련 유적의 존재 가능성이 본격적으로 제기되었다. 이에 따라, 국립가야문화재연구소에서는 5~6월에 걸쳐 훼손된 구릉 사면부에 대한 긴급 토층조사를 통해 인공적으로 축조된 토성벽의 존재를 확인하고, 토성벽 상부에 대한 시굴조사를 통해 토성벽을 따라 열지어 시설된 목주열과 성내시설로 추정되는 수혈건물지 등을 확인하였다.

이러한 발굴성과를 근거로 추정 왕성지의 성격을 명확히 하기 위하여 2018년 9월부터는 발굴조사구간을 확장하여, 확인된 토성벽에 연결된 구릉 상부 평탄지(약 5,300㎡)에 대한 본격적인 발굴조사에 착수하였으며, 동시에 발굴조사구간에서 남동쪽으로 길게 이어지는 구릉 상면에 대한 시굴조사(약 17,500㎡)를 실시하였다.

조사 결과, 조사지역은 구릉을 형성하는 풍화암반 기반토 상에 가야시기 문화층이 형성되어 있다. 구릉 상면의 평탄대지에는 표토 바로 아래에서 유구가 확인되었으며, 발굴조사구역 남쪽편 구릉지에 해당하는 시굴조사 구간은 현재 밭으로 이용되고 있는 구간으로 근·현대 경작토층 아래 가야시기 문화층이 비교적 두껍게 퇴적되어 있다.

발굴조사구간 내에서는 성벽 목주열, 지상식건물지 2동과 수혈건물지 12동 등의 성내시설이 확인되었으며, 시굴조사구간에서도 발굴조사구간과 유사한 성격의 수혈건물지, 주혈군 등이 밀집되어 있는 양상이 확인되었다.

이듬해 2019년도 발굴조사는 아라가야 추정 왕궁지의 중심 유구인 토성의 축조 방법을 구체적으로 규명하기 위하여 토성벽을 중심으로 조사를 진행하였다. 토성벽 상면에서부터 순차적인 평면 제토 조사를 진행하여 성벽 단면의 토층과 비교 분석함으로써 단면과 평면상에 나타난 성벽의 구조적 특징을 파악하고자 하였다.

〈도면 1〉 가야리 유적 사적 지적 및 발굴조사 지점

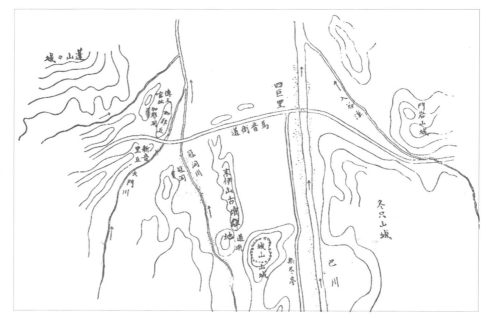

〈도면 2〉 「4책 내(內) 제2책_2편 함안군 上古적조선도보 제32도 함안부근가로도」,
『다이쇼(大正;1920) 6年 고적조사보고』

토루 조사 과정에서 중심토루 성토를 위한 목조구조물인 목주와 횡장목이 확인되었고, 아울러 중심토루층에서는 축조구분선과 달구질 흔적이 확인되었다. 전반적으로 확인되는 목책은 중심토루에 주혈을 파고 목주를 설치한 것으로 판단된다.

이러한 발굴성과에 힘입어 구전으로만 전한 아라가야 왕성지 후보지인 함안 가야리 유적이 사적 제554호로 지정(2019.10.21)됨에 따라 안정적인 발굴조사 추진과 그에 따른 종합정비계획을 수립이 가능해졌다.

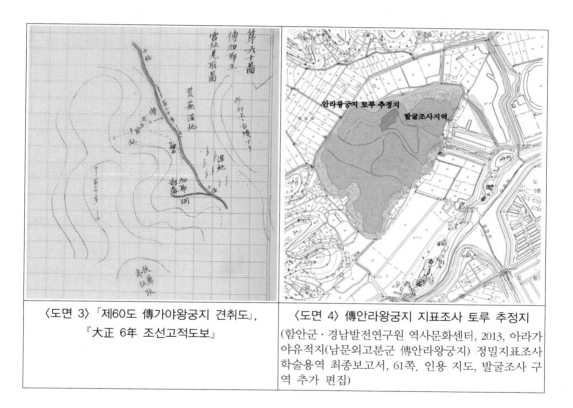

〈도면 3〉「제60도 傳가야왕궁지 견취도」, 『大正 6年 조선고적도보』	〈도면 4〉傳안라왕궁지 지표조사 토루 추정지 (함안군·경남발전연구원 역사문화센터, 2013, 아라가야유적지(남문외고분군 傳안라왕궁지) 정밀지표조사 학술용역 최종보고서, 61쪽. 인용 지도, 발굴조사 구역 추가 편집)

2. 성벽축조의 특징

1) 토성벽[3]

성벽은 구릉을 이용하여 능선 정상부 사면에 내탁법을 채택하여 축성하였으며, 성벽

---

[3] 1차 성벽조사에서는 수축에 대한 부분을 밝히지 않았으나 2차 성벽조사에서 수축에 대한 부분을 밝혔다. 1차 조사에서 목탄층이 외벽면 토루 보강을 위한 단계로 구분하였으나 2차 조사에서는 수축시 보강 부분으로 해석하였다.

을 축조하는 과정에서 구릉 정상부에 덧대어 평탄대지를 넓혀 토성 내부 공간을 확장하는 방식으로 축조하였다. 성벽은 기본적으로 성토기법을 이용하여 쌓아올린 것으로 보인다. 성토된 토성벽의 규모는 현재 조사구역 내에 한정지어 보면, 높이는 약 8.5m, 폭은 20m 내외이다.

▶ 1 단계 : 기반 삭토

성토를 위한 준비 작업으로 구릉부 사면의 기반암을 완만한 계단상으로 삭토하였다.

▶ 2 단계 : 기저부 조성

기반 삭토면을 따라 성토하여 정지하였다. 삭토하면서 생겨난 기반암 쇄석(회자색 암반덩어리)과 암갈색 사질점토를 이용하여 기반암 사면을 따라 성토하였다.

▶ 3 단계 : 성벽 조성 및 목책 설치

기저부 조성 후 구릉 사면상에 성벽의 중심토루 성토구간을 계획하였다. 토루 내외부에 6m 간격의 일정선을 따라 기반암(풍화암반)을 단면 'U'자형으로 연이어 굴착하고, 그 내부에 약 60~80cm, 길이 160~180cm의 목주(추정 영정주)를 세워 중심토루를 조성하였다.

중심토루 내부에서 성벽의 진행방향과 직교하여 횡장목이 확인된다. 횡장목은 중심토루 상부에서 약 60~70cm 지점에서 확인된다. 직경 10~15cm 내외의 원형이고, 내측 영정주에서 시작하여 외벽 쪽으로 4.8m 정도 뻗어 있는 모습이 평면상에서 확인되었다.

중심토루와 외부성벽은 3차에 걸쳐 조성된 것으로 보인다.

1차 성토는 영정주를 기준으로 중심토루와 외부성벽으로 구분하여 축조하였다. 외부 영정주의 밖에는 토제(土堤)를 만들고 그 내부로 중심토루를 쌓았다. 중심토루는 토질이 다른 점토를 수평으로 겹겹이 다져 성토한 흔적이 뚜렷이 확인되며 약 다섯 차례에 걸쳐 외부 보강토를 덧대어 가며 순차적으로 중심토루 외측에 설치된 목주의 상면 높이까지 수평 성토하였다.

2차 성토는 1차 성토 시 일정한 높이까지 성토된 외부성벽과 중심토루의 일부를 삭토하고 성벽 보강을 위한 외부성벽을 쌓았다. 2차 성토 시의 외부성벽과 중심토루가 만나는 지점에는 작은 토제를 만들고, 토제에 붙여서 중심토루를 성토하였다.

3차 성토는 2차 성토와 유사한 공정으로 성토가 이루어진다. 외부성벽과 중심토루가 만나는 지점에 큰 규모의 토제(잔존너비 약 80cm, 잔존높이 약 80cm)를 조성하여 보강하였다.

한편, 적갈색 점질토와 암갈색 사질점토가 교호 성토된 구간 중 3차 성토부의 윗부분에서 확인되는 적갈색 점질토층에서 직경 약 8~12cm의 도구(달고)로 두드린 달구질 흔적이 확인되었다.

외부성벽 성토구간에서 다수의 목주열이 확인된다. 이는 초축 단계의 1차 성토 시에 만들어진 것으로 외부성벽의 경사를 조성할 때 경사면의 토사가 흘러내려 유실되는 것을 방지하기 위한 기능으로 추정할 수 있다.

▶ 4 단계 : 내벽부 평탄면 조성

중심토루와 외부성벽이 완성된 후에는 중심토루의 상단과 구릉 상부의 공간을 채워 성벽 내부의 평탄면을 조성하였다.

▶ 5 단계 : 성벽 상부 목책 설치

토축된 성벽 위에 목책이 설치되었다.

수축 단계 : 성벽을 보수하기 위한 삭토 및 수축은 최소 2차례 이상 이루어졌던 것으로 추정한다.

1차 수축은 무너진 부분을 삭토하고 외부 보강토 위에 수평상 두께 10~20cm로 목탄·소토 혼입층을 설치하였다. 외벽을 단단하게 지지하여 붕괴를 방지하기 위한 축조공법으로 추정한다. 목탄·소토면과 삭토면에 수축의 일환으로 초축 성벽의 중심토루와 같이 풍화암반덩어리가 섞인 황갈색 사질점토로 성토하였다.

2차 수축은 사용 당시 무너진 부분을 삭토하고 점성이 높은 흙으로 성토하였다. 2차 수축부는 토층의 진행방향이 1차 수축부와 다른 곳을 기준으로 하여 2번 이상의 수축이 진행된 것으로 추정한다.

2차 조사에서는 1차조사에서 하지 못했던 토루 평면조사를 실시하여 중심토루 구간에서 횡장목이 확인되었다. 현 조사구간의 서편에서 토질이 뚜렷하게 구분되는 선(축조구분선)이 확인되는데, 횡장목은 동편의 황갈색 사질점토층의 중심토루 부분에서 집중적으로 확인된다.

횡장목은 표토에서 약 60~70cm 아래에서 열화(劣化)된 상태로 확인된다. 횡장목은 직경 10~15cm 내외의 단면 원형이고, 내측 영정주에서 시작하여 외벽 쪽으로 4.8m 정도 뻗어 있는 모습이 평면상에서 확인되었다. 1·2트렌치의 사이 약 10m 범위에서 확인되는 횡장목은 약 60~80cm의 등간격으로 8개가 좁은 범위에서 확인된다. 열화현상에 의해 목재가 사라지고 빈 공간으로 남아 있으며, 횡장목은 설치 당시 토성벽 내측 중심토루의 영정주에 한쪽 끝이 결구되었던 것으로 보인다.

판축공법에서 확인되는 목조구조물로 영정주(목주), 횡장목, 종장목, 판목 등이 세트를 이루는 것이지만, 현재까지의 조사에서는 성벽 방향을 따르는 종장목과 협판(목주 사이의 판재, 판목)은 확인되지 않았다.

영정주가 확인된 토성은 풍납토성,[4] 소근산성,[5] 망이산성[6] 이성산성[7]으로 목주가 확인된 풍납토성의 간격은 100~130cm, 소근산성은 127cm, 망이산성은 영정주와 판재의 흔적이 뚜렷하게 관찰되는데 160cm간격의 영정주 사이에 판재를 가구한 흔적이 외측 토층에서 확인된다. 판재를 받치는 보조목도 확인되고 있다. 이와 비교하면 아라가야 왕성지 영정주의 폭은 좁은 편이다. 김해 토성지[8]는 고려시대 토성지로 목재가 남아 있는 영정주 2기의 간격은 430~460cm로 상당히 넓다. 가야리에서는 열화현상으로 목재는 없지만 목재가 있던 자리가 잘 남아 있어 영정주의 간격을 밝힌 토성으로 삼국시대 가야에서 축조기법상 특징이 영정주의 간격을 좁게 설치하였던 것으로 추정할 수 있게 하였다.

또한, 달구질 흔적은 축조구분선의 서편에서 일부가 확인되었다. 달구질 흔적은 중심토루의 교호 성토된 부분의 적갈색 점질토에서 확인된다. 상부 조사에서도 일부 확인되었고, 현 층위에서 다수가 발견되었다. 달고(達固)의 직경은 8~12cm 정도이며, 중첩된 모습을 보인다. 익산 제석사지의 목탑지[9] 하부 판축층에서 확인된 달구질 흔적의 직경은 3~6cm 정도이다.

4) 신희권, 「風納土城의 축조기법과 그 성격에 대하여」, 『風納土城의 發掘과 그 成果』, 한밭대학교향토문화연구소, 2001.
5) 경기도박물관, 『소근산성』, 2012.
6) 단국대학교 중앙박물관, 『望夷山城 發掘 報告書(1)』, 1996.
7) 백영종, 「증평 이성산성의 성벽 축조방법과 성내 시설물에 대한 검토」, 『증평 이성산성 정비·활용방안 마련을 위한 기초학술 세미나』, 중원문화재연구원, 2011.
8) (재)동서문물연구원, 『김해 봉황동 토성지－김해 봉황동 신축부지내 유적(220-16유적)－』, 2010.
9) 국립부여문화재연구소, 『帝釋寺址 발굴조사 보고서Ⅰ』, 2011.

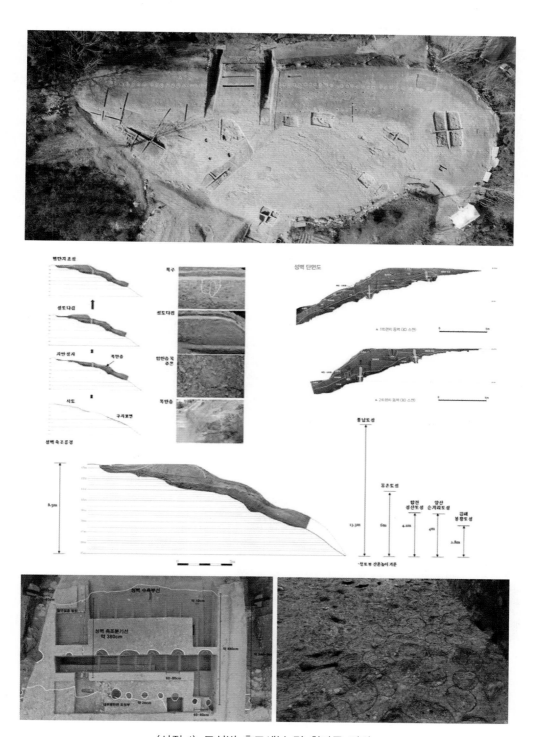

〈사진 1〉 토성벽 축조세부 및 횡가목 전경

〈사진 2〉토성벽 상부 횡장목 노출모습(동쪽에서)　　〈사진 3〉토성벽 상부 횡장목 목질흔 세부

〈사진 4〉토성벽 상부 달구질 흔적　　　　　〈사진 5〉토성벽 상부 달구질 흔적 노출 세부
노출모습(서쪽에서)

〈사진 6〉부여 제석사지 목탑하부 달고흔적 전경 및 세부

2) 목주열

성벽 상면에는 2열의 목주열이 성벽의 북쪽 외곽을 따라 약 100m 정도 진행하고 있다. 목주열 가운데 상대적으로 토성 바깥쪽에 위치한 외부 목주열과 내부 목주열 간의 간격은 약 2~3m이며, 목주열이 더 이상 확인되지 않는 동편에는 성 내외부를 연결하는 문지가 있었을 가능성을 생각해 볼 수 있다.

2개의 목주열 가운데 외부 목주열은 잔존 토성벽 북쪽 외곽에서 1~2m 떨어져 있으며, 각 주혈의 평면형태는 원형에 가까운 타원형으로 평면상 지름이 30~40cm이다. 주혈 내부에는 암갈색의 부식토가 10~20cm 깊이로 얕게 남아 있다. 각 주혈 간 간격이 일정하지 않으며, 주혈 내부에 목주흔이 따로 확인되지 않는다. 이에 비해, 토성벽 외곽에서 4~6m 떨어져 있는 내부 목주열의 경우, 개별 주혈의 크기가 평면상 지름 약 60cm, 깊이 80cm 이상으로 각 주혈 내부에 목주흔이 그대로 남아있으며, 각 목주 간의 간격이 약 70cm으로 일정하게 확인된다.

따라서, 2열의 목주열은 일정한 간격을 두고 평행한 위치에 설치되어 있으나 두 주열 간의 기능은 달랐을 것으로 보이며, 내부 목주열의 경우 방어를 위한 목책으로 추정하였으나 실제 목책시설인었는지, 판축기법에 활용된 영정주 흔적인지에 대한 의문을 제시한 바 있으나,[10] 이번조사에서 영정주와 횡가목이 확인되었고 목책은 횡가목 이후에 조성되었음이 확실해 졌다.

따라서, 목책시설로 볼 수 있으며 삼국시대 이러한 목책열이 확인된 유적은 몽촌토성,[11] 길성리토성,[12] 탄금대 토성,[13] 성산리 토성,[14] 정북동 토성[15] 등이 있다.

---

[10] 심광주, 「가야리토성의 축성법과 의의」, 『2019, '가야리유적'(전 아라가야 왕궁지 사적지정을 위한 학술심포지엄』, 창원대학교 경남학연구센터, 2019.

[11] 경기문화재단, 『한성백제 고고학자료집』, 2005, 68~69쪽. 84년 숭전대 E지구목책을 2중의 목책열 설치되었다고 추정하였다.

[12] 중부고고학연구소, 『화성 길성리 토성』, 2011. 동벽구간 조사현황도에서 2열의 주혈이 확인된다.

[13] 中原文化財研究院, 『忠州 彈琴臺土城Ⅰ』, 2009.

[14] 박상욱, 「합천 성산토성(다라국성)구조와 특징-발굴조사성과를 중심으로」, 『삼국시대 토성과 목책성』, 한국성곽학회 2016년 춘계학술대회, 2016. 보고자는 목주로 보고하고 있으나 성토된 흙을 되파고 세웠고 일부 평면상으로 열상을 보여 목책으로 보인다.

[15] 충북대학교 중원문화연구소, 『청주 정북동토성Ⅰ』, 1999.

〈사진 7〉 가야리 목주열 전경(左), 길성리토성 목주열 전경(右)

3. 건물지의 특징

토성 내부에서 확인된 내부시설 가운데 건물지는 총 14동으로, 이 가운데 2동은 지상식건물지, 12동은 수혈건물지이다.

1) 지상식건물지

(1) 1호 건물지

1호 건물지는 현재 정확한 형태와 규모를 추정하기 어려우나, 지상식 건물지로 추정된다. 내부 목주열에서 토성 안쪽으로 약 1m 떨어진 위치에 2열의 주열이 약 4~4.5m 정도 간격을 유지하며 목주열의 배치 방향을 따라 동서로 30m가량 길게 배치되어 있다. 그러나 주혈 간 간격이 동쪽으로 갈수록 좁아지고 주혈의 간격이 정확하게 일정하지 않은 점 등을 고려할 때, 1개 이상의 건물지가 동일선상에 배치되었을 가능성도 있으며, 건물지 이외에 다른 종류의 시설일 가능성도 있다.

고상건물지를 포함한 지상식 건물지는 창고와 주거용 외에 공공건물로서의 기능을 한다. 함안지역에서는 대형의 지상식 건물지가 함안 도항리 충의공원 조성부지 내 유적,[16] 함안 오곡리 87번지 유적,[17] 함안 말산리 생활유적,[18] 진주 평거동유적[19]에서 확

---

16) 동아세아문화재연구원, 『함안 충의공원 조성부지내 문화유적 발굴조사 보고서』, 2006.
17) 우리문화재연구원, 『함안 엘엔피아파트 신축부지내 함안오곡리87번지 유적』, 2008.
18) 동아세아문화재연구원, 『함안 말산리 생활유적』, 2015.
19) 경남문화재연구원, 『진주 평거 3택지 개발사업지구(2지구)진주 평거동유적Ⅰ』, 2010.

인된 바가 있다. 이들 유적은 구릉 사면부 평탄지와 구릉 말단부에 입지하고 이러한 대형 지상식 건물지는 주거공간과 공간적으로 분리되어 독립적으로 조성되어 있으며, 제사 및 특수성격을 가진 건물지로 분류된다.

	대형건물지 취락	대형건물지
경남 진주 평거동		
함안 오곡리		
함안 충의 공원		
함안 말이산 생활 유적		

〈도면 5〉 서부경남 지역 대형건물지

〈사진 8〉 1호 지상식건물지 전경(정사영상, 남동－북서)

(2) 2호 건물지

2호 고상건물지는 1칸 규모의 평면상 정방형(4m×4m) 건물지로서, 주혈로 추정되는 대형 수혈(평면지름 약 1m) 4기가 건물지 네 면의 모서리에 해당하는 지점에서 각각 확인되고 있어, 굴립주 건물지로 판단된다. 수혈은 평면상 원형으로, 평기둥을 세우기 위하여 토성 내부 지표면에 노출된 암반층을 1m 정도의 깊이로 굴착한 것으로 보이며, 구

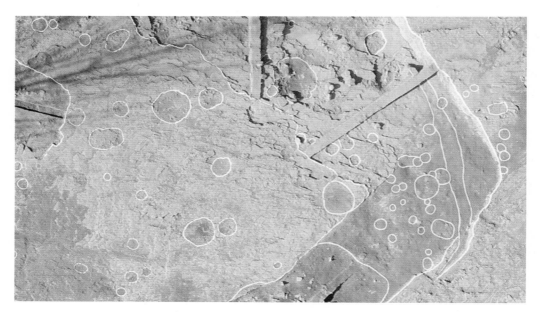

〈사진 9〉 2호 고상건물지(남동－북서)

릉 정상부에서 탁트인 남동쪽을 전망하기 좋은 위치에 배치되어 있으므로, 고상식(高床式) 망루시설이었을 가능성이 있다.

마산 현동유적, 칠원면 오곡리유적, 소포리유적 등 주로 곡부 퇴적지형에 조성된 생활유적에서는 수혈주거지보다 고상건물지나 지면식 건물지가 많이 조성된다. 이는 지형적인 요건에 따른 것으로 볼 수 있다. 왕성지 내 고상건물지는 일반 주거용과는 다른 저장 창고나 망루의 성격을 띠는 것으로 볼 수 있다.

2×2형의 경우 목주는 3개씩 박고 고상식의 가옥을 띠는 가형토기의 형태에서 그 조형을 유추할 수 있다. 가형토기의 정면에 개폐장치가 있는 문이 바깥에 있어 이는 저장의 용도로 쓰였을 가능성이 있다.

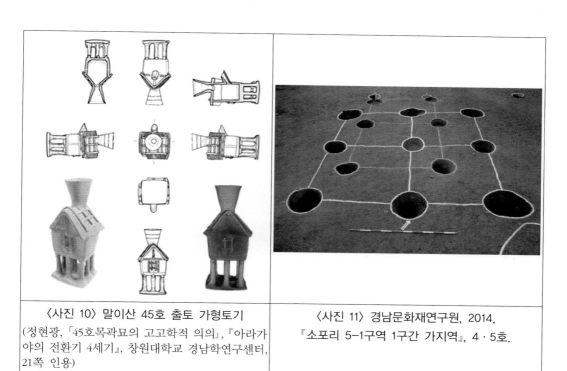

〈사진 10〉 말이산 45호 출토 가형토기	〈사진 11〉 경남문화재연구원, 2014,
(정현광, 「45호목곽묘의 고고학적 의의」, 『아라가야의 전환기 4세기』, 창원대학교 경남학연구센터, 21쪽 인용)	『소포리 5-1구역 1구간 가지역』, 4·5호.

2) 수혈건물지

(1) 부뚜막 달린 건물지(1호 건물지, 2호 건물지, 10호 건물지)

지상식 1호 건물지의 남쪽에 인접한 1호 건물지는 평면상 장방형(5.3m×3.4m)을 이루고 있으며, 수혈 깊이는 약 50cm이다.

건물지는 토성 내부 지표면을 굴착하여 조성하였다. 건물지의 위치가 구릉 상부의 풍화암반과 토성벽 성토 구간이 만나는 부분에 해당하여, 건물지 바닥면의 남쪽 구간에는 풍화암반이 보이며, 북쪽 구간에는 토성벽 성토층이 확인된다. 풍화암반이 굴착되어 울퉁불퉁한 바닥면에는 점토를 약간 채워 바닥 상면을 정리한 것으로 보인다. 바닥 상면 상에는 부분적으로 얇은 재층이 확인된다. 밖으로는 평면상 지름 30cm 내외의 주혈군이 정형성 없이 확인되며, 건물지 내부 주혈 확인조사가 진행 중이다.

건물지의 내부시설로는 동쪽 단벽에 붙여 평면상 방형(90×72cm)으로 소형 할석을 두른 부뚜막시설이 확인되는데, 할석 외부에 고운 황갈색의 점질토로 보강하여 시설하였다. 부뚜막 내부에는 붉게 소결된 흙이 확인된다.

건물지 내부에서 출토된 유물로는 고배편, 통형기대편, 도부호가 새겨진 파수부완 등의 도질토기류와 함께 시루, 옹의 적갈색 연질토기와 찰갑편, 철부, 철촉 등의 철제 무구류가 출토되었다. 특히, 이 가운데 통형기대나 찰갑 등은 일반 주거지에서 흔하게 출토되지 않는 유물로 주목된다.

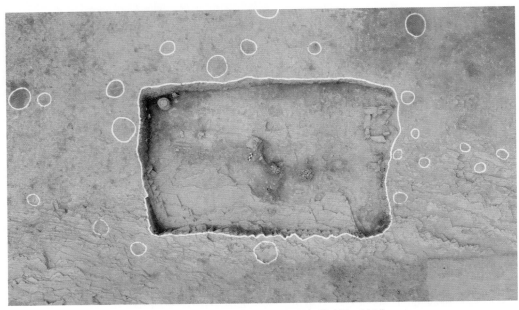

〈사진 12〉 1호 건물지 조사 중 전경(남동-북서)

〈사진 13〉부뚜막 세부 1

〈사진 14〉부뚜막 세부 2

(2) 2호 건물지

2호 건물지는 1호 건물지에서 서편으로 3m 정도 떨어져 인접하고 있으며, 평면형태는 방형(3.3m×2.6m)이다. 수혈 깊이는 약 20cm로 다른 건물지들에 비해 얕게 굴착되었다. 건물지의 위치는 1호 건물지처럼 구릉 상부 풍화암반면과 토성벽 성토부가 만나는

〈사진 14〉2호 건물지 조사 중 전경(북서-남동) 및 출토유물 세부

지점으로, 울퉁불퉁한 풍화암반 바닥면의 일부를 점토로 약간 메워 마감한 것으로 보인다. 건물지 주변에는 평면 지름 30cm 정도의 주혈군이 확인된다.

내부 시설로는 북쪽 단벽에 평면상 방형의 부뚜막이 확인되는데(40cm×42cm), 1호 건물지와 유사한 방식이나 할석과 고운 황색점토로 축조된 것으로 보인다.

유물은 건물지 바닥 상면에서 기대와 파수부호, 시루편, 철촉, 적갈색 연질옹 등이 출토되었다.

수혈식 방형 주거지 내부에서 할석으로 부뚜막이 딸린 주거지는 소포리유적 5-2-2구간[20]에서 확인된 세장방형의 주거지와 유사하다. 아직까지 함안에서 발견된 예는 없지만 대체로 장벽구석에 소형할석을 세워 놓고 바깥으로 배연이 되게 하는 구조를 띠고 있다. 가야리 왕성지 인근에 133-8번지 발굴조사[21]에서도 유구의 대분이 삭토되었으나 북쪽장벽에 점토로 부뚜막시설을 한 것으로 볼 수 있다. 이 외에 소포리 5-3구역 가지구 3구간[22]에서 확인된 수혈주거지에서도 방형의 형태를 띠면서 장벽중앙에 소형할석으로 부뚜막시설을 만들었다. 대체로 전라도 동부지역의 주거유형과 경상도 서부지역 주거지와 유사한 형태로 볼 수 있다. 특히, 부여 정지산유적 내 부뚜막을 가진 방형 수혈건물지가 다수 확인되는 점과 비교 가능하다.

(3) 10호 건물지

10호 건물지는 조사지역 남서쪽의 경사면에 위치하며, 등고선에 수평 방향으로 길게 배치된 장방형(10.4m×5.6m)의 건물지이다. 고도가 낮은 남쪽면의 높이에 맞춰 상대적으로 고도가 높은 북쪽의 기반암을 L자 형태로 굴착하여(깊이 약 80cm) 바닥면을 평탄하게 조성하였다. 평탄면 상에는 소형 판석으로 외곽을 두른 장방형 공간을 내부에 다시 구획하여 마련해두었는데, 장방형 공간 내부는 목탄과 재, 소토가 다량 혼입된 점토를 다져 바닥면을 조성한 것으로 판단된다. 공간 구획 판석은 점토를 덧대어 보강하였다.

[20] 경남문화재연구원,『함안 군북면 00부지 이전부지(5-2구역 2구간)발굴조사』, 2015.

[21] 경남발전연구원,『함안 가야리 133-8번지 공장부지내 발굴조사』, 2017.

[22] 동서문물연구원,『함안 군북면00부지 이전부지 5-3구역 가지구)내 발굴조사』, 2016.

[23] 湖南文化財研究院,『長興 葛頭遺蹟Ⅱ』, 2006.

[24] 국립공주박물관,『艇止山』, 1999.

[25] 부경문물연구원,『거창 송정리유적-거창 송정지구 도시개발사업부지내-』Ⅱ, 2017.

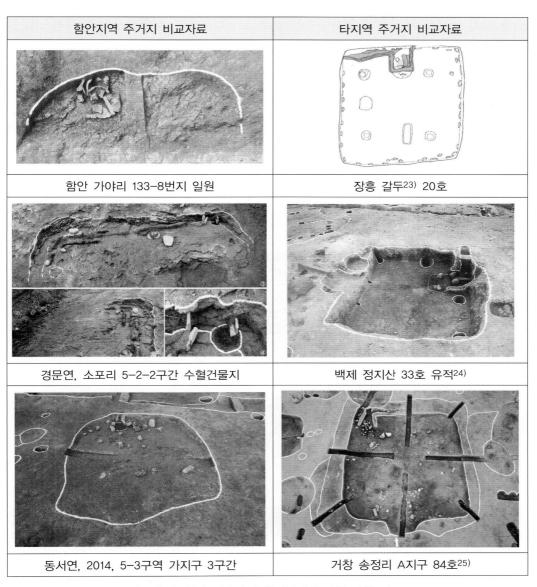

함안지역 주거지 비교자료	타지역 주거지 비교자료
함안 가야리 133-8번지 일원	장흥 갈두[23] 20호
경문연, 소포리 5-2-2구간 수혈건물지	백제 정지산 33호 유적[24]
동서연, 2014, 5-3구역 가지구 3구간	거창 송정리 A지구 84호[25]

〈도면 6〉 함안 부뚜막 수혈건물지와 다른 지역 비교

내부에 설치된 소형 판석은 건물 토벽의 하부가 경사면을 따라 흘러내려온 우수(雨水)
등으로부터 침식되는 것을 막기 위해 설치되었을 가능성이 있으며, 지상에 벽체를 조성
하고 그 위에 지붕을 얹은 반수혈건물로 추정된다. 건물지 내부시설로는 건물지 서편에
치우쳐 동서 방향으로 5m 정도 길이로 설치된 구들 딸린 부뚜막시설이 확인되는데, 연

도를 갖춘 형태로 특징적인 취사공간을 갖추고 있다. 한편, 부뚜막시설의 서편으로 원형 집석유구가 확인되는데, 부뚜막시설과 인접해 있으므로, 조사를 통해 10호 건물지와의 관계를 밝힐 필요가 있다.

건물지 내부 출토유물로는 연질토기, 기대편 등이 있다.

지금까지 구들이 딸린 주거지가 확인된 예는 함안 괴산리유적[26]의 통일기 주거지외에는 확인되지 않았다. 최근 소포리유적에서 석열군으로 보고한 유구의 석열내부에서 목탄과 소토가 확인되는 점에서 왕성지 내 10호 수혈유적과 유사한 성격의 유구로 판단된다. 이와 유사한 것은 부여 정북동유적 B-3지구에 구들 딸린 주거지와 유사하다.

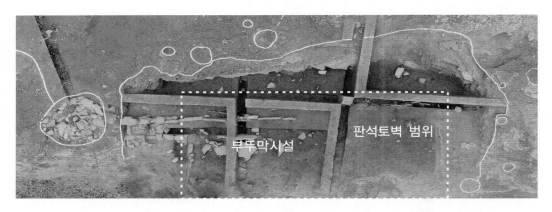

〈사진 15〉 10호 수혈건물지 내 부뚜막 세부 및 벽면 주혈 세부 전경

〈사진 16〉 경문연, 5-1구역 1구간 다지구 석열[27]

〈사진 17〉 부여 정북동유적[28]

---

[26] 동서문물연구원, 『咸安 槐山里遺蹟－경전선 복선전철 사업구간내 유적 조사 성과－』, 2011.

[27] 경남문화재연구원, 『5-1구역 1구간 가지역 발굴조사』, 2016.

[28] 충청문화재연구원, 『부여 정북동 유적』, 2005.

(4) 벽주식 수혈 건물지(3호 건물지)

〈사진 18〉 3호 건물지 조사완료 전경 및 주혈군 세부

3호 건물지는 조사지역 동남편에서 확인되었다. 평면형태는 방형이며(3.7m×2.7m), 수혈 깊이는 약 30cm이다. 건물지는 기반암인 풍화암반을 굴착하여 조성하였으며, 바닥에

별다른 정면 흔적이 확인되지 않았다. 건물지 내부 각 모서리에는 평면 지름 약 30cm의 주혈이 확인되며, 벽면을 따라 지름 10~15cm의 보조 주혈도 확인된다. 유물은 건물지 바닥면에서 적갈색 연질호편 등이 출토되었으며, 주혈 내부에서는 개편이 출토되었다.

벽을 따라 주혈군이 촘촘하게 확인되는 주거형태로 수혈주거지 내면은 벽주공간으로 협소해져 아마 상부주거지의 하부구조역할로 추정된다. 백제의 5세기 중후엽부터 벽주 수혈식 건물지가 생활면을 수혈로 조성한 것이 아니라 수혈로 평지조성한 후 지상식 건물을 조성하기 위한 것으로 보고 있다.[29] 따라서, 벽선을 따라 조밀한 주공이 배치되는 특징을 보이는 것으로 부여 정지산 10호와 유사하다. 이러한 벽주식 수혈건물지는 함안 오곡리 87번지일대 생활유구에서도 확인되는 형태로 이른 시기 지상식 벽주식 건물축조 이전형태로 보인다. 이러한 벽주식 수혈건물에서 주거지 구조 및 형태가 중기에 이르러 남해안지역에서도 수혈식 주거지가 감소하고 지상식 건물지가 다양한 형태 발전

	비교자료	함안지역
벽주식 수혈 건물지		
	정지산 10호	오곡리 22호
지면식 건물지		
	부여 군수리 S-4호 벽주건물지	거창 송정리 A지구 삼국시대 1호

〈도면 7〉 벽주식 건물지와 지면식 건물지

29) 이건일, 「백제 주거지 지상화과정 연구－호서지역을 중심으로－」, 충남대학교 석사학위논문, 2009.

하게 되어 지면식 건물지가 나타나는 것을 볼 수 있다. 거창 송정리 삼국시대 주거지군에서도 보인다. 이러한 주혈만 확인되는 벽주식 건물지는 부여 군수리[30]에서 확인되는 것과 유사하다. 이후 다수의 지상식 건물지로 이루어진 취락이 형성된다.

(5) 8호 건물지

토성의 내부는 북쪽으로는 인위적인 성토를 통해 구릉 상부의 기반암에 덧대어 평탄지를 넓힌 데 반해, 남쪽으로는 기반암의 자연경사를 그대로 유지한 채 경사면 상에 건물을 배치하였다(5~6호, 8~12호 수혈 건물지). 이 가운데 8호 건물지가 경사면의 가장 낮은 지점에 위치한다. 8호 건물지의 평면형태는 외곽은 암반을 방형(4.4m×3.6m)으로 굴착하여 조성하였으며, 내부에 다시 평면상 원형(지름 3.2m)의 수혈을 시설하였다. 타원형 수혈의 깊이는 1.2m이다. 건물지 외곽에서는 여러 개의 주혈이 확인된다. 방형의 건물지 내부에는 고도가 높은 쪽(북동쪽 모서리)에 판석으로 만든 시설이 확인되었으며, 고도가 낮은 쪽(남쪽)에는 원형 수혈에 연결된 구상유구가 지형상 높은 곳에서 낮은 곳으로 1m 이상 길게 설치되어 있어, 일종의 배수구로 추정된다. 토성 내부의 소형 집수지로 보이며, 향후 조사시 이와 유사한 유구를 비교 검토해 볼 필요가 있다.

〈사진 19〉 8호 건물지 전경(남-북)

---

30) 이형원, 「부여 군수리 지점 공간구획 및 성격 사비도성」, 『능산리지점 및 군수리지점 발굴보고서』, 2003.

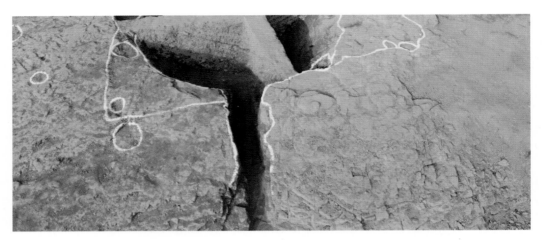

〈사진 20〉 8호 건물지 내부 원형수혈에 연결된 구상유구(출수구 추정)

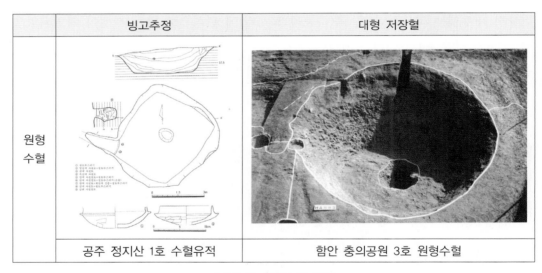

빙고추정	대형 저장혈
공주 정지산 1호 수혈유적	함안 충의공원 3호 원형수혈

〈도면 8〉 원형수혈 비교

원형의 배수로를 가진 유구 중에 빙고로 추정되기도 하는데[31] 8호 유구 배수구 앞에는 얼음을 넣었다가 막는 구조를 배수구 앞에 설치해야 하는데 아직 조사가 진행중이라 정확한 용도는 알 수 없다. 그리고 원형의 수혈 외곽으로 다시 방형의 수혈을 굴착하고 경사가 높은 곳에 판석형의 시설을 한 점은 단순한 빙고의 시설로 보기에는 어려운 점

---

31) 김길식, 「氷庫를 통해 본 公州 艇止山遺蹟의 性格」, 『考古學誌』 12, 2001.

이 있으나 빙고유구의 토층조사에서 목탄층이 띠처럼 깔리는 현상이 8호 건물지 내 토층에서도 보이고 있어 향후 자세한 검토가 요구된다. 이러한 대형 건물지와 더불어 제사용 빙고가 사용되는 정지산유적의 경우에는 제의의 공간으로 볼 수 있는데 함안의 충의공원 부지 내 유적에서 대형 건물지를 중앙에 배치하고 그 외곽에 대형 저장혈이 다수 열을 지어 분포하고 있어 대형수혈유구의 용도에 대해서 재고해 볼만하다.

4. 출토유물로 본 왕성지의 축조시기

왕성지 내 출토된 토기는 통형기대, 파수부완, 고배대각, 개배 등의 도질토기가 주를 이루며, 건물지 부뚜막 내부에서는 시루편, 적갈색 연질호 등이 다수 확인되었다. 출토된 토기는 대부분 아라가야 양식의 유물이 대부분을 차지하고 있으나, 소가야·대가야, 비화가야양식의 유물도 함께 출토되어 주목된다.

토기의 편년은 1호 건물지 내부에서 출토된 통형기대편이 말이산 4(舊34호)호분 출토 통형기대편과 유사하며 2호 주거지에서 출토된 고배대각은 3단의 장방형투창을 뚫은 형태로 함안 도항리 5호분출토 고배와 유사하다. 함께 출토되는 양이파수부배의 형태는 말이산 47호와 같은 단계로 6세기 2/4분기로 편년되고 있다. 말이산 고분군의 상대편년은 말이산 4호→말이산 13호, 15호→암각화→말이산 5호, 8호, 47호의 순으로 편년할 수 있다. 말이산 4호 황남대총 남분단계와 병행기로(눌지왕설의 5세기 3/4분기에 따른다) 볼 수 있고 암각화 6세기 1/4, 도항리 47호 6세기 2/4에 비정된다.

대체로 출토된 유물이 5세기 중반 ~ 6세기 중반의 유물로 말이산 고총고분군의 축조에서 4호분이 축조되는 시기에 같이 운영되었던 것으로 추정된다. 또한, 내부 바닥 상면에서 채취한 목탄시료의 방사성탄소 연대가 416~556년으로 측정되어 토기편년과도 대체로 일치한다.

---

32) 國立金海博物館, 『咸安 末伊山 4號墳(舊34號)』, 2017.

33) 國立昌原文化財研究所, 『咸安道項里古墳群 Ⅰ』, 1997.

34) 國立昌原文化財研究所, 『咸安岩刻畵古墳』, 1996.

35) 國立昌原文化財研究所, 『咸安道項里古墳群 Ⅲ』, 2000.

	고배	개	파수부배	기대		
말이산 4호분[32]						
말이산 15호[33]						
말이산 암각화[34]						
말이산 47호[35]						

〈도면 9〉 왕성지와 공존하는 말이산 고총고분 편년표

토기 이외에도 철촉, 철부, 찰갑편 등의 철제 무구류 건물지 내부에서 함께 출토되었는데, 이 가운데 아라가야의 생활유구에서는 처음으로 찰갑편이 출토되어 주목된다.

	분묘	주거지	산성
마갑편	말이산4호	30호 예맥문화재연구원, 『화천 연천리유적』, 2013.	공주대학교 박물관, 『웅진성 공산성』, 2013.
	말이산6호		
	말이산8호		
	마갑총		
찰갑편	말이산 8호	경기도박물관, 『포천 자작리』, 2004.	경기도박물관, 『소근산성』, 2012.
	말이산 43호	경기도박물관, 『파주 주월리』, 1999.	
	말이산 48호	경기도문화재연구원, 『가평 대성리유적』, 2009.	
	말이산 암각화	경기도문화재연구원, 『광주 장지동유적』, 2010.	
	남문외 11호분		

〈도면 10〉 왕성 내 주거지 출토 찰갑과 마갑류 비교

　　대체로 영남지역은 분묘유구에 부장품으로 출토되고 있지만 백제지역에서는 주거지
나 산성 내 수혈유구에서도 출토되고 있다.
　　가장 이른 시기의 철제소찰이 확인되는 유적은 가평 대성유적이며 포천 자작리, 파주

<사진 21> 주요 출토유물

주월리 3세기 주거지에서 출토되었다. 이들 소찰은 한반도에서 제작되었다고 보기 어려우며 외부에서 유입된 것으로 추정된다. 화천 원천리 30호 주거지는 4세기 후반 5세기 전반의 고구려의 영향이 있었고, 봉명동 C10호묘는 전연형 마갑으로 추정하였다.[36]

또, 산성에서 출토된 예로는 화성 소근산성에서 출토되는데 소근산성에서 무기와 마구류가 다수 출토되어 군사적 목적을 뚜렷하게 보여주고 있다. 그 외 공산성에서 출토된 마갑은 정관 19년명(645년)이 새겨진 찰갑과 공반되었다.

왕성지 내 1호 주거지에서 나온 찰갑편은 윗부분이 둥글고 아래쪽이 방형인 형태이고 그 상단에 가로원공, 세로 원공이 2개가 뚫린 말이산 4호 마갑편과 유사하다. 방형의 철판은 가운데 장방형의 구멍이 뚫려 있고 양쪽 끝에 원공이 뚫린 형태로 현재까지 찰갑편에서는 보이지 않고 마갑편일 가능성이 있다.

Ⅲ. 유적의 특징

1. 왕성의 내부구조와 범위추정

1) 왕성의 내부구조 특징

토성 내부는 외부에 토루를 두고 내부에는 비교적 규칙적으로 건물이 배치되는 형태를 띠는데 건물지군은 구릉 정상의 중앙부를 제외한 외곽에 배치되어 있다. 따라서 중앙부는 공지(400㎡)로 비워져 있어, 작은 야외집회장으로서의 기능을 했을 것으로 보인다. 또한, 취사시설을 갖춘 1호·2호 건물지, 3,4호 지면식 건물지와 지상식 고상건물지를 배치하여 주변을 조망하기 좋은 곳에 배치하였다. 건물지 내부에서는 철촉, 철부, 찰갑편 등의 철제 무구류가 여러 점 출토되어, 토성에 체류하던 집단 가운데 군사집단이 포함되어 있었을 것으로 판단된다. 이를 통해, 상비군체제를 갖춘 지배층을 존재를 유추해볼 수 있다.

이러한 공간배치는 생활유적이 다수 조사된 소포리유적에서는 볼 수 없는 현상이며

---

36) 김성호, 「삼국시대 마갑연구」, 부산대학교 석사학위논문, 2019.

대체로 부여 정지산유적과 같이 특수화된 유적군과 비슷한 배치양상을 보인다. 특히, 대벽건물지는 빈전으로 쓰인 의례공간인데 그 외곽에 원형의 배수구를 가진 수혈유구의 존재에서도 특수한 목적의 건물지가 조성되어 있다.

함안의 충의공원부지에서도 대형의 반타원형 건물지를 중앙에 두고 외곽에 원형의 수혈유구 다수가 배치되는 기획된 의도를 가지고 있다고 볼 수 있다.

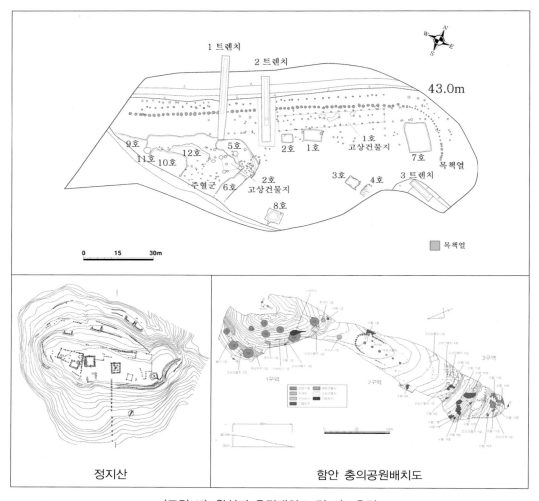

〈도면 11〉 왕성지 유적배치도 및 비교유적

2) 왕성의 범위추정

현재 추정 왕성지로 전해지고 있는 곳은 가야리 유적군[37])이 위치한 동쪽 사면 하단부에서부터 남문외 고분군까지 이어지는 희미한 잔구흔과 가야동 일대의 해발 약 43m의 독립구릉지에 해당한다. 이러한 근거를 가지는 이유는 최근 가야리 구릉 말단부를 중심으로 전원주택부지에 대한 소규모 발굴을 통해 가야시기 관련 생활유적이 확인되기 시작하였기 때문이다. 먼저, 북동 구릉 말단부 작은 가야동에 해당하는 256-1번지일대[38])에서는 수혈 5기가 확인되었다. 그중 3기에서 삼국시대 토기가 출토되었다. 또한, 구릉의 동쪽 능선 끝자락의 가야동 190-9번지 일대[39]) 소규모 발굴조사에서 등고와 평행하게 일렬로 이어지는 6개의 주혈군이 확인되었다. 이 주혈군은 표토 직하에 암반을 굴착하고 직경 50~64cm, 깊이는 10~24cm 정도로 거의 바닥만이 잔존하여 남아 있었다. 목주간의 간격은 120cm이다. 이 주혈군은 당시에는 굴립주 주혈의 바닥으로 판단하였으나 위치나 형태로 보아 현재 추정 왕성지 발굴조사에 확인된 왕성 외곽의 목책 시설의 일부였을 가능성이 있다. 추정 왕성지의 남동쪽 구릉 끝자락에 해당하는 곳인 가야동 133-8번지[40]) 일대 발굴조사에서 확인된 삼국시대 관련 유구로는 주거지 2동, 굴립주 건물지 1동, 주혈열 1기, 구상유구 8기가 확인되었다. 유물로는 삼국시대 적갈색 연질토기와 기대편이 출토되었다. 따라서, 이전에 발굴조사된 유적을 현재 확인된 추정 왕성지와 관련지어 적극적으로 해석해 볼 여지가 있다. 특히, 190-9번지일대의 1열의 주혈군은 위치면에서 토성의 상부에서 확인된 목주열과 평행하게 이어지고 있어 성의 외곽을 결정지을 가능성이 있는 중요한 지점이며, 이러한 근거로 사적 554호 가야리 유적군의 범위가 결정되었다.

이러한 독립구릉에 위치한 왕성지 유적이 입지한 지점은 함안군 중앙에 위치하고 있다. 유적 남쪽에는 중소하천인 신음천(옛 대문천)과 광정천이 합류하여 동북쪽에 있는

---

37) 昌原大學校博物館, 『文化遺蹟 分布地圖-咸安郡-』, 2006; 문화재청 문화재GIS통합 인트라넷시스템 http://intranet.gis-heritage.go.kr.

38) 해동문화재연구원, 『함안 가야리256-1번지 단독주택 신축공사부지내 문화재 발굴조사 약보고서』, 2013.

39) 우리문화재연구원, 『함안 가야읍가야리 190-9번지근린주택조성부지내 문화재 시굴조사 약보고서』, 2014.

40) 경남발전연구원 역사문화센터, 『함안 가야리 133-8번지 유적』, 2017.

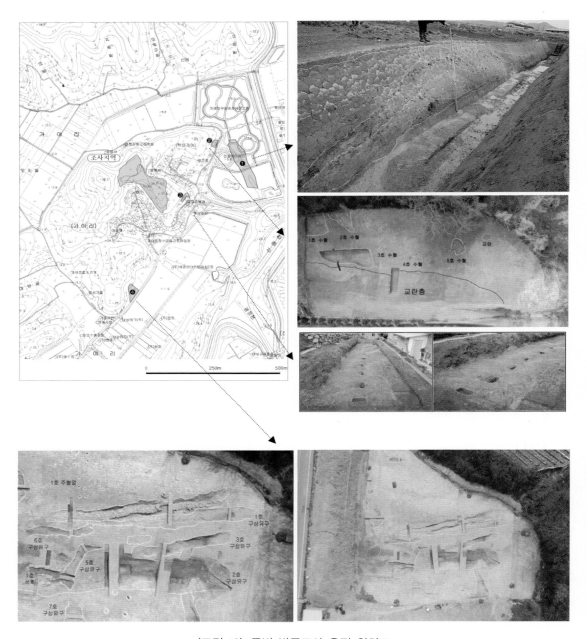

〈도면 12〉 주변 발굴조사 유적 위치도

함안천에 합수된다. 따라서 왕성지가 확인되는 구릉지를 제외한 지역은 습지와 목초지
가 넓게 분포[41]했음을 추측해볼 수 있다. 추정 왕성지 외곽을 둘러싸는 토성의 북쪽으

〈표 1〉 주변 유적 발굴조사 목록

위치	유적명	대표유구
1	함안 가야리 제방유적	제방
2	함안 가야리 256-1번지	수혈유구
3	함안 가야리 190-9번지	주혈군
4	함안 가야리 133-8번지	구상유구, 수혈, 주혈군

〈사진 22〉 가야리 제방에서 본 왕성지 유적 전경(가야리 제방유적 보고서 전제)

로는 비교적 급경사의 지형을 띠고 있어 폐쇄적이며 남동쪽으로는 신음천이 북동쪽으로 곡류하여 남강으로 흘러들어가는 곳으로 독립구릉 외곽의 자연해자와 같은 역할을 하였을 것으로 추측된다. 즉, 북쪽으로는 접근 어려운 반면, 동남쪽으로 시야가 트이고 정상부는 평탄한 대지를 이루고 있어, 주변의 저지대를 관망하기 유리할 뿐만 아니라 방어에도 유리한 입지 조건을 가지고 있다.

---

41) 咸安文化院, 『國譯 咸州誌』, 1999, 38·205쪽.
"水牛放牧 代山白沙之界有汚地名曰水牛放牧諺傳琉球國獻水牛命牧牛此牛飽則入水臥眼云"
대산리와 백사리의 경계에 늪지대에 맑은 못이 있는데, 이름하여 물소를 놓아먹인다고 방목이라 한다. 전해오기를 유구국(현: 오키나와)에서 물소를 헌납하여 이곳에 방목하였더니 물소가 배부르면 물속에서 잠을 자므로 방목이라 했다 한다.

추정 왕성지의 동쪽에 위치하는 토성지에 대한 발굴조사에서 대규모의 노동력을 동원하여 축조한 제방이 확인되었다.[42] 가야리 제방유적은 삼국시대에 통상적으로 조성된 저수용(貯水用)제방이 아니라 하천의 범람으로부터 가야리 일대의 곡간부를 보호하기 위한 차수용(遮水用) 제방으로 보고 있다.

독립구릉을 둘러싸는 제방축조로 자연해자와 같은 역할을 하며 남문외고분으로 이어지는 길은 제방과 같은 지금의 소로로 연결되었을 가능성이 높다.

2. 산성과의 관계

함안은 경상남도 중남부에 위치하고 있으며, 함안을 둘러싸고 있는 산과 강의 지형적 경계선을 따라 주변의 각 시·군과 경계가 나뉘어 있다. 함안군은 북쪽으로는 의령군과 창녕군이, 서쪽으로는 진주시와, 동쪽과 남쪽으로는 창원시와 경계를 이루고 있다. 함안군의 지형은 남쪽에는 높은 산지가 위치하고 북쪽은 남강과 낙동강이 흘러 낮은 지세를 띠고 있다.

함안군의 동쪽 경계는 해발 500~700m에 이르는 높은 산들로 둘러싸여 있고, 그 안쪽은 삼봉산(해발 302m)과 자양산(401.6m)을 중심으로 남-북향으로 발달된 산계로 인해 내부의 생활권이 서쪽에서부터 군북권, 가야권 그리고 칠원권으로 삼분되는 양상을 띠고 있다. 산계에 의해 삼분된 생활권역을 중심으로 군북권은 석교천, 가야권은 함안천, 칠원권은 광려천이 흘러 남강이나 낙동강에 합류된다.

따라서, 함안은 북쪽을 제외한 서·남·동쪽 삼면이 산으로 둘러쌓여 폐쇄적인 지형을 이루고 있으므로, 주로 북쪽의 남강과 낙동강을 통해 다른 가야지역과 교통하였을 것으로 추정되고 있다. 그 외 함안 외곽의 최고봉인 여항산(해발 770m)을 비롯하여 서북산(해발 739m), 봉화산(해발 676m), 광려산(720m)의 곡부를 통과하여 남해안으로 이르는 좁은 곡간지를 이용한 교류도 있었을 것으로 보인다.

아라가야 추정 왕성지를 둘러싼 2~3km 내에 위치한 준봉은 북서쪽으로는 삼봉산(해발 302m)의 서쪽 봉산산성과 남쪽으로는 조남산(해발 139.4m)의 성산산성, 동쪽으로는 자양산(해발 401.6m)이 남쪽으로 뻗어내린 능선 끝자락에 문암산성(해발 150m)과, 동지

---

[42] 우리문화재연구원, 『함안 가야리 제방유적』, 2010.

산(해발 190m)이 주변을 에워싸고 있는데, 현재 왕성 내부에서 조망이 가능하다. 이들 산성은 각기 서, 남, 동쪽으로 향하는 길목에 위치하여 왕성을 둘러싸는 외곽의 성이 도성의 외부를 막아주는 방어성의 구실을 하였을 것으로 추정된다. 산지 외곽으로는 곡간지를 통해 외부로 이어지는 곳에 2차 방어선의 산성이 위치한다. 남쪽으로 방어산성, 여항산성, 포덕산성, 북쪽의 낙동강유역으로는 안곡산성, 검단산성, 성지봉산성, 용성리 산성등이 포진하여 아라가야 분지 내부를 보호하는 지점에 위치한다.

특히, 봉산산성은 가야리 왕성지를 보호하듯 둘러싸고 있어 이는 고구려의 평지성과 산성의 세트에서처럼 평상시 거점성과 비상시 군사방어성을 세트로 하는 도성구조를 갖추었을 가능성을 보여준다. 최근에 실시한 조사[43]를 보면 봉산성 내부가 3개의 봉우리로 이루어져 있는 산성이다.

동봉은 삼봉산의 가장 동쪽에 솟은 봉우리(271m)로 정성부를 따라 축성된 테뫼식 석축산성이다. 산성의 평면 형태는 타원형에 가까우며, 규모는 약 293m, 면적은 약 4,207㎡이다. 산성에서는 동쪽으로 마산 및 창원에서 진입하는 신당고개, 남쪽으로 남강 및 그 건너 의령 방면, 서쪽으로 군북면 및 방어산성 등과 더불어 가야읍 주변에 축성된 대부분의 산성들을 바라 볼 수 있는 탁월한 조망권을 가진다.

중봉은 산봉우리 곳곳에 암괴가 노두 되어 있으며, 산정상부는 비교적 완만한 평탄지를 이룬다. 평면 형태는 타원형으로 규모는 264m, 면적은 3,464㎡ 정도이다. 산성의 조망권은 동봉과 동일하다.

서봉은 산성의 평면 형태는 타원형으로 규모는 360m, 면적은 4,881㎡ 정도이다.

산성의 조망권은 동봉과 동일하지만, 군북 방면과 방어산성, 의령 일대를 조망하기에 유리하다. 산성에서 출토된 유물은 6세기 전반으로 추정되는 배신형토기인데 가야리 왕성지 출토품과 동일한 시기이다. 봉성산성은 가야리 왕성을 병풍처럼 막아주는 역할을 하고 있다. 이러한 왕성과 군사방어성의 완성이 대체로 5세기 후반에 이루어진 것으로 보인다.

최근 발굴조사로 알려진 안곡산성[44]은 축조에서 구지표면을 계단상으로 절토하여 절토부 상부에 정지하고 다량의 할석을 채우고 외벽에 기저부 보강하는 보축토를 설치하

---

43) 함안군·창원대학교 경남학연구센터, 『함안군 성곽문화재 기초조사보고서』, 2017.
44) 동아세아문화재연구원, 「함안 안곡산 봉수대 정밀발굴조사 학술자문회의」, 2018.

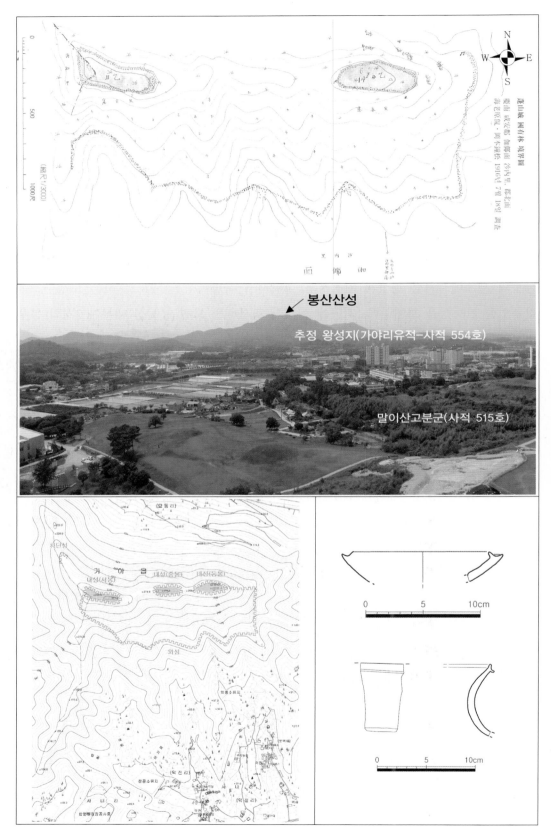

〈도면 13〉 봉산산성 위치도 및 봉산산성 출토유물

였다. 석심내측에 흙과 할석으로 뒤채움한 뒤 성벽 전면에 피복하였으며 이후 성벽 내부에 고상건물 등의 부속시설을 조성하였다. 내부에서 출토되는 고배와 단경호편은 도항리 6호와 유사하며 5세기 후반 6세기 전반으로 편년된다. 유물에서도 아라가야고배뿐만 아니라 소가야고배도 함께 출토되었다. 이는 평지성인 왕성과 방어성인 봉산산성, 안곡산성이 모두 같은 시기에 운영되고 있었음을 보여주는 자료이다.

3. 고분군과의 관계

가야읍 내부에는 북서사면으로 덕전고분군, 선왕고분군, 남동쪽의 잔구릉에는 남문외고분군, 아라가야의 중심묘역인 함안 말이산 고분군(사적 515호)이 위치하고 서쪽으로는 필동고분군이 아라가야 왕궁지를 중심으로 반경 1km 내에 분포하고 있다.

가야동 왕성과 동시기 기능하였을 것으로 추정되는 고분군은 현재 조사된 함안 말이산 고분군 4호분이 있는 지점부터 왕성이 완성되고 같이 기능하기 시작하였을 것으로 보인다. 4호분이 입지한 지역은 말이산 북쪽 능선 중 가장 입지가 탁월한 곳에 조영되고 연이어 8호묘와 6호묘가 조성된다. 김해중심의 전기가야에서 5세기 후반에 아라가야가 다시 강성해지고 있음을 보인다. 그러나 6호묘와 8호묘의 격차가 보이지 않는다. 이러한 왕릉급이 왕족과 왕릉이 같은 구릉에 차지하고 있어 왕릉의 격절성을 보기 어렵다고 보고 있다.[45] 이와 관련된 것인지 5세기 후반 13호를 지나 6세기 전엽 25호분 주변에는 다소 산만하게 조영되고 6세기 중엽 37호분을 끝으로 말이산에서 왕릉급 무덤이 끝이 난다.

남문외고분군은 6세기 전엽에서부터 횡구식석실묘를 축조하기 시작한다. 여기에서 출토되는 유물이 대가야계 통형기대가 부장되고 있다는 점은 의미있는 변화로 주목된다. 피장자는 장식성이 강한 목관에 안치하였으며 토기와 함께 다수의 철기, 장신구류, 마구류, 무구류가 출토되었다. 출토된 이식과 팔찌는 피장자가 착장했다.

이 시기는 아라가야 세력이 대형의 고총고분군을 조성하고, 대외교섭을 활발하게 전개하였던 전성기에 해당된다.

이번 발굴조사에서 확인된 토성과 내부 시설의 규모 등을 고려할 때, 6세기 전반까지

---

45) 박천수, 『가야문명사』, 진인진, 2018, 320쪽.

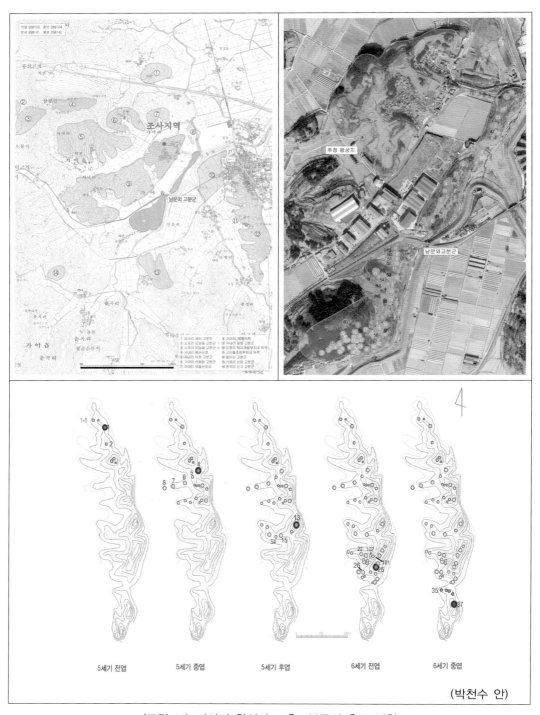

〈도면 14〉 가야리 왕성과 고총고분군의 축조 변천

도 대규모 노동력을 동원할 수 있는 막강한 정치권력이 존재하였고, 이러한 권력을 소
유하였던 최고 지배층의 거주공간이 있었을 것으로 추정해 볼 수 있다. 한편,『일본서
기』흠명기 552년 기록에 '안라왕(安羅王)'이 등장하고 있는데, 이번 조사 결과를 통해,
아라가야의 왕이 거주하였던 것으로 짐작되는 성의 존재를 확인할 수 있었다.

아라가야 왕성지의 시기가 현재 발굴자료로 볼 때 5세기 중후엽보다 이른시기 유물
이 보이지 않고 있다. 그러나 말이산 고분군에 4세기 말, 5세기 초에 해당하는 45호분의
대형분이 발굴된 지금에서는 아라가야 출현기 왕성의 역할을 하는 곳도 역시 이 구릉일
가능성이 높다. 따라서, 발굴된 구간을 넓혀 구릉이 시작하는 말단부에도 확인이 필요
하다.

Ⅳ. 맺음말

조사대상지에 해당하는 함안군 가야리 289번지 일원은 아라가야 추정 왕성지의 북쪽
구릉 사면과 상부 평탄면에 해당하는 곳이며, 토루의 흔적이 있어 삼국시대 취락 등이
있을 것으로 예상되던 지역이다. 발굴조사 결과, 구릉 북쪽 사면에서 구릉 상부 평탄지
에 이르는 구간은 인공적인 토성벽과 목주열이 확인되었으며, 토성 내부에 해당하는 구
릉 상부에서는 건물지 14동이 확인되었다. 또한, 구릉 상부에 연결된 남쪽 구릉 사면의
시굴조사 구간에서도 유사한 성격의 주혈군과 수혈유구가 밀집해있는 것으로 확인되었
다. 출토유물로는 적갈색 연질토기, 도질토기, 철제 무기류 등 다양한 종류의 유물이 확
인되었으며 유적의 중요성으로 인해 사적 554호로 지정되었으며 가야리 유적으로 명명
되었다.

지금까지의 발굴조사는 아라가야 왕성지에 대한 초기단계이며 기존의 발굴성과와 발
굴된 주변유적과의 검토를 통해 보다 진전된 연구를 하기 위한 앞으로의 과제를 정리하
면 다음과 같다.

1. 토성내벽과 평면조사를 통해 영정주와 횡가목의 존재를 알게 되었다. 토성축조의
구획단위별 단위공정별 특징을 밝힐 필요가 있다.

2. 토성 내부에서는 여러 동의 건물지가 확인되었으며, 방형의 부뚜막을 갖춘 수혈건물지와 수혈식 벽주건물지가 확인되었다. 전형적인 백제의 벽주건물지와 성격을 비교 검토해야 한다. 현재까지 벽주식 건물의 연구는 백제에서 가장 먼저 쓰여졌을 거라 생각하지만 거창 송정리유적에서 벽구에 주혈이 많이 남아 있는 지면식 건물지와 벽주에 주혈이 많은 4주식 주거지가 확인되고 있고 출토유물로 보아도 4세기후반 5세기 전반의 것으로 볼 때 벽주건물이 백제에서 먼저 발생했을 것으로 보여지지 않는다. 일본의 나라 난고야나기하라유적(南鄕柳原)유적에서 발굴된 벽주건물이 5세기 전반경으로 보이고 있기 때문이다.[46] 오히려 난고유적에 5세기 단야집단의 중심공방과 관련이 있는 가야계로 보고 있기 때문에 가야에서 조형을 찾을 수도 있다고 본다. 그러한 의미에서 왕성지에서 확인되는 수혈계 벽주식 건물의 존재는 중요하며 함안의 이른 시기 생활유적이나 서부경남지역의 생활유구를 면밀히 검토하여 벽주건물의 계보를 검토해야 한다.

3. 왕성지 내부의 공간구획과 각 유구의 기능을 내부조사를 통해 더욱 면밀히 검토해야 하고 아울러 왕성지를 둘러싸는 공간범위와 왕궁지에 대한 검토를 통해 4세기대 고총과 함께 기능하였을 왕성지의 범위를 넓게 탐색해야 한다.

이상 이번 발굴조사를 통해 확인된 추정 왕성지는 아라가야 중심권역의 공간구조와 공간 활용 방식을 살펴볼 수 있는 중요한 자료로서 아라가야의 도시경관 복원 기반을 마련할 수 있게 되었다. 또한, 왕성은 단순한 토목건축물로서 이해하기보다는 아라가야의 위상을 시각적으로 보여줄 수 있는 고고학적 자료로서, 앞으로 아라가야 실체 복원 연구에 중요한 역할을 할 수 있을 것으로 기대된다.

특히, 아라가야 왕성의 실체를 통해 그동안 알려졌던 금관가야의 봉황토성, 대가야의 왕궁지, 합천의 성산토성의 조사자료와 비교검토를 통해, 가야의 도성에 대한 입지와 축조기법에 대해 적극적인 해석을 할 수 있는 근거를 확보하였다는 점에 큰 의의가 있다.

---

46) 靑柳泰介, 「大壁建物 再考」, 『橿原考古學硏究所論集』 第十四, 2003.

【참고문헌】

경기도박물관, 『소근산성』, 2012.

경기문화재단, 『한성백제 고고학자료집』, 2005.

경남고고학연구소, 『김해 봉황토성』, 2005.

경남문화재연구원, 『진주 평거 3택지 개발사업지구(2지구)진주 평거동유적Ⅰ』, 2010.

경남문화재연구원, 『함안 군북면 00부지 이전부지(5-2구역 2구간)발굴조사』, 2015.

경남문화재연구원, 『5-1구역 1구간 가지역 발굴조사』, 2016.

경남발전연구원 역사문화센터, 『함안 가야리 133-8번지 유적』, 2017.

경북대학교박물관, 『傳 대가야 왕궁지』, 2006.

국립가야문화재연구소, 『함안 아라가야 추정왕궁지 발굴조사 현장설명회 자료』, 2018.6.

국립가야문화재연구소, 『함안 아라가야 추정왕성지 발굴조사 2차 현장설명회 자료』, 2018.12.

국립가야문화재연구소, 「문헌과 고고학자료로 본 가야」, 『제1회 가야사 기획 학술심포지엄』, 2018.

국립가야문화재연구소, 「함안 가야리유적 (사적554호)발굴조사 학술자문회의」 자료집, 2019.10.

國立金海博物館, 『咸安 末伊山 4號墳(舊34號)』, 2017.

국립부여문화재연구소, 『帝釋寺址 발굴조사 보고서Ⅰ』, 2011.

國立昌原文化財硏究所, 『咸安岩刻畵古墳』, 1996.

國立昌原文化財硏究所, 『咸安道項里古墳群 Ⅰ』, 1997.

國立昌原文化財硏究所, 『咸安道項里古墳群 Ⅲ』, 2000.

국립창원문화재연구소·창원대학교박물관, 『아라가야문화권 유적 정밀지표조사 보고서』, 1995.

김길식, 「氷庫를 통해 본 公州 艇止山遺蹟의 性格」, 『考古學誌』12, 2001.

김재현, 「함안의 자연지리와 산성의 입지」, 『아라가야 산성, 보존과 활용』, 창원대학교 경남학연
　　　구센터 학술심포지엄, 2017.

단국대학교 중앙박물관, 『望夷山城 發掘 報告書(1)』, 1996.

동서문물연구원, 『김해 봉황동 토성지 – 김해 봉황동 신축부지내 유적(220-16유적) – 』, 2010.

동서문물연구원, 『咸安 槐山里遺蹟 – 경전선 복선전철 사업구간내 유적 조사 성과 – 』, 2011.

동서문물연구원, 『합천 성산리성지』, 2015.

동서문물연구원, 『함안 군북면00부지 이전부지 5-3구역 가지구)내 발굴조사』, 2016.

동아세아문화재연구원, 『함안 충의공원 조성부지내 문화유적 발굴조사 보고서』, 2006.

동아세아문화재연구원, 『함안 말산리 생활유적』, 2015.

동아세아문화재연구원, 「함안 안곡산 봉수대 정밀발굴조사 학술자문회의」, 2018.

박상욱, 「합천 성산토성(다라국성)구조와 특징－발굴조사성과를 중심으로」, 『삼국시대 토성과 목책성』, 한국성곽학회 2016년도 춘계학술대회, 2016.

박천수, 『가야문명사』, 진인진, 2018.

백영종, 「증평 이성산성의 성벽 축조방법과 성내 시설물에 대한 검토」, 『증평 이성산성 정비·활용방안 마련을 위한 기초학술 세미나』, 중원문화재연구원, 2011.

부경문물연구원, 『거창 송정리유적－거창 송정지구 도시개발사업부지내－』Ⅱ, 2017.

부산대학교박물관, 『김해 봉황대유적』, 1998.

신희권, 「風納土城의 축조기법과 그 성격에 대하여」, 『風納土城의 發掘과 그 成果』, 한밭대학교 향토문화연구소, 2001.

심광주, 「가야리토성의 축성법과 의의」, 『2019, '가야리유적'(전 아라가야 왕궁지 사적지정을 위한 학술심포지엄』, 창원대학교 경남학연구센터, 2019.

아라가야향토사연구회, 『안라국고성, 문화유적분포지도－함안군－』, 1996·2000.

우리문화재연구원, 『함안 엘엔피아파트 신축부지내 함안오곡리87번지 유적』, 2008.

우리문화재연구원, 『함안 가야읍 가야리 190-9번지근린주택조성부지내 문화재 시굴조사 약보고서』, 2014.

우리문화재연구원·咸安郡, 『咸安 伽倻里 堤坊遺蹟』, 2010.

이건일, 「백제 주거지 지상화과정 연구－호서지역을 중심으로－」, 충남대학교 석사학위논문, 2009.

이성주, 「국읍으로서 봉황동유적」, 『김해봉황동유적과 고대 동아시아－가야 왕성을 탐구하다－』, 제24회 가야사국제학술대회, 2018.

이주헌, 「아라가야에 대한 연구동향과 향후전망」, 『아라가야의 위상과 국제관계』, 제9회 아라가야 학술회의, 함안군, 2017.

이지은, 「安羅國 都城의 景觀 硏究」, 경남대학교 대학원 석사학위논문, 2011.

이춘선, 「함안 아라가야 추정 왕궁지 발굴조사 성과」, 『2018 가야문화유산 최신조사 성과』, 국립나주·가야문화재연구소 학술대회, 2018.11.

이춘선, 「아라가야 추정 왕성지 발굴조사 성과」, 『아라가야의 역사와 공간』, 제10회 아라가야 국제학술심포지엄, 창원대학교 경남학연구센터, 2018.12.

이형원, 「부여 군수리 지점 공간구획 및 성격 사비도성」, 『능산리지점 및 군수리지점 발굴보고서』, 2003.

이희준, 「함안 아라가야 추정 왕성지 발굴조사 성과」, 『2019, '가야리유적'(전 아라가야 왕궁지 사적지정을 위한 학술심포지엄』, 창원대학교 경남학연구센터, 2019.

중부고고학연구소, 『화성 길성리 토성』, 2011.

中原文化財研究院, 『忠州 彈琴臺土城 I 』, 2009.

昌原大學校博物館, 『文化遺蹟 分布地圖-咸安郡-』, 2006.

최경규, 「가야왕성의 공간구조와 경관」, 『고대도성과 월성의 공간구조와 경관』, 51회 한국상고사
　　　학회 학술대회, 2019.

충북대학교 중원문화연구소, 『청주 정북동토성 I 』, 1999.

충청문화재연구원, 『부여 정북동 유적』, 2005.

하승철, 「아라가야(阿羅加耶)의 고도(古都), 함안(咸安)-한국의 古都와 익산」, 『한국의 고도(古
　　　都)현재와 미래』, 원광대학교 마한 백제문화연구소, 2017.

한국고대사연구, 「특집-가야사」, 『한국고대사』 85, 2017.

함안군·경남발전연구원 역사문화센터, 『아라가야유적지(남문외고분군 傳안라왕궁지) 정밀지표
　　　조사 학술용역 최종보고서』, 2013.

함안군·창원대학교 경남학연구센터, 『함안군 성곽문화재 기초조사보고서』, 2017.

咸安文化院, 『國譯 咸州誌』, 1999.

해동문화재연구원, 『함안 가야리256-1번지 단독주택 신축공사부지내 문화재 발굴조사 약보고서』,
　　　2013.

湖南文化財研究院, 『長興 葛頭遺蹟 II 』, 2006.

今西 龍, 『(大正 6年)朝鮮古跡調査報告』, 朝鮮總督府, 1920.

靑柳秦介, 「大壁建物 再考」, 『橿原考古學研究所論集』 第十四, 2003.

가야리토성의 축성법과 의의

심광주 | 토지주택박물관

Ⅰ. 머리말

축성 재료는 의외로 간단하다. 흙, 나무, 돌이 거의 전부다. 각각의 재료는 개별적으로 사용되기도 하지만 대부분의 성곽에는 모든 재료가 함께 사용되었다. 木柵은 기저부를 성토하거나 석축으로 보강했으며 토성의 중심부에는 목주나 기단석열이 설치되었다. 토성 외벽을 석축으로 마감하거나 돌을 먼저 쌓고 외벽을 흙으로 마감하는 경우도 있다. 따라서 목책과 토성, 석성의 구분은 축성에 사용된 재료보다는 외벽을 어떻게 마감했는가로 구분하는 것이 좋을 것으로 생각된다.

성곽 붕괴의 직접적인 원인은 重力이다. 땅위에 무언가를 쌓아 올리면 중력으로 인하여 무너지려는 힘이 발생한다. 이 힘을 應力 또는 內力이라 한다. 外力을 더해주어야 성벽이 무너지지 않는다. 성벽이 무너지지 않도록 하는 기술이 바로 築城法이다.[1]

모든 축성법은 토목건축기술을 바탕으로 한다. 토목건축기술은 지리, 지형, 지질, 물리, 수학, 측량, 기하학, 건축, 토목 등 여러 분야의 전문지식을 포괄하고 있다. 고대의

---

[1] 심광주, 「백제·고구려·신라·가야의 축성법 비교」, 『백제의 산성』, 2019 가을 특별전시회 도록, 한성백제박물관, 2019, 195쪽.

기술관련 기록자료가 거의 남아있지 않은 현시점에서 우리나라 고대 토목건축기술의 수준을 정확하게 알 수는 없다. 그러나 고대 토목건축기술의 실상을 부분적으로나마 유추할 수 있게 하는 것이 『九章算術』이다.[2]

『九章算術』은 동양 최고의 수학책이다. 책의 원저자와 그 기원은 정확히 알려져 있지 않지만 『九章算術』은 晉·漢대의 수학서를 계승하였으며 기원후 1세기경에 완성된 것으로 추정되고 있다. 九章의 내용은 면적, 분수, 체적, 비례, 연립방정식, 직각삼각형, 피타고라스 정리를 이용한 측량 방법 등 토목건축에 필요한 지식을 중심으로 구성되어 있다.[3] 기록에 의하면 신라의 교육기관인 國學에서도 '九章'을 가르쳤다.[4] 이로 미루어 동시기의 고구려, 백제, 가야도 이러한 지식을 공유했을 것으로 추정된다.

축성은 개인이 할 수 없는 대규모 공공사업이었다. 많은 기술자와 노동인력이 동원되어야 했다. 따라서 성곽의 크기는 축성 당시의 인구나 전쟁의 규모와 밀접한 관련이 있었다. 축성의 목적에 따라 성곽의 입지와 분포양상도 달랐다. 기후와 자연환경의 차이도 축성의 유형을 다르게 했다. 또한 토목건축기술은 끊임없이 발전했다.

이러한 여러 가지 요인으로 인하여 축성법은 축성주체에 따라 모두 달랐을 것으로 추정된다. 실제 성곽에서 확인되는 고구려, 백제, 신라, 가야의 축성법도 모두 다르다. 고구려는 '토심석축공법'을 근간으로 하는 석축성을 주로 쌓았다. 토심석축공법은 성벽 안쪽의 토축부를 먼저 조성하고 외벽을 석축으로 마감하는 공법이다. 축성비용과 인력을 최소화 하면서도 성 내부공간을 확장하고 축성입지의 한계를 극복할 수 있는 발달된 축성법이었다.

백제는 일찍부터 중국 남조와의 교류를 통해 토성 축성기술을 도입했다. 도성과 산성을 대부분 토성으로 쌓았다. 전형적인 판축공법으로 쌓은 부소산성은 정점에 이른 백제 토성 축성법의 특징을 잘 보여준다. 신라는 5세기후반부터 새로운 유형의 석성을 쌓기 시작했다. 협축식으로 쌓은 높은 성벽과 보축성벽, 현문식 성문을 갖춘 신라 석성은 견고하면서도 방어력이 높았다. 통상 신라 석성의 축성법은 고구려의 영향을 받은 것으로 이해하고 있지만 신라 석성의 축성법은 원천기술의 계통이 고구려와 달랐을 것으로 생각된다.

---

2) 『九章算術』은 260년 위나라 柳徽의 주석서(263년)와 당의 李淳風의 주석서(656년)가 남아있다.

3) 권오영, 「고대 성토구조물의 성토방식과 재료에 대한 시론」, 『漢江考古』 제5호, 한강문화재연구원, 2011, 76쪽.

4) 『삼국사기』 권 제38 직관 상 '..算學博士若助教一人 以綴經·三開·九章·六章教授之..'

　　그렇다면 가야성곽 축성법의 특징은 무엇일까. 弁韓地域 12소국의 연맹체에서 출발한 가야는 562년 대가야가 신라에 병합될 때까지 거의 600여 년 동안 존속했다. 통일왕국으로 발전하지는 못했지만 가야는 뛰어난 가야토기와 철제무기, 고분과 주거문화 등 독특한 문화를 꽃피웠다. 3세기 초 蒲上八國의 전쟁을 비롯하여 가야 제국간의 전쟁뿐만 아니라 고구려·백제·신라와의 전쟁 기록은 가야의 각 지역에 많은 성곽이 있었다는 것을 말해준다.

　　가야의 여러 나라들은 각각 독자적인 방어시스템을 구축하고 있었을 것으로 추정된다. 왕성과 왕성으로 가는 길목을 차단하는 차단성, 영역을 지키는 방어성, 그리고 행정적·군사적으로 중요한 지점을 보호하기 위한 據點城 등이 있었을 것이다.

　　가야성곽의 축성법에 대해서는 잘 알지 못한다. 가야의 성곽에 대한 조사와 연구가 아직 초보적인 단계에 있기 때문이다. 가야의 산성으로 추정되어 집중적으로 발굴조사가 진행되어 왔던 함안 성산산성이나 김해 분산성, 부산 배산성 등은 모두 신라성인 것으로 밝혀졌다. 고령 주산성과 봉화산성은 대가야의 산성으로 주장되고 있으나 축성주체에 관한 의문은 여전히 남아있다. 합천 대야성과 전초팔성, 함안 칠원산성, 함안 안곡산성 등 가야의 독특한 축성법을 보여주는 산성들은 부분적으로만 조사가 되어 전체적인 축성법을 이해하기 어려운 상황이다.

　　그나마 다행스러운 것은 김해 봉황토성과 합천 성산토성에 대한 발굴이다. 가야의 왕성으로 추정되는 이 유적들을 통하여 가야 축성법의 특징을 추론할 수 있는 핵심적인 실마리를 얻게 되었다. 최근에는 아라가야의 왕성으로 추정되고 있는 함안 가야리토성에 대한 발굴조사가 진행되고 있다. 1500여 년의 세월 동안 유적의 전역이 거의 훼손되지 않고 보존되어 온 것은 거의 기적에 가깝다고 할 수 있을 것이다. 가야리토성은 가야의 축성법을 제대로 밝혀내는 소중한 기회가 될 것으로 기대된다.

　　가야리토성에 대한 발굴조사는 이제 시작 단계다. 전체 성곽 중 극히 일부만 조사되었을 뿐이므로 아라가야의 왕성을 찾았다는 흥분과 기대에 부응하기에는 아직 미흡하다. 지금까지의 조사 성과도 공식적으로 정리되지 않은 상황 속에서 성급하게 축성법을 추론하는 것은 오류의 가능성도 있다.

　　그러나 향후의 체계적인 조사를 위해서는 현시점에서 유적의 중요성에 대한 중간 점검이 필요한 것도 사실이다. 따라서 가야리토성을 중심으로 김해 봉황동 토성과 합천 성산토성 등 가야 왕성으로 추정되는 성곽들에 대한 비교 검토를 통해 가야성곽 축성법의 특징과 의의에 대하여 살펴보고자 한다.[5]

Ⅱ. 가야리토성의 築城法에 대한 검토

1. 가야리토성의 입지와 규모

가야리토성은 함안군 가야리 292번지, 해발 55.5m 구릉 일대에 있다. 이곳은 조선시대의 각종 지리지와 일제강점기의 조사에서 가야국의 옛터로 추정되어 온 지역이다. 최근 실시된 남문외고분군·전아라왕궁지 정밀지표조사에서는 이곳에 가야시대의 중심취락이 형성되었 있을 가능성이 있는 것으로 보고되었다.[6] 이후 2018년 경작지 조성과정에서 성벽 유구가 노출됨에 따라 국립가야문화재연구소에 의한 발굴조사가 진행되고 있다.

가야리토성의 축성법 검토에 앞서 가야리토성의 구조와 규모를 먼저 파악할 필요가 있다. 현재 발굴조사가 진행되고 있는 지점은 토성의 일부 구간이라고 판단되기 때문이다. 그러나 선행된 조사에서 가야리토성의 선형을 구체적으로 표시해 놓은 자료는 전혀 없다.

『함안군 문화유적 분포지도』에는 가야리 266번지 일대를 아라가야 왕궁지로 추정하고 있다. 지도에는 아라가야왕궁지가 현재 발굴조사가 진행되고 있는 능선의 동남쪽 평탄지와 가야와 작은가야 마을을 포괄하고 있는 것으로 표시해 놓았다.[7] 보고서에서는 '아라왕궁지로 생각되는 토축의 흔적이 지금도 마을 앞의 보리밭에 확연히 남아있으며, 아라가야시대의 우물로 전하는 두 곳 중 한 곳은 매몰되었고, 한 곳은 현존한다'고 했다.[8]

---

5) 대가야 왕성지로 추정되는 유적에 대한 발굴조사도 진행되었다. 해발 50m에 높이 5m 정도의 단애를 이루며 둘레 550m의 설상대지를 이루는 전대가야 왕성지에 대한 발굴조사 결과 굴립주건물지와 대형의 대벽건물지가 확인되었으나 성벽을 포함한 가야의 왕성으로 추정되는 분명한 유구는 확인되지 않았다(박천수외, 『전 대가야궁성지』, 경북대학교박물관, 2006).

6) 경남발전연구원 역사문화센터, 『함안 남문외고분군·전안라왕궁지 정밀지표조사』, 2013.

7) 아라가야 향토사연구회, 『함안군 문화유적 분포지도』, 2000, 122쪽 지도.

8) 위의 책, 17쪽.

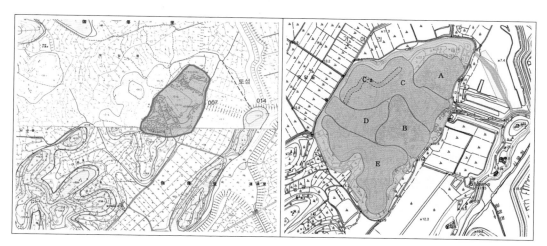

분포지도상의 아라가야 왕궁터와(좌) 전아라가야왕궁지 정밀지표조사 구획도(우)

이후 2013년 경남발전연구원에 의한 「함안 남문외고분군 · 전아라왕궁지 정밀지표조사」에서는 왕궁지의 위치에 대한 좀더 구체적인 검토가 이루어졌다. 조사단은 가야동 북서쪽의 독립구릉 전체를 A-E의 5개의 구간으로 구분하여 조사하고 각 구간에 대한 왕궁유적의 부존 가능성을 다음과 같이 기술했다.

A구간과 현재 마을이 들어서 있는 B구간은 가야유물이 확인되지 않으므로 왕궁으로서의 가능성은 희박하다. C구간은 능선 정상부에서 토루로 추정되는 유구도 확인되고 지표에서 다량의 가야토기 편들이 수습되므로 가야의 생활유적과 관련된 방어시설이 있을 가능성이 있다. 그리고 D구간은 성곽의 문지가 있을 가능성이 있으며 다량의 가야토기편이 확인되었다. E구간은 가야 궁성지와 관련된 유구는 확인되지 않으나 다량의 가야토기편이 확인되므로 가야시기의 생활유적이 있었을 가능성이 있는 것으로 추정했다.[9]

이러한 선행 조사에서는 아라가야 왕궁터 비정에 집중하느라 토성의 존재 가능성을 간과한 것으로 보인다. 유적의 명칭도 궁성, 왕궁지, 왕성지 등 다양하게 불리고 있다. 현재 국립가야문화재연구소에 의하여 발굴조사가 진행되고 있는 곳은 왕궁터라기보다는 가야리토성의 서북성벽 구간으로 추정되고 있다. 조사지역이 성곽의 일부라면 전체 규모와 선형에 대한 확인조사가 우선되어야 할 것이다. 그러나 토성의 구조를 파악할

---

[9] 경남발전연구원 역사문화센터,『함안 남문외고분군 · 전안라왕궁지 정밀지표조사』, 2013, 61쪽 도면.

수 있는 정밀조사는 아직 이루어지지 않은 상태다.

지형적으로 보면 가야리토성이 있는 곳은 해발 56m를 정점으로 하는 독립 구릉이다. 북동에서 남서방향을 능선의 주축으로 하여 동쪽으로 해발 37m와 32m 지점으로 이어지며 완경사 평탄면을 이루는 하나의 덩어리로 연결되어 있다. 해발 고도는 높지 않지만 사방으로 넓은 영역이 조망된다. 이곳에 성곽이 구축된다면 지형적으로 구릉 전체를 포괄하는 형태일 수밖에 없다는 것을 알 수 있다. 북동－남서향을 장축으로 하는 반구상 지형의 동쪽 중간부는 彎曲되어 있으며 이곳에 가야마을이 있다. 구릉이 마을을 감싸고 있는 형국이어서 이곳에도 중요한 시설물이 있었을 것으로 추정된다.

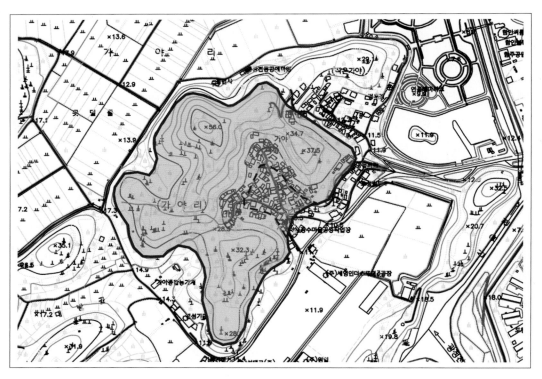

가야리토성 위치 추정도(필자 작성)

가야리토성이 있는 구릉지역의 외곽은 높이 5~10m의 퇴적암 단애가 형성되어 있고, 단애 상부에서는 燒土가 섞인 다짐층이 확인되고 있다. 따라서 가야리토성은 해발 25-30m의 단애 상면의 자연 지형을 이용하여 구축되었을 것으로 추정된다. 남동쪽과 북동쪽 말단부의 斷崖에서 곡간부를 연결하는 성벽을 쌓아 가야마을이 포함되도록 했다면 가야리토성의 규모는 대략 1.8km 정도였을 것으로 추정된다. 북동쪽의 작은 가야동으로 이어지는 구릉까지 토성의 범위에 포함되었을 가능성도 배제할 수 없다.

성곽의 입지와 접근성을 고려할 때 성문은 동쪽의 가야마을, 북쪽의 정법사부근, 서쪽 능선의 곡간부, 그리고 남쪽으로 이어지는 곡간부 등 4군데 정도에 있었을 가능성이 있다. 성 내부로 추정되는 지역의 전역에서는 지표에서 다량의 가야토기편이 확인되고 있다.

2. 가야리토성의 성벽 발굴조사 내용

현재 발굴조사가 진행되고 있는 곳은 가야리토성 북벽의 서쪽구간에 해당되는 지점이다. 조사단은 성벽의 진행방향과 직교하도록 남동－북서방향으로 두 개의 트렌치를 설치했다. 축조공법에 대한 조사단의 견해를 먼저 살펴보면 다음과 같다.

'토성의 높이는 8.5m이고 상부 폭은 20~40m에 이른다. 흙으로 성벽을 축조하는 과정에 나무기둥을 설치하고 차곡차곡 흙을 쌓아 올리는 판축기법을 쓴 것으로 확인되었다. 성벽 상부에는 방어시설인 목책으로 짐작되는 2열의 나무기둥이 조사되었다. 목책의 총 연장 약 100m 정도이며 성벽 외곽을 따라 일주하고 있다. 목책이 끝나는 부분에는 성 내외부를 연결하는 문지가 있었던 것으로 추정된다. 내부 목책은 직경 60cm의 주혈을 굴착하고, 중심에 목주를 세웠다. 중심목주는 탄화된 형태로 확인된다. 목책간의 거리는 약 70cm이다. 외부 목책의 목주혈의 직경은 30~40cm이며, 내부에는 암갈색의 부식토가 남아있다.'[10]

성벽은 판축공법으로 축성되었으며, 성벽상부에 목책이 설치되었다는 것이 조사의 핵심적인 내용이다. 조사단은 계속된 조사 결과를 바탕으로 2019년에는 토성의 축조순서를 초축과 수축으로 구분하고, 축조과정을 다음의 5단계로 구분했다.[11]

[10] 국립가야문화재연구소, 「함안 아라가야 왕성지」, 발굴조사 자문위원회 자료집, 2018.
[11] 발굴조사와 관련된 내용과 사진·도면은 조사단의 학술자문회의 자료집 내용을 전재했다(국립가야문화재연구소, 「함안 가야리유적(사적 제5543호) 발굴조사 학술자문회의」, 2019).

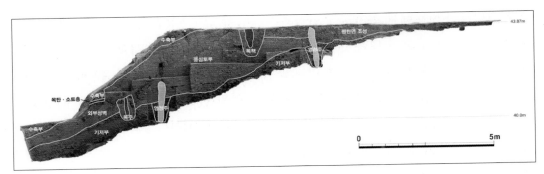

가야리토성 동벽 단면도

· 1단계 : 기반삭토

성토를 위한 준비 작업으로 구릉부 사면의 기반암을 완만한 계단상으로 삭토했다.

· 2단계 : 기저부조성

기반삭토면을 따라 성토하여 정지했다. 삭토하면서 생겨난 기반암 쇄석(회자색 암반 덩어리)과 암갈색 사질점토를 이용하여 기반암 사면을 따라 성토했다.

· 3단계 : 성벽 조성 및 목책 설치

기저부 조성후 구릉 사면상에 성벽의 중심토루 성토구간을 계획했다. 토루 내외부에 6m 간격으로 일정선을 따라 기반암(풍화암반)을 단면 U자 형으로 연이어 굴착하고, 그 내부에 약 60~80cm, 길이 160~180cm의 목주(추정영정주)를 세워 중심 토루를 조성했다.

중심토루 내부에서 성벽의 진행방향과 직교하여 횡장목이 확인된다. 횡장목은 중심 토루 상부에서 약 60~70cm 지점에서 확인된다. 횡장목은 직경 10~15cm 내외의 원목이고, 내측 영정주에서 시작하여 외벽 쪽으로 4.8m 정도 뻗어있는 모습이 평면상에서 확인되었다.

중심토루와 외부성벽은 3차에 걸쳐 조성된 것으로 보인다.

1차성토는 영정주를 기준으로 중심토루와 외부성벽으로 구분하여 축조했다. 외부 영정주 밖에는 土堤를 만들고 그 내부로 중심토루를 쌓았다. 중심토루는 토질이 다른 점토를 수평으로 겹겹이 다져 성토한 흔적이 뚜렷이 확인되며 약 다섯 차례에 걸쳐 외부 보강토를 덧대어 가며 순차적으로 중심토루 외측에 설치된 목주의 상면 높이까지 수평 성토했다.

2차 성토는 1차 성토시 일정한 높이까지 성토된 외부성벽과 중심토루의 일부를 삭토하고 성벽 보강을 위한 외부성벽을 쌓았다. 2차성토시의 외부성벽과 중심토루가 만나는 지점에는 작을 토제를 만들고, 토제에 붙여서 중심토루를 성토했다.

3차 성토는 2차 성토와 유사한 공정으로 성토가 이루어졌다. 외부성벽과 중심토루가 만나는 지점에 큰 규모의 토제(잔존너비 80cm, 잔존높이 약 80cm)를 조성하여 보강했다.

한편, 적갈색 점질토와 암갈색 사질점토가 교호 성토된 구간 중 3차 성토부의 윗부분에서 확인되는 적갈색 점질토층에서 직경 약 8~12cm의 도구(달고)로 두드린 달구질 흔적이 확인되었다.

외부성벽 성토구간에서 다수의 목주열이 확인된다. 이는 조축단계와 1차성토시에 만들어진 것으로 외부성벽의 경사를 조성할 때 경사면의 토사가 흘러내려 유실되는 것을 방지하기 위한 기능으로 추정할 수 있다.

2019년 발굴조사에서 확인된 횡장목(좌), 달구흔(우)

· 4단계: 내벽부 평탄면 조성

중심토루와 외부성벽이 완성된 후에는 중심토루의 상단과 구릉 상부의 공간을 채워 성벽 내부의 평탄면을 조성했다.

· 5단계: 성벽 상부 목책 설치

토축된 성벽 위에 목책이 설치되었다.

· 수축단계 : 성벽을 보수화기 위한 삭토 및 수축은 최소 2차례 이상 이루어졌던 것으로 추정된다. 1차수축은 무너진 부분을 삭토하고 외부 보강토 위에 수평상 두께 10~20cm로 목탄 · 소토 혼입층이 설치되었다. 외벽을 단단하게 지지하여 붕괴를 방지하

기 위한 축조공법으로 추정된다. 목탄·소토면과 삭토면에 수축의 일환으로 초축성벽의 중심토루와 같이 풍화암반덩어리가 섞인 황갈색 사질점토로 성토했다. 2차수축은 사용당시 무너진 부분을 삭토하고 점성이 높은 흙으로 성토했다. 2차수축부는 토층의 진행방향이 1차 수축부와 다른 곳을 기준으로 하여 2번 이상의 수축이 진행된 것으로 추정된다.

2019년도 조사는 이전조사에 비하여 성벽 단면조사가 보완되어 축성법에 관한 더 많은 정보를 얻게 되었다는 점에서 의미가 있다. 특히 조사단이 횡장목이라 명명한 영정주를 연결하는 목재가 확인되었다는 것은 매우 흥미롭다. 횡장목의 간격은 60~80cm로 조밀하게 배치되었는데 영정주와의 결구방법이나 기능을 명확하게 밝혀낼 수 있기를 기대한다.

또한 달구질 흔적은 축조구분선의 서편에서 일부가 확인되었다. 달고의 직경은 8~12cm이고 중첩된 모습이 보인다. 조사단은 이 달구질의 흔적을 판축공법과 연결시키고 있다. 조사단은 가야리토성 축성과정에서 판축공법을 일부 차용했거나 적어도 토성 축조 당시에는 판축공법에 대해 인식하고 있었을 가능성이 있다고 주장했다.

성벽에서 확인되는 축조구분선을 통해 구획성토의 가능성도 제기했다. 성벽의 진행방향과 직교하는 토층선이 확인되고, 토층선을 기준으로 성벽의 동쪽과 서쪽이 다른 성토방법이 적용되었으며 이는 토성축조라는 대규모 구조물에서 축조집단의 차이에 의한 축조방식의 차이로 설명하고 있다. 가야리토성의 조성시기에 대해서는 성벽 내부에서 확인된 아라가야 토기 뚜껑 편, 탄소연대측정결과 등을 근거로 5세기 말에서 6세기 초로 추정하고 있다.

3. 가야리토성의 축성공법에 대한 검토

조사단의 이러한 조사 성과는 향후 조사가 진행되면 보다 더 명확하게 밝혀질 것으로 기대된다. 조사에 직접 참여하지 않은 필자로서는 구체적으로 확인해 볼 수 없지만 현장검토 내용을 바탕으로 조사단이 밝힌 축성법에 대해 검토해보고자 한다.

먼저 가야리토성의 축성법은 일반적인 토성과 축성법이 다르다. 일반적으로 토성은 구릉 정상부 평탄지의 외곽이나, 능선상에 일정한 높이의 성벽을 쌓아 외벽과 내벽을 갖추는 형태로 구축된다. 그러나 가야리토성은 내벽이 확인되지 않고 성벽 상부가 평탄하게 조성되어 있다. 물론 성벽 상부가 삭평되었을 가능성도 있지만 전체 성벽구간에서 동일한 양상이 확인되는 것으로 보아 처음부터 내벽이 없는 구조였을 가능성이 있다.

즉 가야리토성은 자연지형을 이용하여 성벽 외부의 자연 단애를 기본적인 방어벽으로 삼고 그 상부를 盛土하여 방어력을 보강하는 '地形補强工法'으로 구축된 것으로 보인다. 이 과정에서 성내부의 가용 공간 확장과 동시에 방어력 보강을 의도했다는 점이 주목된다.

조사대상지역은 성곽구간 중 최정상부에서 북동쪽으로 이어지는 구간이다. 이곳에는 넓은 평탄지가 조성되어 있다. 발굴조사 결과 조사 대상지역 중심부의 남쪽 암반 노출면을 제외하고는 전구간을 성토하여 補强하였음이 확인 된다.

사진과 도면으로 추산하면 조사구간의 성토 구간은 너비 25m, 길이 100m에 달한다. 트렌치 조사결과를 보면 최대 성토 높이는 8.5m에 달한다. 성토 구간의 평균 높이를 3m라고 가정하고 토사의 비중을 2.5로 환산하면 조사구간의 성토공사에 필요한 토사량은 약 2만 톤에 달한다. 이는 10톤 트럭으로 무려 2천 대 분량에 해당하는 엄청난 양이다.

물론 성곽으로 추정되는 전체 구간을 조사구간과 동일한 규모로 성토하여 보강했을 것으로 보이지는 않는다. 그러나 조사구간이 전체 성벽구간의 5% 정도라는 것을 감안하면 가야리토성 축성이 얼마나 대규모 토목공사였는지 짐작할 수 있다.[12]

트렌치조사 결과를 보면 축성을 위하여 기반암의 상부까지 제토가 이루어졌음을 알수 있다. 기반암은 대략 대략 20°내외의 완경사를 유지하고 있던 것으로 보인다. 성곽의 기능을 유지하기 위해서는 반드시 보강이 필요했을 것이다. 노출된 암반면은 토사가 밀리지 않도록 충단식으로 굴착하고 그 위에 대규모 성토공사를 실시하여 정상부 평탄면을 확장하고 외벽은 45° 정도의 급경사를 이루도록 했다.

경사각 45°는 토축구조물의 최대치의 안식각에 달한다. 안식각은 休息角이라고도 하며 흙을 쌓을 때 중력에 의하여 무너지려고 하는 힘과 그대로 유지하려고 하는 마찰력이 균형을 이루는 상태의 경사각을 말한다.[13] 안식각은 모든 성토구조물은 물론 견고하

---

12) 이관희 교수는 토성의 성토단면적을 40㎡으로 보고 전체 둘레를 2km로 추산할 경우 토성의 체적은 80,000㎥이며 「通典」에 수록된 인부의 하루 작업량을 근거로 성토공정에만 연인원 16만 명 이상이 참여했을 것으로 추정하고 있다(이관희, 「가야리유적 토성의 토목학적 의의」, 『가야리유적 사적지정을 위한 학술심포지엄』, 창원대학교 경남학연구센터, 2019, 90쪽).

게 판축하여 쌓는 제방이나 토성에도 해당된다.

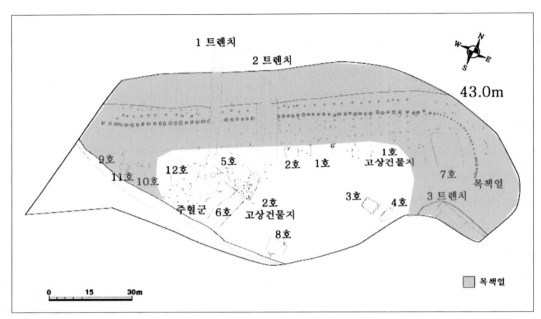

가야리토성의 발굴조사 구간에서 확인된 성토범위

　　판축공법으로 흙다짐을 하면 일정 기간 동안은 안식각보다 높은 경사각을 유지할 수 있을지 모르지만 빗물이 스며들거나 상부에 하중이 가해지면 붕괴될 수 있다. 따라서 토축구조물은 별도의 보강조치 없이 이 안식각의 한계 이상을 유지하기 어렵다.

---

13) 흙의 안식각.

토질		안식각	구배	비고
보통토	건조	20°~40°	1:2.8~1.2	구배는 높이를 1로 하였을 때 사면의 수평 길이
	수분 적음	30°~45°	1:2.7~1.0	
	수분 많음	14°~27°	1:0.4~2.0	
점토	건조	20°~37°	1:2.8~1.3	
	수분 적음	40°~45°	1:1.2~1.0	
	수분 많음	14°~20°	1:4.0~2.8	
모래	건조	27°~40°	1:2.0~1.2	
	수분 적음	30°~40°	1:1.7~1.0	
	수분 많음	20°~30°	1:2.8~1.7	
자갈	건조	30°~45°	1:1.7~1.0	
	수분 적음	27°~40°	1:2.0~1.2	
	수분 많음	25°~30°	1:2.1~1.7	

　　가장 양호한 상태의 토축구조물의 안식각은 40~45°이며 일반적으로 토성의 외벽경사
각은 대체로 28°~38° 정도를 유지하고 있음이 확인된다.[14] 토성으로서는 가장 발전된 축
성기법인 판축토성도 축조시점부터 중심토루를 먼저 구축하고 내피토루와 외피토루를
덧붙여 쌓아 인위적으로 안식각을 유지하도록 했다. 이는 고대의 축성기술자들도 토축
구조물은 安息角이라는 물리적인 현상을 거스를 수 없다는 것을 잘 알고 있었기 때문일
것이다.

　　그런데 가야리토성은 통상적인 토성의 외벽 경사각보다 10° 이상의 급경사를 유지하
고 있다. 이는 가야의 장인들은 안식각을 상회하여 토성을 쌓는 기술이 있었다는 것을
말해준다. 그리고 그러한 기술의 핵심이 가야리토성에서 집중적으로 확인되고 있는 木
柱의 흔적이라고 생각된다.

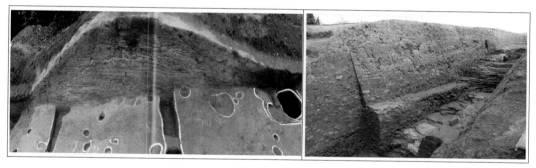

백제 화성 소근산성(좌), 가야리토성(우)

　　현재 발굴조사가 이루어지고 있는 지점의 상부 평탄면에는 길이 방향으로 5열의 목
주열이 조밀하게 배치되어 있다. 목주의 흔적은 성벽 사면 쪽에서도 확인된다. 목주열
의 간격은 대략 2m 정도이며 각 목주열에서 목주와 목주는 110~140cm 간격을 유지하고
있다.

---

[14] 조사결과 확인된 잔존 성벽의 경사각은 풍납토성 외벽 28°, 소근산성 외벽 37°, 사비도성 외벽 28°, 증
평 이성산성 외벽 28° 등으로 측정되며, 외벽경사각이 공교롭게도 28°를 유지하고 있는 것이 많은 것
은 토사구조물의 안식각과 관련이 있는 것으로 생각된다.
　원래는 수직에 가깝게 쌓았는데 축성 후 오랜 시일이 경과되면서 붕괴되어 현재의 외벽경사각을 유
지하고 있을 것이라고 생각할 수도 있지만, 발굴조사 결과를 보면 중심토루에 덧붙여 쌓은 외피토루
에 남아있는 토층을 통해 축조시점의 외벽경사각을 알 수 있다. 대부분 현지표상의 경사각과 거의
차이가 없다.

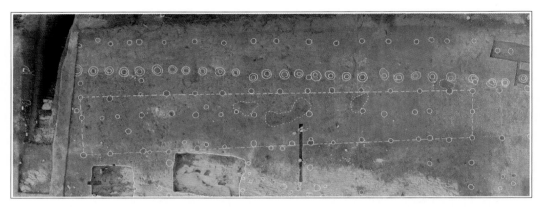

이중으로 그려져 있는 주혈이 목책추정 주열이고 그 안쪽 방형구조물이 굴립주건물로 추정되는 유구임

이들 목주열에 대하여 조사단에서는 외곽 2열의 목주열을 木柵 유구라고 설명하고 있다. 특히 주 목주열로 추정하고 있는 두 번째 목주열은 굴광선과 목심부를 이중으로 표시하여 상부 성토 후 굴광을 하고 설치한 것으로 추정하고 있다.[15]

그러나 굴광선과 목주가 이중으로 표시된 유구를 살펴보면 조사단의 견해와 달리 굴광선은 주변의 토층과 구별되지 않는 것이 대부분이다. 또한 조사단이 목책이라 한 유구의 동쪽 회절구간에는 굴광선이 확인되지 않고, 주혈만 표시되어 있어 일관성도 없다. 더구나 이중 목책이라고 하면 한쪽 목책은 성토 후 구덩이를 파서 목책을 가설했지만, 보조목이라 설명하고 있는 외부 목책열은 굴광선이 없으므로 성토공정에 앞서 목주를 먼저 설치하고 성토하지 않으면 안된다.

이중주혈로 표시된 주혈(좌,중), 북동회절 구간의 주열

---

15) 국립가야문화재연구소, 앞의 자료집, 2018.

주혈을 목책으로 보기 어려운 두 번째 이유는 목책열이 성벽의 가장자리로부터 안쪽으로 너무 이격되어 있다는 점이다. 현재 추정 내부 목책열은 경사면의 경계지점으로부터 7m, 외부 목책열은 3.5m 정도 이격되어 있다. 이곳에 목책이 설치되면 성토공사를 통해 확보한 평탄면의 공간효율성이 현저하게 낮아질 수밖에 없다. 또한 이중목책이라고 하지만 이 경우에는 방어의 대상이 되는 외부 목책열이 더 견고하게 구축되어야 하는데 안쪽 목책열이 더 오히려 더 정연하고 견고해 보인다.

또한 조사단은 목책유구의 안쪽 주혈은 굴립주건물의 기둥구멍으로 해석하고 있다. 그런데 굴립주 건물로 추정되는 주열군에는 별도의 굴광선 없이 주혈만 표시되어 있다. 이는 성토공사 후 굴광을 하고 굴립주 건물을 세운 것이 아니라 나무기둥을 먼저 세우고 성토공사후 건물을 완성한 것이 아니라면 납득하기 어렵다. 따라서 목책이나 굴립주 건물로 추정되는 주혈을 포함하여 하여 성토대지에서 길이방향으로 규칙적으로 확인되는 목주열의 대부분은 성토공정과 관련이 있는 것으로 보인다.[16]

대규모 성토공사가 이루어지고, 특히 외벽경사각이 안식각의 범위를 넘어서는 급경사를 이루게 되면, 성토부 내부에서는 應力이라 부르는 엄청난 土壓이 발생한다. 응력에 대응하는 적절한 외력이 보강되어 응력과 외력이 力學的으로 平衡을 이루도록 하지 않으면 성벽은 붕괴 될 수밖에 없다. 필자는 가야리토성과 같은 대규모 성토공사에서 토성벽의 역학적 평형을 이루도록 한 가야의 특징적인 축성기술이 바로 木柱라고 생각한다.

가야리토성의 축성공정을 보면 먼저 기반암이나 생토면이 노출될 때까지 표토를 제거하고 암반 상면을 층따기 하여 층단식으로 정지했다. 이후 종횡방향으로 일정한 간격으로 기둥구멍을 파고 직경 30cm 내외의 목주를 견고하게 고정한 후 경사면의 하단부에서부터 성토다짐했을 것으로 추정된다.

이때 목주열은 마치 콘크리트 속의 철근처럼 성토다짐에 의한 엄청난 토압을 견디도록 하여 성토부가 붕괴되지 않도록 하는 기능을 했다. 조사지역에 이처럼 많은 주혈이 확인되는 것은 성토부가 그만큼 넓고 성토량이 많았다는 것을 의미한다.

성토에 사용된 다짐토는 적갈색의 점질토와 암갈색의 산자갈이 포함된 사질토를 交互盛土하여 성토부의 압밀도를 높이고 있다. 조사단에서는 판축공법이 사용되었을 것

---

16) 이관희, 앞의 논문, 2019, 86쪽.

으로 추정하고 있다. 그러나 판축공법의 핵심은 영정주와 영정주 사이에 설치된 협판이다. 이 협판으로 사방이 막힌 틀을 만들고 그 안쪽에 점토를 다짐하여 만드는 공법이다.

판축법이 적용될 경우 확인되는 가장 특징적인 양상은 영정주를 중심으로 수직에 가까운 토층선이 확인된다. 그러나 가야리토성의 성벽의 단면에서 확인되는 영정주와 영정주의 내외부에는 토층구분선이 확인되지 않고 토층선이 이어진다. 이는 영정주와 영정주 사이에 협판이 설치되지 았았음을 의미한다. 따라서 성벽 단면에서 확인되는 목주는 영정주라기보다는 토압을 견디도록 설치한 목주라고 하는 것이 더 타당할 것으로 생각된다.

2019년 조사에서는 성벽 상면에서 60~70cm 아래쪽에서 성벽진행방향과 직교하는 방향으로 60~80cm 간격으로 설치된 횡목이 확인되었다. 횡목의 길이는 최대 4.8m까지 확인되었다. 이는 내부의 목주와 외부의 목주를 연결하여 토압을 견뎌낼 수 있도록 설치한 보강구조물로 추정된다.

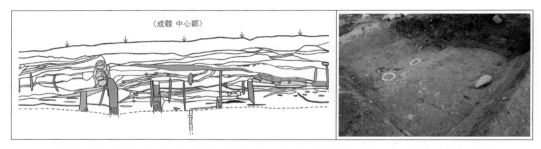

김해 봉황토성의 체성부중심에서 확인된 목주(좌),[17] 합천 성산토성 체성부의 목주(우)

토성의 성토공정에서 목주가 사용된 사례는 김해 봉황토성과 합천 성산토성에서도 확인된다. 김해 봉황토성에서는 체성의 중심부에서 1m 간격으로 지름 30cm의 원목이 기저부 층 까지 박혀 있는 것이 확인되었다. 시굴면적이 협소하여 평면 배치상태를 알 수는 없지만, 조사자는 이것을 판축공법의 협판을 고정시킨다는 의미로 固定柱라 부르고 있다.[18] 합천 성산토성에서도 토성벽 내부에서 일정한 간격으로 배치된 목주열이 확

---

17) 경남고고학연구소, 『봉황토성－김해 회현동사무소~분성로간 소방도로 개설구간 발굴조사보고서』, 2005, 33쪽 도면.

18) 위의 보고서, 130쪽.

인되는 것으로 보아 동일한 기술이 적용되었음을 알 수 있다.

　토성 축조과정에서 이러한 목주가 사용되는 것은 양산 순지리토성[19]이나 경산 임당동 토성[20] 등 신라토성에도 확인된다. 신라 토성의 목주는 너비 4m의 간격으로 2열의 목주열이 배치되었으며 목주의 간격은 1-12.m를 유지하고 있다. 기단석열이 사용되지 않고, 목주열을 중심으로 중심토루와 외피토루의 구분이 없어 목주의 기능은 성벽이 흔들리지 않고, 토성벽이 무너지지 않도록 하는 것이었다는 것을 알 수 있다.

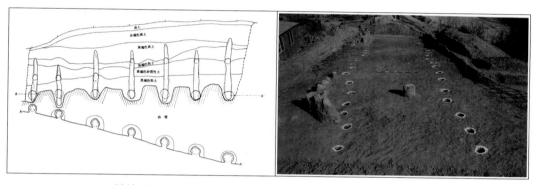

양산 순지리 토성의 목주열(좌), 경산 임당토성의 목주열(우)

　가야리토성처럼 대규모 성토공사를 통하여 대지조성과 방어력을 보강한 신라토성으로는 강릉 강문동토성이 있다. 강문동토성은 강릉시 강문동의 죽도봉이라 불리는 해안가에 있는 해발 26m의 독립구릉이다. 전체 둘레는 883m이고 5세기대에 구축된 것을 추정되고 있다. 신라는 이곳에 성토공사를 통하여 공간을 확장하고 외벽의 경사각을 높여 방어력을 보강했다. 신라는 사면을 계단상으로 삭토하고 하단부서부터 土堤를 조성하여 정지턱을 만들고 상부로 올라가면서 5m 정도의 높이로 성토다짐하여 축조했다. 성토과정에서 일정한 간격으로 목주를 박아 성토부가 밀리는 것을 방지했다.[21] 강문동토성은 협소하고 낮은 지형을 보강하여 내부 공간을 확장하고 방어력을 보강했으며, 성토

---

19) 동아대학교박물관, 『양산순지리 토성』, 1983.

20) 영남문화재연구원, 『경산 임당유적 I -F,H지구 및 토성』, 1999.

21) 국강고고학연구소, 『강릉 강문동 신라토성』, 2015; 조인규, 「강릉 강문동토성 조사 성과와 특징」, 『삼국시대의 토성과 목책성』, 한국성곽학회 2016년도 춘계학술대회 발표자료집, 한국성곽학회, 2016, 111~134쪽.

과정에서 목주를 활용했다는 점에서는 가야리토성과 유사한 점이 있다. 그러나 목주의 배열과 성토부 조성 방법은 가야리토성과 차이가 있는 것으로 생각된다.

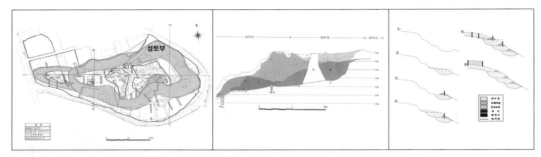

강릉 강문동 토성 성토양상(좌), 성토부 단면(중), 축조공정(우)

성토공정 과정에서 확인되는 또 하나의 특징은 성벽의 성토과정에서 성벽 사면에 목재를 쌓아놓고 불을 질러 표면을 燒結시키는 공정이 있다는 점이다. 성토부에 남아있는 목탄의 양이나 소결심도를 고려할 때 직경 10cm 내외의 원목을 조밀하게 깔아놓고 불을 지른 후 완전히 재가 되기 전에 피복하여 목탄층이 그대로 남아있다. 이것은 성벽을 강화하고 수분을 조절하여 붕괴되지 않도록 하는 공정이었을 것으로 추정된다. 성토공정에서 불다짐을 하는 것은 화성 길성리토성이나 김해 봉황토성에서도 확인되어 고대의 축성공시 성토공정에 수반되는 공통적인 기술이었다는 것을 알 수 있다.

성토공정을 위한 목주(좌), 트렌치 토층단면(중), 소결된 층위와 목탄층(우)

4. 김해 봉황토성과 합천 성산토성과의 비교

김해 봉황토성은 봉황대 구릉 끝자락과 해반천 및 고김해만의 접점에 해당하는 해발 4.1~4.8m 지점을 따라 구축되었다. 시굴조사를 통해 확인된 성벽선을 중심으로 추정하면 봉황토성의 규모는 1.5km 정도다. 성벽 기저부의 너비는 22m이고 잔존 높이는 2.8m이며 원래 성벽의 높이는 5m 이상이었을 것으로 추정된다. 발굴조사자의 견해에 따르면 봉황토성의 축성시기는 대략 5세기대로 추정되고 있다.

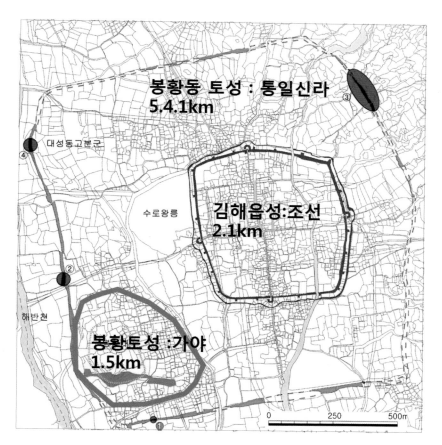

봉황토성, 봉황동 토성, 김해읍성 위치도[22]

22) (재)동서문물연구원, 『김해 봉황동 토성지 – 김해 봉황동 주택신축부지내(220-16)유적 –』, 2010, 17쪽 삽도(수정).

이러한 봉황토성의 규모는 풍납토성(3.5km)이나 월성(2.3km)에 미치지는 못하지만 김해 나전리 보루의 규모가 117m이고, 합천 성산토성이 1.2km 정도임을 감안하면 대규모에 속한다. 봉황토성은 그 규모만으로도 가야지역 내에서 그 위계를 짐작할 수 있으며 해상교통의 관문에 해당하는 입지를 고려하면, 고대 도성으로서 최적의 조건을 갖추고 있다고 할 수 있을 것이다.

봉황토성의 조사결과를 보면 백제나 신라, 또는 고구려에서 확인되지 않은 독특한 축성기법이 확인된다. 판축공법이 아닌 성토다짐을 위주의 토성으로 구축되었다. 성벽이 흔들리지 않도록 현대 토목공법의 정지말목 처럼 토성벽의 중심부에는 목주를 박은 후 성토다짐을 했다. 조사구간이 협소해 목주의 상세한 배치양상은 알 수 없지만 대략 1m 간격으로 배치되어 있는 것으로 보인다. 따라서 봉황토성의 성벽에는 가야리토성처럼 조밀하게 목주가 배치되어 있었을 가능성이 크다.

그런데 봉황토성에서는 토성벽에 석축을 보강한 구조물이 확인되었다. 중심토루 조성 후 성벽 내외면에 4겹 또는 3겹의 석축을 덧대어 보강하였다. 석축은 약 45°의 경사를 유지하도록 홑겹으로 쌓아올리고 그 외면을 점토로 피복 하고 다시 석축을 덧붙여 쌓아올리고 최종적으로는 점토로 피복하고 불다짐을 하는 형태로 구축했다.

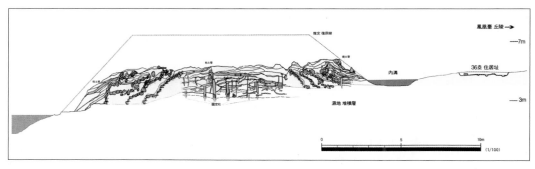

봉황토성 모식도[23]

성산토성은 황강변에 있는 해발 53m의 낮은 구릉에 구축되어 있다. 이곳은 낙동강 본류에서 황강 수계를 따라 직선거리로 6.6km 지점이며 북쪽으로 이어진 구릉에는 다라국 지배계층의 묘역인 옥전고분군이 있다. 성산토성은 동쪽과 북쪽은 토성으로 구축

---

23) (사)경남고고학연구소, 앞의 보고서, 2005, 37쪽 도면.

되었으며 서쪽은 황강의 단애면을 활용하고, 급경사를 이루는 남쪽은 석축성벽으로 이루어져 있다. 방형에 가까운 평면 형태에 둘레는 1.1km에 달한다.

성산토성은 북쪽과 서쪽은 토성으로 쌓고 남쪽의 경사지는 석축으로 쌓았다. 석성으로 쌓은 구간은 전체 성곽의 30%에 해당하는 310m 정도인 것으로 추정된다. 토성벽은 너비 27m, 높이 9m에 달한다.

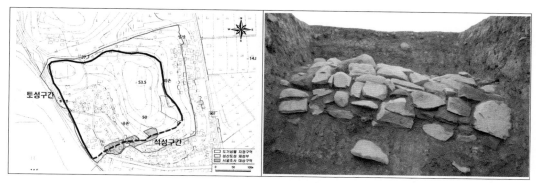

합천 성산토성 위치도(좌), 성산토성 보강석축(우)

성내에서는 백제 정지산 유적과 대가야 궁성 등에서 확인되는 대벽건물지가 5동 조사되었다. 조, 수수 등의 곡물자료와 토우 등 제사의례가 행해진 유구도 확인되었다. 성산토성의 축조 시기는 출토유물을 근거로 할 때 대략 5세기 중엽으로 추정되고 있다.[24] 옥전고분과의 관계를 고려할 때 대가야 연맹체에 속한 다라국의 왕성일 가능성이 있다.

발굴조사 조사 결과를 보면 성산토성도 가야리토성처럼 완경사 구릉지의 외곽을 성토하여 내부공간을 확장하고 외벽경사각을 높여 방어력을 보강하였음을 알 수 있다. 원지형의 경사각은 17°도 내외인데 반하여 성토공사 이후의 외벽경사각은 45°를 유지하고 있다. 성산토성의 축조 공정은 축성 기저부 정지, 성벽 기저부 성토, 체성부 성토 및 외벽부의 석축보강, 상부 체성벽 성토 등의 순으로 진행되었다. 성벽 중심부의 경우는 4m 이상의 성토가 이루어졌음이 확인되어 성산토성의 축성공사에는 대규모의 토목공사가 수반되었음을 알 수 있다.

---

24) 조영제, 「다라국성」, 『다라국도성 성산』, 합천 성산토성 사적지정을 위한 학술대회 자료집, 경남발전연구원, 2019, 21쪽.

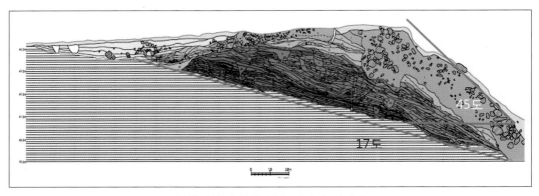

합천 성산토성의 성벽 단면과 경사각

성토 구간의 토층이 생토면을 따라 경사를 이루고 있는 것으로 보아 판축기법이 적용 되었다고 보기도 어렵다. 따라서 성산토성의 토심 내부에서 확인되는 목주 역시 판축공 정을 위한 결구 구조가 아니라 토축부를 고정시키는 構造體로 사용되었음을 알 수 있다.

성산토성에서는 김해 봉황동 토성처럼 외벽부의 중간층에서 석축보강 유구가 확인되 었다. 보강된 석축구조물은 몇 겹을 이루고 있으며, 석재는 편암류를 잘라내어 정교하 게 가공하지는 않았지만 면을 맞추어 쌓았으며, 돌틈 사이는 점토를 충진하면서 濕式工 法으로 쌓은 점이 주목된다.

토성 축조시 석재가 사용은 판축토성의 기단석열이나 풍납토성처럼 토성 내벽과 문구 등에 석축을 덧대어 쌓는 사례는 확인된다. 그러나 김해 봉황토성이나 합천 성산토성처 럼 토성을 쌓으면서 석축을 보강하는 공법은 고구려나 백제, 신라 토성에서는 그 사례가 확인되지 않는다. 따라서 이러한 공법은 가야의 독특한 축성기법이라고 생각된다.

성산토성은 북동구간은 토성으로, 남벽구간은 석축으로 구축되었다. 석축성벽은 원 지반을 굴착하여 내벽과 외벽을 갖춘 협축식으로 구축하였으나 내벽구간은 되메우기 하여 외관상 편축식 성벽으로 보인다. 성벽의 너비는 5m 정도이며 기저부에는 대략 30~35cm 두께의 점질토를 다져 기초를 조성하고 체성벽을 쌓아 올렸다. 내벽과 외벽 사 이의 적심부에는 작은 할석이 사용되었다. 면석은 일대의 기반암인 퇴적암을 사용하여 가능하면 장방형으로 가공하고자 했으나 암질의 특성상 부정형에 가깝다.

지금까지 성산토성의 석성구간은 가야가 쌓은 성벽이 아닌 것으로 이해되었다. 가야 의 석축성이 확인된 사례가 거의 없을 뿐만 아니라 성산토성의 석축성벽도 외견상 신라 석축성과 유사하기 때문이다. 따라서 이 석축성벽은 신라가 이 지역에 진출한 이후 토성에 덧붙여 쌓았을 것이라는 견해가 일반적이었다.

그러나 필자는 성산토성의 석축성벽은 가야에 의하여 축성된 것이라 생각한다. 석축성벽을 자세히 살펴보면 신라 석축성의 축성법과는 다른 측면이 확인된다. 먼저 성돌의 가공수법에서의 차이가 있다. 성돌은 석재의 종류와 상태에 따라 가공방식이 조금씩 달라지기는 하지만 6세기대의 신라성벽은 일정한 두께로 가공된 세장한 성돌을 특징으로 한다. 이에 비하여 성산토성의 성돌은 두께가 다양하고 형태가 제각각이라는 점에서 차이가 있다.

석축 쌓기 방법에서도 차이점이 확인된다. 6세기대 신라성벽은 성돌을 쌓을 때에 거의 예외없이 통줄눈이 생기지 않도록 막힌줄눈 쌓기를 하는 것이 일반적이다. 그러나 성산토성 석축성벽에서는 통줄눈이 쉽게 관측된다.

가장 특징적인 차이점은 성벽의 높이와 기울기다. 5~6세기대 신라성곽은 성벽을 10~20m에 달할 정도로 높게 쌓았으며, 성벽의 기울기는 80° 이상을 유지하여 거의 수직에 가깝게 쌓는 것이 특징이다. 그런데 성산토성은 외벽의 경사각이 68° 내외의 완경사를 유지하고 있다. 성벽의 높이도 2~3m 정도로 낮게 축조되었다.

성벽의 높이가 낮고 완경사를 이루고 있으므로 당연히 보축성벽도 확인되지 않는다. 기저부의 성돌이 일부 밖으로 돌출되어 지대석으로 볼 수도 있지만, 전체적인 양상으로 확인되지는 않는다. 석축성벽이 먼저 조성된 토축부 위에 조성되어 있다는 것도 통상 암반면이나 생토면 위에 석축을 하는 신라나 통일신라의 축성방법과 다른 점이다.

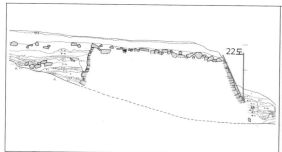

성산토성 석축성벽 단면(좌),[25] 성산토성 석축성벽(우)

25) 경상대학교박물관, 『합천 옥전 M28호분, 합천 성산리성지』, 2011, 35쪽 도면 7.

그 다음은 뒤채움 방법과 석재 가공방식에서 확인되는 차이점이다. 6세기대 신라 성벽은 성산토성처럼 협축식의 전면석축성으로 구축하였다는 점은 유사하다. 신라는 면석과 뒤채움돌을 한 단 한 단 정교하게 맞물리도록 쌓아 올라갔다. 그러나 성산토성은 뒤채움돌에 둥글고 작은 할석들이 많이 사용되었으며, 면석과 뒤채움돌이 치밀하게 결합되지 않도록 쌓고 있다는 점에서 차이가 있다. 또한 신라의 석축성은 돌과 돌 사이에 점토를 충진하지 않고 건식으로 쌓아 물이 자연스럽게 배수되도록 했다. 성산토성은 작은 돌틈 사이에 점토가 충진되어 있는 것으로 볼 때 토성벽의 보강석축처럼 습식공법으로 쌓았음을 알 수 있다. 아울러 성산토성의 토성구간과 석축구간에서 출토되는 유물의 양상도 토성과 석성의 시기차가 거의 확인되지 않는다.

따라서 성산토성은 석축성이 후대에 덧붙여진 유구가 아니라 토성과 동시에 축성되었을 것으로 추정된다. 하나의 성곽에서 이처럼 다른 축성재료로 쌓은 이유는 축성 입지 때문이었을 가능성이 있다. 남쪽성벽은 구릉에서 남쪽 단애면까지 급경사를 이루고 있어 토성으로 성벽을 쌓는 것은 현실적으로 불가능하기 때문이다.

결과적으로 성산토성의 석축성벽은 가야도 석축성벽 축성법이 있었음을 말해준다. 아울러 가야와 신라 석축성벽의 축성법은 기술계통을 달리하고 있었다는 것을 알게 해준다. 이처럼 신라와 가야의 축성법의 차이는 향후 가야 석축성을 파악하는데 중요한 기준이 될 것이라 생각한다.

Ⅲ. 가야리토성으로 본 가야축성법의 특징과 의의

가야의 성곽은 산성과 평지성으로 구분된다. 가야의 산성으로 추정되는 유적은 김해 나전리 보루, 함안 칠원산성, 안곡산성, 고령 주산성, 봉화산성, 합천 대야선, 전초팔성 등이다. 가야 산성은 경남의 지질적인 특성상 퇴적암대지의 융기와 침식으로 인하여 형성된 산정부의 단애면을 이용하여 세장한 형태로 쌓은 산성이 대부분이다. 급경사 지역이나 암괴가 노출되어 있는 곳에는 성벽을 쌓지 않았다.

산성을 이렇게 세장하게 쌓으면 성내의 가용면적이 줄어들어 성곽의 효율성은 떨어진다. 이러한 문제점을 해결하기 위하여 가야인들은 안곡산성이나 칠원산성처럼 능선상의 평탄지를 포용하도록 이중으로 성벽을 구축하기도 했다. 가야 산성은 400~600m 정도의 규모가 대부분이다.[26)]

가야의 평지성들은 수상교통이 양호한 중심취락지의 구릉지에 있다. 김해 봉황토성은 고김해만으로 흘러드는 해반천의 선착장을 갖춘 곳에 구축되었다. 합천 성산토성도 황강에 접안시설을 갖추고 있었다. 함안 가야리토성은 신음천의 수로를 이용할 수 있는 곳에 구축되었다. 이 평지토성들의 해발 고도는 40~50m로 주변을 조망할 수는 있지만 거의 평지에 가깝다. 규모는 1~2km에 달하여 산성보다 대규모로 구축되었다. 평지토성 주변에는 왕릉이나 최상급 수장층의 무덤으로 추정되는 중대형 고분군이 분포되어 있다는 공통점도 있다. 따라서 가야 각국의 중심지에 있는 이러한 토성은 가야 소국의 왕성으로 기능했을 것으로 생각된다.

가야의 왕성으로 추정되는 평지토성

성의 명칭	입지	해발	규모	인접고분	특징
함안 가야리토성	신음천변	56m	1.9km	말이산, 남문외고분군	목주
김해 봉황토성	해반천변	40m	1.5km	대성동고분군	목주, 석축보강
합천 성산토성	황강변	53m	1.1km	옥전고분군	석축보강, 목주, 석축

가야리토성은 地形補强工法으로 구축되었다. 이 공법은 자연지형을 성토하여 내부 공간을 확장하고 방어력을 높이는 효율적인 공법이다. 백악기 퇴적암을 기반암으로 하는 완경사 구릉의 말단부를 성토하여 성곽을 구축했다. 현재 조사가 이루어지고 있는 구간만 하더라도 성토공사를 위해 대략 2만 톤에 가까운 토사가 공급되었을 것으로 추정된다. 조사구간이 전체 성벽 구간의 5%정도에 해당하므로 가야리토성을 축조하기 위해서는 엄청난 토목공사가 필요했으며 축성작업에 동원된 인력도 대규모였을 것으로 추정된다.

이처럼 성토를 통한 지형보강 공법은 가야리토성과 입지가 유사한 합천 성산토성에서도 확인된다. 따라서 지형보강 공법은 구릉지에 축성되는 가야토성 축성법의 중요한 특징이라고 할 수 있을 것이다.

---

26) 가야 산성 축성법의 특징에 대해서는 추후별도의 논고를 통해 상세하게 정리할 예정이다.

石城은 土城에 비하여 높은 방어력을 보이지만 축성이 어렵다는 단점이 있다. 무엇보다도 석재를 채석하고 성돌을 가공하기 위해서는 전문적인 기술과 장비가 필요하다. 가야 제국의 왕성으로 추정되는 성곽들이 토성으로 구축된 것은 가야 장인들이 보유한 축성원천기술과 밀접한 관계가 있을 것이다.

토성은 석성에 비하여 축성이 용이하다는 장점이 있다. 그러나 토성은 기본적으로 흙을 소재로 하기 때문에 安息角의 영향을 받는다. 안식각은 토사가 안정된 상태를 유지하려는 성질 때문에 생기는 것으로 아무리 가파르게 쌓더라도 40°를 넘지 못한다. 이러한 양상은 현존하는 토성에서도 확인된다. 풍납토성의 외벽은 28° 소근산성 37°, 부소산성 토성외벽 28°, 증평 이성산성 28° 등 대체로 28°의 경사각을 유지하고 있다. 토성 축성 기술자들의 과제는 안식각을 어떻게 극복할 것인가 하는 것이었을 것이다.

놀랍게도 가야는 일반적인 토성의 외벽 경사각보다 10° 이상 높일 수 있는 발달된 축성기술을 보유하고 있었던 것으로 보인다. 그 기술의 핵심은 토성축조 시 목주와 석축을 활용하는 공법이었다.

특히 조밀하게 설치된 목주는 가야리토성의 핵심기술로 판단된다. 완경사를 이루는 퇴적암반 위에 너비 10m 이상, 높이 7~8m로 성토를 하게 되면 토사의 하중에 의하여 엄청난 응력이 발생한다. 바닥의 경사가 급하면 급할수록, 토사량이 많으면 많아질수록 아래쪽으로 쓸려내려 가는 힘이 증가하게 된다. 별다른 보강조치가 없이는 성토공사 자체가 불가능하다. 따라서 성토의 높이와 성토방법에도 제약이 따를 수밖에 없다. 가야의 장인들은 이러한 문제를 목주를 사용하여 해결했을 것으로 판단된다.

암반 상면에 종횡방향의 일정한 간격으로 주혈을 파고 목주를 깊게 박아 고정시킴으로써 목주가 土壓을 견디도록 했다. 현재 발굴조사 대상지역에서 확인되는 목주열은 이러한 성토공사와 관련된 나무기둥의 흔적이라고 생각된다. 최근의 조사에서 확인된 횡장목은 내부의 목주와 외부의 목주를 연결해 토압에 대한 외력을 보강하는 구조였을 것으로 추정된다. 그 결과 가야리토성는 좁고 경사진 곳에 넓은 대지를 조성할 수 있었으며, 외벽경사각은 무려 45°에 달할 정도로 급경사를 유지하고 있다.

가야리토성에서는 아직 확인되지 않지만, 가야 토성의 또다른 기술적 특징은 토성 내부에 석축을 활용한다는 점이다. 토성을 쌓을 때 석축을 활용한 사례는 김해 봉황동토성과 합천 성산토성에서 확인된다.

　김해 봉황토성은 목주를 세워 중심토루를 조성하고 토루의 내외면을 석축을 한겹 쌓을 때마다 점토를 덧붙여 쌓는 방식으로 5겹의 석축을 쌓아 올려 성벽을 조성했다. 그 결과 외벽 경사각은 석축의 경사각과 동일하게 45° 정도를 유지하고 있다. 이러한 형태의 축성법은 고구려나 백제, 신라의 토성에서는 확인되지 않는 축성법이다. 따라서 토성 내부에 석축을 보강하여 외벽 경사각을 높이는 이러한 기술은 가야 성곽 축성법의 중요한 특징 중 하나라 생각된다.

　합천 성산토성에서도 김해 봉황동토성처럼 외벽부의 중간층에서 석축보강유구가 확인되었다. 보강된 석축구조물은 양파껍질처럼 몇 겹을 이루고 있으며 석축외부는 다시 점토로 보강하여 토성으로 마감했다.

　가야토성에서 이처럼 석축을 활용하는 기법은 산성에서도 확인된다. 최근 시굴조사가 실시된 함안 안곡산성의 사례를 보면 토성의 내부에 목주를 활용하여 경사진 석축을 먼저 쌓고 외피를 흙으로 마감했다. 발굴조사 결과 정연한 석축이 확인되지 않는 합천 전초팔성이나 함안 칠원산성도 안곡산성처럼 내부는 석축을 하고 흙으로 마감하는 이른바 '石芯土築'공법으로 구축되었을 가능성이 있다.

　가야의 성이라고 하지만 여전이 축성주체에 대한 논란이 남아있는 고령 주산성의 경우도 외성 안쪽에서 선축성벽 유구가 확인된 바 있다. 1겹의 석재를 퇴물림 쌓기 하여 구축한 석축은 약 45°의 경사각을 유지하고 있으며 석축의 외부는 점토로 피복되어 있다. 후축성벽은 이 선축된 성벽에 덧붙여 편축식으로 쌓았다. 따라서 주산성은 석축으

고령 주산성 외성벽 내부의 선축성벽(좌), 주산성 모식도(우)[27]

---

27) 대동문화재연구원,『高靈 主山城Ⅰ(추정남문지 주변성벽)』, 2014, 129쪽 도면 78을 바탕으로 필자가 내용을 보완한 도면임.

로 보강한 가야식의 토성에 신라가 석성을 덧붙여 쌓았을 가능성이 있다고 생각된다.

여하튼 가야는 토성에 석축을 활용하여 외벽 경사각을 무려 10° 이상 높일 수 있는 발달된 축성법으로 성곽을 구축했다. 따라서 방어력 측면에서 보면 가야는 동 시기의 신라나 백제 토성의 축성법에 비하여 뒤지지 않는 축성기술을 갖추고 있었다고 해도 과언이 아니다.

마지막으로 성산토성에서는 특이하게도 석축으로 쌓은 성벽구간이 확인된다. 지금까지 성산토성의 석축부는 가야의 토성을 신라가 석성을 덧붙여 쌓은 것으로 이해되어 왔다. 그러나 필자는 이 석축성벽을 가야가 토성과 함께 구축한 것으로 생각한다.

신라성벽은 일정한 두께로 가공된 세장한 성돌을 특징으로 하지만 성산토성의 성돌은 두께가 다양하고 가공되지 않은 석재가 많이 사용되었다. 또한 석축 쌓기 방법에서도 차이가 확인된다. 6세기대 신라성벽은 거의 예외 없이 바른층 쌓기 하면서 통줄눈이 생기지 않도록 막힌줄눈 쌓기를 하는 것이 일반적이다. 그러나 성산토성 석축성벽에서는 통줄눈이 쉽게 관측된다.

그 다음은 성벽의 높이와 기울기다. 6세기대 신라 성곽은 성벽 높이가 6~7m 이상이 될 정도로 높고 성벽의 기울기는 80° 이상으로 거의 수직에 가깝게 쌓는 것이 특징이다. 그런데 성산토성의 외벽의 경사각은 68° 내외의 완경사를 유지하고 있으며 석축성벽의 높이도 2~3m 정도로 신라성벽에 비하여 낮게 축조되었다. 보축성벽도 확인되지 않으며 기저부 성돌이 일부 밖으로 돌출되어 지대석으로 볼 수도 있지만 석축성벽이 먼저 조성된 토축부 위에 조성되었다는 점도 통상 암반면이나 생토면 위에 성벽을 쌓는 신라나 통일신라의 축성법과 다른 점이다.

적심부에는 작은 할석이나 강돌을 많이 사용했다. 이는 세장한 할석을 사용하는 신라와 차이가 있다. 석재와 석재 사이를 점토로 충진하면서 쌓는 濕式工法으로 구축한 것도 乾式工法으로 쌓는 신라성곽과 다르다. 전체성벽을 정연하게 쌓은 가야의 석축산성은 아직 확인되지 않았다. 그러나 가야도 석축성을 쌓을 수 있는 기술을 가지고 있었다는 것이 성산토성의 석축성벽을 통해 알게 된 중요한 성과라고 생각된다.

IV. 맺음말

함안 가야리토성을 중심으로 가야평지토성의 축성법에 대하여 살펴보았다. 가야는 통일국가에는 이르지 못했지만 소국의 중심지에 둘레 1~2km에 달하는 대규모의 평지성을 쌓았다. 이들 평지성은 모두 수상교통의 요지에 있으며, 주변조망이 양호하고 인접한 지역에 중대형고분이 있다는 공통점이 있다. 이처럼 중심취락지에 있는 가야의 평지성들은 가야 소국의 왕성으로 보아도 무리가 없을 것으로 생각된다.

가야의 토성은 높은 기술력을 바탕으로 축조되었다. 자연지형을 최대한 활용하되 대규모 성토공사를 실시하는 地形補强 공법으로 내부 공간확장과 방어력을 보강했다. 성토공사에는 토성내부에 木柱를 보강하여 토압을 견디도록 했다. 토성 내부에 석축을 보강하여 안식각의 한계를 뛰어넘는 경사각을 유지하는 발달된 축성법도 적용되었다. 산성 축조에도 이처럼 석축을 보강하여 토성으로 마감하는 '石芯土築'공법을 통하여 외벽 경사각을 높임으로써 방어력을 높일 수 있었다.

합천 성산토성은 가야도 석축성벽을 쌓는 기술이 있었음을 말해준다. 가야의 석축성이 축성법은 성벽의 경사각와 석재가공수법, 쌓기방식 등에서 신라와 달랐다. 이는 가야 석축성의 원천기술이 신라와 달랐다는 것을 의미한다.

가야리토성은 지금까지 확인된 가야 왕성 추정 성곽 중 가장 잔존상태가 양호하다. 아라가야 왕성의 실체 및 축성법을 규명할 수 있는 중요한 유적이다. 이러한 중요성이 인정되어 2019년 10월 21일 사적 제554호로 지정되었다.

그동안 가야유적에 대한 조사는 고분을 중심으로 이루어져 왔다. 그러나 고분만으로 가야의 역사문화를 이해하는 것은 한계가 있다. 성곽은 고대국가로의 이행과정을 보여주는 중요한 유적이다. 아라가야 왕성으로 추정되는 가야리토성에 대한 발굴조사를 계기로 향후 가야성곽에 대한 활발한 조사가 진행되기를 기대한다.

【참고문헌】

경남고고학연구소,『봉황토성 – 김해 회현동사무소~분성로간 소방도로 개설구간 발굴조사보고서』, 2005.

경남발전연구원 역사문화센터,『함안 남문외고분군 · 전안라왕궁지 정밀지표조사』, 2013.

경북대학교박물관,『전 대가야궁성지』, 2006.

경상대학교박물관,『합천 옥전 M28호분, 합천 성산리성지』, 2011.

국강고고학연구소,『강릉 강문동 신라토성』, 2015.

국립가야문화재연구소,『경남의 성곽』, 2008.

국립가야문화재연구소,「함안 아라가야 왕성지」, 발굴조사 자문위원회 자료집, 2018.

국립가야문화재연구소,「함안 가야리유적 발굴조사 학술자문회의」, 2019.

권오영,「고대 성토구조물의 성토방식과 재료에 대한 시론」,『漢江考古』제5호, 한강문화재연구원, 2011.

노재현,「가야성곽과 신라성곽의 축성수법 비교연구」,『다라국의 도성 성산』, 합천 성산토성 사적지정을 위한 학술대회 자료집, 경남발전 연구원 역사문화센터, 2019.

대동문화재연구원,『高靈 主山城 I (추정남문지 주변성벽)』, 2014.

동서문물연구원,『김해 봉황동토성지 – 김해 봉황동 주택신축부지내(220-16)유적』, 2010.

동아대학교박물관,『양산순지리 토성』, 1983.

심광주,「백제 · 고구려 · 신라 · 가야의 축성법 비교」,『백제의 산성』, 2019 가을 특별전시회 도록, 한성백제박물관, 2019.

아라가야 향토사연구회,『함안군 문화유적 분포지도』, 2000.

안성현,「경남지역 가야시기 관방시설」,『경남의 성곽과 봉수』, 도서출판 선인, 2017.

영남문화재연구원,『경산 임당유적 I -F,H지구 및 토성』, 1999.

이관희,「가야리유적 토성의 토목학적 의의」,『가야리유적 사적지정을 위한 학술심포지엄』, 창원대학교 경남학연구센터, 2019.

이재명,「함안 성산토성의 구조와 특징」,『다라국의 도성 성산』, 합천 성산토성 사적지정을 위한 학술대회 자료집, 경남발전 연구원 역사문화센터, 2019.

이현정 · 류지환 · 강진아,「영남지역 삼국시대 성곽 – 영남지역 가야성곽」,『영남지역의 성곽』, 영남고고학회, 2008.

조영제,「다라국성」,『다라국도성 성산』, 합천 성산토성 사적지정을 위한 학술대회 자료집, 경남발전연구원, 2019.

조인규, 「강릉 강문동토성 조사 성과와 특징」, 『삼국시대의 토성과 목책성』, 한국성곽학회 2016
       년도 춘계학술대회 발표자료집, 한국성곽학회, 2016.

조효식, 「대가야의 방어체계」, 『대가야의 고분과 산성』, 대가야박물관·대동문화재연구원, 2014a.

조효식, 「삼국시대 성곽과 방어체계」, 『삼국시대 고고학개론1』, 진인진, 2014b.

조효식·김민철, 「대가야성곽의 연구 – 고령 대가천 주변 성곽을 중심으로」, 『가야문화』, 가야문
       화연구원, 2006.

조효식·장주탁, 「가야의 성곽」, 『가야고고학개론』, 진인진, 2016.

최종규, 「봉황토성의 특징에 대한 모색」, 『봉황토성』, 경남고고학연구소, 2005.

함안박물관, 『함안 무릉, 안국산성 – 정밀지표조사 보고서』, 2009.

가야리유적 토성의 토목학적 의의

이관희 | 경남도립거창대학교

Ⅰ. 머리말

성곽연구는 문헌자료와 고고자료 분석을 통하여 축성시기와 구조적 특성을 규명하는 데 집중되어 왔지만, 대형 건설공사를 수행하는 주체와 기술 등에 대한 분석과 연구는 큰 주목을 받지 못해왔다.

김해 봉황토성, 합천 성산리토성, 가야리토성이 가야 지배계층의 공동거주지로서 도성에 가까운 기능을 하였다면, 가야토성은 당대의 토목기술의 총체라고 볼 수 있고, 인력동원, 설계와 시공, 공사감독을 수행할 수 있는 집권력과 기술력을 갖춘 것으로 해석할 수 있다.

따라서, 토목학적 측면에서 전통사회의 성곽축조에 대해 살펴보고, 가야리유적 토성의 지반과 성토재료, 축조공법, 안정해석 및 분석을 실시해 보고자 한다.

Ⅱ. 전통사회의 성곽축조

1. 인력 동원

한반도 전통사회의 방어시설은 구릉지역이나 평지마을 주변을 둘러싸는 깊은 도랑을 파서 만든 환호(環壕)취락을 거쳐, 기원후 3세기 이후가 되면 풍납토성과 같은 성벽취락이 확인된다. 성벽취락은 초기방어의 성격에서 지배계층의 공동 거주지로 도성(都城)에 가까운 기능을 하였고, 도성건설은 대규모 토목공사, 강제적 인력동원, 관리체계의 운영 등 고도의 국가역량을 집중 투자해야 가능했던 국책사업(國策事業)으로 볼 수 있다.

고대사회의 대규모 공공건설사업은 농한기에 시행되었던 것으로 알려져 있고, 공공건설사업의 인력동원은 생업경제의 생산성과 인적자원의 중요성을 고려하여 실시되었으며, 매우 체계적인 실천계획과 원칙에 근거했음을 추측해 볼 수 있다.

2. 설계와 시공

오늘날 토목공사의 설계는 공사대상지의 측량, 지질 및 토질조사, 구조적 안정성 검토, 설계도면 작성, 공사비 산출, 공사시방서 작성 등을 포함 한다. 고대사회에서도 고도의 경험지식을 바탕으로 지질 및 토질의 특성을 파악하고, 지반의 안정성을 확보하기 위해 압밀, 고결, 다짐 등의 기초공사를 시행했던 것으로 알려져 있다. 함안 성산산성에 사용된 부엽공법(敷葉工法)은 연약지반을 보강했던 사례로 오늘날의 압밀침하배수를 통한 연약지반보강공법과 유사함에서 알 수 있듯이, 지반의 특성과 구조물의 하중을 계산하여 안정성을 확보할 수 있도록 기초공사를 시행했음을 알 수 있다.

중국 북송(北宋)의 이계(李誡)가 편찬한 영조법식(營造法式, 1097)에는 축성공사에 적용할 수 있는 기초공법으로 종류가 다른 성토재료를 교층(交層)으로 다져 쌓은 방법이 제시되어 있다.

토축의 사면안정(斜面安定)을 유지하기 위한 단면비율의 구성원칙도 중국 당(唐)의 두우(杜佑)가 편찬한 통전(通典, 801)에서 찾아볼 수 있다. 그리고 조선(朝鮮)의 정약용

(丁若鏞)이 저술한 민보의(民堡議, 1812)에도 모래와 찰진 흙을 배합하여 쌓을 때의 단면비율을 제시하고 있다.

3. 공사감독

건설공사에서 공사감독은 설계와 시공이 법령이나 규정에 따라 진행되었는지를 감독하여, 공사의 안전이 보장되고 품질이 향상되도록 관리하는 것을 의미한다. 고대사회에서도 중요한 건설사업은 권력서열의 최상위계에 해당하는 관리들이 추진했던 사례도 다수 확인되며, 조선 후기 육조(六曹)의 법례를 수록한 백헌총요(白憲總要)에서는 축성 후 5년이 지나도록 무너지지 않으면 종사관을 1계급 특진시키고, 기한 내 무너지면 파면시키는 규정도 확인 할 수 있다.

이처럼 전통사회에서 축성 등의 대규모 공공사업은 단순히 인력을 동원하여 토목공사를 시행하는 국가권력의 행사에 국한되었던 것이 아니라, 지반의 특성과 구조물의 하중을 정확히 계산할 수 있는 설계능력, 구조물의 안정성을 확보하기 위한 기초 및 성토공사의 시공능력 등은 당시 과학기술의 수준을 가늠할 수 있는 척도라 할 수 있다.

III. 가야리 유적 토성의 지반과 토성재료

1. 토성 개요 및 기초지반

가야리 유적 토성의 기본적인 축조방식은 구릉을 이용하여 능선 정상부 사면에 내탁하여 축성한 것이다. 토성은 〈그림 1〉에서 보는바와 같이 자연 구릉의 정상부에 덧대어 구릉 사면에 흙을 쌓아올려 토성벽을 축조하고, 동시에 구릉 정상부 높이에 맞춰 토성벽 안쪽을 매워 토성 내부 공간에 평탄대지를 조성하였다. 현재 조사구역 내에서 확인된 토성벽의 규모는 트랜치1을 기준으로 높이는 약 8.5m, 폭은 약 26m 내외이다.

(a) 전경사진1

(b) 전경사진2

〈그림 1〉 토성 조사 전경사진

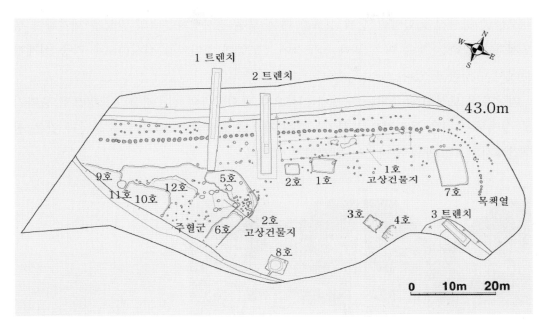

〈그림 2〉 토성 조사 평면도

토성 기초지반은 〈그림 2〉 및 〈그림 3〉에서 보는바와 같이 경사진 풍화암반으로 수평폭 L=26m, 수직높이 H=8.5m이며, 경사도는 트랜치1의 모식도를 근거하면 N=1:2~4.5로 하단부는 다소 급구배이고 상단부로 갈수록 완구배로 변화된다.

〈그림 3〉 토성 단면 모식도 (트랜치1)

오늘날 경사진 풍화암반 상에 성토를 하는 경우 경사방향분력의 발생을 제거하여 성토체가 활동하는 것을 막기 위해 전구간에 'L'모양의 층따기를 실시하도록 각종 설계기준에서 규정하고 있다.

가야유적 토성이 축조되는 시기에 인력으로 풍화암반의 전구간을 'L'모양으로 층따기를 실시하는 것은 물리적으로 불가능했을 것으로 판단되며, 따라서, 오늘날과 같은 전구간에서의 'L'모양의 층따기는 발견되지 않았다.

(a) 트랜치1 원경   (b) 트랜치1 근경   (c) 기초암반

〈그림 4〉 토성 기초지반

하지만 〈그림 4〉에서 보는바와 같이 풍화암반면을 완만한 계단상이 되도록 삭토한 것으로 보여지며, 또한, 〈그림 5〉에서 목주설치용 U자형 홈이 확인되는데 성토체가 활동하지 않도록 고정해 주는 역할을 하였던 것으로 추정된다. 이는 오늘날 옹벽구조물의 활동억제용으로 설치하는 전단키와 같은 역할이라 할 수 있다.

경사 풍화암반층에 설치된 목주가 암반에 홈을 파서 일정한 간격으로 설치된 것인지, 자연적으로 형성된 풍화암반의 틈에 목주를 키워 넣는 형태인지 혹은 혼합형식인지는 추가 적인 조사가 필요하다.

가야유적 토성이 경사진 풍화암반상에 설치되므로 활동에 취약함을 인식하고 이를 보완하기위한 설계와 시공측면에서 상당한 노력을 하였음은 분명한 것으로 판단된다.

〈그림 5〉 목주설치

2. 토성 재료

가야유적 토성의 하부성토는 기반암 쇄석과 사질점토를 혼합하여 전체 경사면에 완만한 정지면을 형성하고, 그 위에 하단의 경사면부는 점토로 정지성토면을 조성한 후 중심토루부는 〈그림 6〉에서 보는바와 같이 점질토와 사질토를 번갈아 교층으로 다짐성토하여 평탄면을 조성하고 외벽은 점질토를 덧대어 사면 처리하였다.

토성축조에 사용된 흙의 적합성을 판단하기 위해 오늘날 도로의 노상토의 적합성판단기준을 준용하여 분석할 수 있다. 도로의 노상(路床)은 포장을 지지하는 포장하부의 지반으로 깊이는 약1m정도이며, 교통하중을 분산시키고 지층의 변형을 방지하는 역할을 하는데, 이것은 성체(城體)로서 토루(土壘)의 기능과 매우 유사하다. 따라서 가야유적 토성에 사용된 흙이 지금의 도로의 노상토로 적합하다면, 가야유적 토성 축조 당시 효용성이 높은 성토재료를 활용했던 것으로 판단할 수 있다.

〈그림 6〉 중심토루부 교층 다짐성토 단면

오늘날 토목공학에서는 미국도로교통공무원협회에서 개발한 흙의 분류체계인 AASHTO 분류법(AASHTO Soil Classificaion System)으로 분류하고 있으며, 체분석으로 구한 입도분포와 소성지수, 액성지수 및 군지수를 이용해 분류하며, 그 종류는 자갈, 모래, 실트질 또는 점토질 자갈, 실트질 흙, 점토질 흙으로 구분된다.

AASHTO 분류법에 의한 노상토의 등급은 자갈 및 모래–매우 좋음, 실트질 또는 점토질의 자갈–좋음, 실트질 흙–보통, 점토질 흙–나쁨으로 구분된다. 점토질 흙을 노상토로 나쁨이라고 판단한 이유는 지지력이 약하고 침하가 일어나기 때문이다.

가야유적 토성의 흙의 분류는 점토질 자갈, 실트질 흙, 점질토 흙으로 육안조사 결과 판단되며, 점질토 흙과 실트질 흙(또는 자갈)를 번갈아 쌓아 전체적으로 입도분포가 양호하도록 하였으므로 AASHTO 분류법에 의한 노상토로 적합하다고 판단되나 토질시험에 의해 정확한 조사가 필요하다.

Ⅳ. 가야리 유적 토성의 축조공법

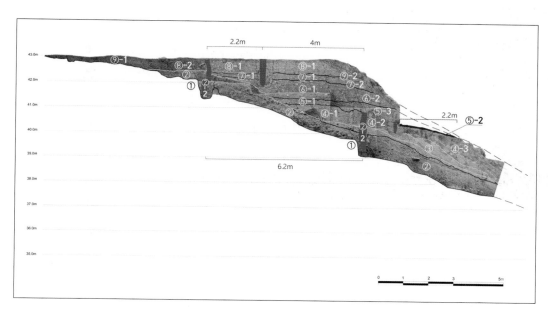

〈그림 7〉 토성 단면 모식도 (트랜치2)

「가야리 유적 사적지정 보충자료」(국립가야문화재연구소, 2019)에 따르면, 가야유적 토성의 축조공정은 트랜치2를 기준으로 〈그림 7〉과 같다.

　1단계: 구릉 사면 기반암 완만한 계단상 삭토[①]

　2단계: 기반암 쇄석과 사질점토를 이용한 완만한 정지면 형성[②-1] 및 성벽 중심토루
　　　　내·외곽 목주 설치[(②-2)]

　3단계: 경사면 하단부에 점토를 이용한 수평적 정지성토면 조성[③]

　4단계: 중심토루 1차성토[④-1] 후 외부 보강성토[④-2, ④-3]

　5단계: 중심토루 2차성토[⑤-1] 및 외부에 목탄·소토를 이용한 수평상 정지면 조성
　　　　[⑤-2] 후 보강성토[⑤-3]

　6단계: 중심토루 3차성토[⑥-1] 후 외부보강성토[⑥-2]

　7단계: 중심토루 4차성토[⑦-1] 후 외부보강성토[⑦-2]

　8단계: 중심토루 5차성토[⑧-1] 후 외부보강성토[중심토루 안쪽 ⑧-2]

9단계: 중심토루 안쪽 평탄지 조성[⑨-1] 및 외벽마감[⑨-2]

구체적으로 축조공정을 살펴보면, 〈그림 8〉 및 〈그림 9〉에서 보는바와 같이 성토를 위한 준비작업으로 구릉부 사면의 완만한 계단상으로 삭토하고(②), 삭토된 기반암 쇄석과 사질점토를 혼합하여 기반암 사면을 따라 다시 정지하였으며(②-1), 1차 정지면 조성 후에는 구릉사면 상에 성벽의 중심토루 성토 구간을 계획하여 토루 안팎의 구획선을 따라 기반암(풍화암반)을 단면 U자형으로 연이어 길게 굴착하고, 그 내부에 약 60~80cm의 등간격으로 지름 약 20cm, 길이 1.6~1.8m의 목주를 세웠으며(②-2), 목주의 기능은 중심토루 성토 구간의 구획과 토사 밀림 방지를 동시에 염두에 둔 것으로 추측되고 있다.

〈그림 8〉 기반암 상부에 조성된 성토벽 단면 사진 (트랜치2 서벽)

(a) 내측 목주　　　　　　　　(b) 외측 목주

〈그림 9〉 내측 및 외측 목주

　한편, 중심토루는 토질이 다른 점토를 수평으로 겹겹이 다져 성토하고, 중심 토루를 한 차례 쌓아올릴 때 마다 동일한 수평 높이에 맞추어 외벽에 보강토를 함께 덧대어 성토하였다.

　중심토루 성토는 1차 중심토루 성토 시 중심토루 외측에 설치된 목주의 상면 높이까지 수평 성토하고(④-1), 중심토루 외부 역시 동일한 높이까지 수평 성토하였는데(④-2, ④-3), 1차 중심토루 외부 보강토 위로 수평상 10~20cm 두께로 확인된 목탄·소토 혼입층이 확인된다(⑤-2).

(a) 목탄층 및 하부목주 사진　　　　　(b) 목탄층 평면사진

〈그림 10〉 목탄층 사진

〈그림 10〉에서 보는바와 같이 성벽외부 목탄층의 잔존 평면 너비는 약 2.2m이며, 목탄층 하부에는 토성벽 안쪽에 목탄층이 시작되는 지점에 목주가 열지어 설치된 형상이며, 이 목탄층은 외벽의 안정성을 높이기 위한 것으로 추정되고 있다.

한편, 〈그림 11〉에서 보는바와 같이 중심토루 5차 성토층(⑧-1) 내부에서 직경 약 9cm의 단면 원형의 빈 공간이 중심토루 내측에 열지어 설치된 각 목주옆에서 시작되어 토성 외측으로 4.8m가량 길게 뻗어 있는 모습이 평면상에 확인되었는데, 이는 목주에 결구되어 약 60~80cm의 등간격으로 설치된 횡장목으로 조사되었다.

(a) 횡장목흔과 목주흔 사진

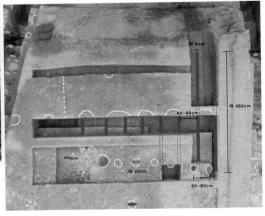

(b) 횡장목흔과 목주흔 모식도

〈그림 11〉 횡장목흔과 목주흔

중심토루가 구릉 정상부 높이까지 성토된 이후에는 중심토루와 구릉 정상부 사이의 공간을 메워 정상부의 평탄지를 넓혔으며(⑧-2, ⑨-1), 이와 동시에 토성 외벽 쪽으로는 사면을 따라 점토를 덧대어 성벽 외면을 정리·마감한 것으로 조사되었다(⑨-2).

V. 가야리 유적 토성 안정해석 및 분석

1. 해석 대표단면

가야리유적 토성의 사면 안정해석을 위해 발굴조사보고서 및 현장조사를 근거하여 토성의 대표단면은 〈그림 12〉와 같이 구성하였다.

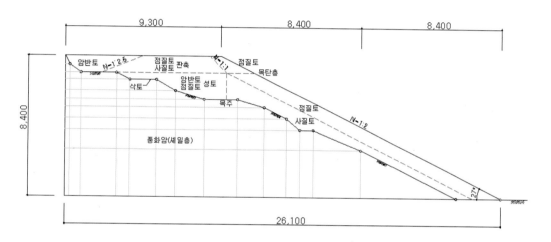

〈그림 12〉 해석 대표단면 (트랜치1 기준)

토성의 대표단면에서 보는바와 같이 경사면부의 내측은 사질토, 외측은 점질토로 구성하고, 하부성토부는 암반토와 점질토로 구성하고, 상부 성토부는 점질토와 사질토의 교층으로 구성하고, 상부 성토부 외측사면부는 점질토로 구성하였다.

2. 사면안정해석

대표단면에 대한 사면안정해석을 위해 사용된 지반상수는 〈표 1〉과 같고, 다짐을 고려하여 점착력을 가정한 것이다.

〈표 1〉 지반상수

지층	단위중량 (kN/m3)	점착력 (kPa)	내부마찰각 (°)
사질토층	18	5	28
점질토층	17	20	10
암반토층	21	5	32
풍화암층	21	40	32

※ 지반상수는 문헌과 현장조사를 근거한 가정값이며, 향후 토질실험이 요구됨

사면안정해석은 건기시와 우기시로 구분하여 실시하는데, 건기시는 흙에 수분이 없는 상태이고, 우기시는 흙이 수분으로 포화된 상태를 고려한 것이다. 그 해석결과는 〈표 2〉와 같고, 건기시 안전율 F.S=2.246으로 충분히 안전하고, 우기시에도 안전율 F.S=1.486으로 안전한 것으로 분석된다.

〈표 2〉 사면안정해석 (원상태)

구분	건 기 시	우 기 시
안전율	F.S = 2.246 〉 1.500 'O.K'	F.S = 1.486 〉 1.300 'O.K'

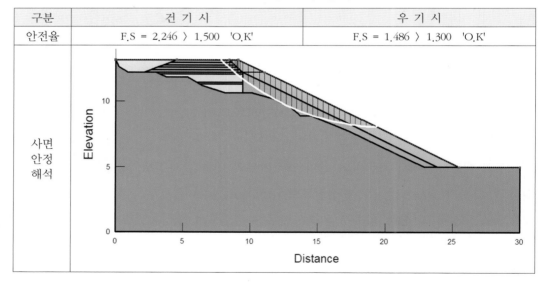

3. 토층의 구분에 대한 안전율 분석

가야리 유적 토성의 축조공법에 도입된 토층구분에 따른 사면안정에 미치는 효과를 분석하기 위하여 대표단면의 모든 성토를 동일 흙으로 축조했을 때를 가정하여 사면안

정해석을 실시하여 비교한 결과는 〈표 3〉과 같다.

〈표 3〉 사면안정해석 (토층구분)

구분	건 기 시	우 기 시
원상태	F.S = 2.246 〉 1.500	F.S = 1.486 〉 1.300 'O.K'
점질토	F.S = 3.141 〉 1.500	F.S = 2.619 〉 1.300 'O.K'
사질토	F.S = 1.828 〉 1.500	F.S = 1.079 〈 1.300 'N.G'

구분	
사면 안정 해석	

〈표 3〉에서 보는바와 같이 점질토로 전체를 성토하였을 경우가 원상태보다 안전율이 유리하게 산출되고 사질토로 전체를 성토하였을 경우 원상태보다 안전율이 불리하게 산출됨을 알 수 있다.

4. 사면안정측면의 축조공법 분석

첫째, 점질토는 점착력이 높아서 사면에 대한 안전율은 높으나 지지력이 약하므로 기초지반으로 적합하지 않으며, 사질토는 점착력이 낮아서 사면에 대한 안전율이 적게 나오나 지지력이 크게 나오므로 기초지반에 적합하다. 그러므로 점질토와 사질토를 섞어서 교층으로 축조하는 공법은 매우 타당한 것으로 판단된다.

둘째, 외측 사면 표면을 점질토로 쌓아 올린 것은 우기시 사면내부로 우수의 침투를 막아서 사면의 전단강도가 낮아지는 것을 방지하는 역할을 하는 독특한 축조공법으로 판단된다.

셋째, 중심토루 성토부에 일정간격으로 설치된 목주와 횡장목은 경사면 성토부의 보강을 위해 사용되었을 가능성이 있으며, 이는 오늘날 활동방지용 전단키 및 성토사면의 섬유보강공법과 유사한 공법이라 할 수 있다.

넷째, 외측 사면 점토층의 목탄층은 점토를 소결하여 고체화시킴으로서 방수층을 형성하거나 지지력을 증대시키는 목적으로 시행된 것으로 추측되나 자세한 것은 추가 조사가 필요하다.

5. 토성 축조에 따른 노동력 분석

토성의 성토 단면적은 약 40㎡이며, 전체 토성의 총 둘레길이는 2km로 추정되는 것을 고려할 경우 토성의 체적은 80,000㎡되며, 「통전(通典, 801)」에 기록된 인부 1인당 하루 작업량(19.95尺³=0.51㎥)을 고려하면, 토성 축조시 성토공정에만 연인원 16만 명 이상이 투입된 것이며, 재료의 준비, 운반 등의 공정까지 고려하면 동원된 인원은 이보다 훨씬 많을 것으로 추측해 볼 수 있다.

향후 토성에 사용된 점토재료원의 위치조자 및 시험시공을 통한 작업량 확인을 실시하여 토성축조에 투입된 전체 노동력에 대한 산출이 필요하다.

VI. 맺음말

가야리 유적 토성은 경사지형의 풍화암반상에 내탁형식으로 설치되어 있고, 토성의 축조공정은 풍화암반의 완만한 계단상 삭토, 쇄석과 사질점토를 혼합하여 정지면 형성 및 중심토루 내·외곽에 목주 설치, 경사면 하단부에 수평적 점토 정지성토면 조성, 그 상단부에 중심토루를 5차 성토 및 외측 점토 보강성토로 이루어져 있다.

가야리 유적 토성의 토목공학적 특징은 사질토의 지지력 강점과 점질토의 사면안정 강점을 발휘할 수 있도록 혼합 및 교층 쌓기한 것이며, 우기 시 물이 토성 내부로 침투하는 것을 막기 위한 토성 최외측 사면에 점질토로 보강한 것이다. 또한, 중심토루 성토를 위한 내·외곽부 목주 설치 및 횡장목 설치와 외부보강토층에 목탄·소토 혼입층이 확인된다는 것이다.

　가야리유적 토성을 토목공학적 측면에서 보면 계획과 설계, 성토재료 선정, 시공 등에서 상당한 기술력을 보유했던 것으로 판단된다.

　가야리유적 토성에서 발견되는 특징들이 가야 토성의 독특한 축성법인지는 향후 추가적인 조사가 필요할 것으로 판단되며, 토목공학적 접근법이 가야의 역사와 문화를 이해하는데 보탬이 되기를 기대한다.

【참고문헌】

국립가야문화재연구소, 「2018년 함안 아라가야 추정왕성지 발굴조사 약보고서」, 2019.

국립가야문화재재연구소, 『함안 가야리유적 사적지정 보충자료』, 2019.

국립문화재연구소, 『풍납토성』, 2014.

국토교통부, 『건설공사비탈면 설계기준』, 2016.

국토교통부, 『도로설계기준』, 2016.

동서문물연구소, 『합천 성산리 성지』, 2018.

문홍득, 『토질역학』, 2010.

백제의 토성과 함안 가야리토성의 비교

이혁희 | 한성백제박물관

Ⅰ. 머리말

본고는 함안 가야리 유적(傳 아라가야 왕궁지, 사적 제544호)의 성격규명 및 중요성 제고의 일환으로, 토축성벽(이하 함안 가야리토성)의 구조와 그 의미를 파악하고자 작성되었다. 이를 위해 조사 및 연구가 상당수 축적된 백제 토성과의 비교·검토를 시도하겠다.

주지하듯이 한반도의 고대국가 가운데 토성 축조에 가장 적극적인 국가는 백제이다. 서울 漢城(풍납토성+몽촌토성), 공주 熊津城(공산성+옥녀봉성), 부여 泗批城(부소산성+사비나성) 및 익산 王宮城 모두 토성이며, 지방과 국경에 설치된 성곽 중 다수가 토성으로 축조되었음이 발굴조사를 통해 잘 알려져 있다. 비교적 풍부한 조사 성과와 더불어, 관련 연구 역시 한반도 築城史 연구의 한 축을 담당할 정도이다. 특히 版築에 대한 연구가 초기부터 집중되었으며,[1] 최근에는 판축 이외의 기술에 대한 인식,[2] 다양한 보강

---

[1] 尹武炳, 「扶蘇山城 城壁調査」, 『韓國考古學報』 13輯, 韓國考古學會, 1982; 成周鐸, 「百濟都城築造의 發達過程에 대한 硏究」, 『百濟硏究』 19, 忠南大學校 百濟硏究所, 1988; 車勇杰, 「百濟의 築城技法 – 版築土壘의 調査를 中心으로 –」, 『百濟硏究』 19, 忠南大學校 百濟硏究所, 1988; 羅東旭, 「慶南地域의 土城硏究 – 基壇石築型 版築土城을 中心으로 –」, 『博物館硏究論集』 5, 釜山廣域市立博物館, 1996; 金

기술에 대한 연구도 진행되었다.[3] 이를 통해 토성 축조기술에 대한 해상력이 한층 높아졌다.

이처럼 백제의 토성은 함안 가야리토성의 축조기술을 고찰함에 있어 중요한 비교대상으로 볼 수 있다. 여기에서는 성벽 절개조사로 확인된 백제 토성의 축조기술을 소개하고, 이를 바탕으로 함안 가야리토성의 조사 성과와 비교·검토하고자 한다.

容民,「扶蘇山城의 城壁築造技法 및 變遷에 대한 考察」,『韓國上古史學報』26, 韓國上古史學會, 1997; 高龍圭,「韓國南部地域 版築土城의 研究」,『古文化』58, 한국대학박물관협회, 2001; 沈正輔,「風納土城의 築造技法과 性格에 대한 考察」,『文物研究』7, 동아시아문물연구학술재단, 2003; 한병길,「충청지역 백제토성의 축조양상」,『先史와 古代』19, 韓國古代學會, 2003; 朴泰祐,「百濟 泗沘羅城 構造에 대한 檢討」,『湖西考古學』16, 湖西考古學會, 2007; 申熙權,「中韓 古代 築城方法 比較 檢討－西山城址와 風納土城의 비교를 중심으로－」,『湖西考古學』18, 湖西考古學會, 2008; 이성준·김명진·나혜림,「풍납토성 축조연대의 고고과학적 연구－2011년 동성벽 조사결과를 중심으로－」,『韓國考古學報』88, 韓國考古學會, 2013; 심상육·이명호·김태익·김선옥,「부여나성 동나성 2문지 발굴조사의 의의」,『百濟文化』51, 공주대학교 백제문화연구소, 2014; 李奕熙,「鎭安 臥亭土城의 構造와 性格 再檢討」,『湖西考古學』31, 호서고고학회, 2014; 이혁희,「홍성 신금성의 구조와 성격 재검토」,『야외고고학』30, 한국매장문화재협회, 2017; 심규훈,「백제성곽의 축조기법 연구」, 공주대학교대학원 석사학위논문, 2016.

2) 金虎俊,「美湖川 中上流의 百濟土城 現況과 特徵」,『百濟學報』10, 百濟學會, 2013; 李奕熙,「漢城百濟期 土城의 築造技法」, 한신대학교대학원 석사학위논문, 2013a; 이혁희,「한성백제기 토성의 축조기법과 그 의미」,『한국고고학보』89, 한국고고학회, 2013b; 이혁희,「백제 토성 축조기법의 특징과 변천」,『유리건판으로 보는 백제의 성곽』, 국립중앙박물관, 2016; 李奕熙,「百濟土城의 築造技術 檢討」,『水利·土木考古學의 現況과 課題Ⅱ』, 우리문화재연구원, 2018; 朴重均,「忠北地域 百濟 初期 山城의 類型」,『韓國城郭學報』26, 韓國城郭學會, 2014; 박중균,「한성백제 성곽유적의 최근 발굴성과와 과제」,『서울지역 고중세 성곽유적에 대한 주요 조사연구 성과와 과제』, 제60회 전국역사학대회 고고학부 발표자료집, 전국역사학대회협의회, 2017; 朴重均,「정북동토성의 성벽 축조기법과 축조시기 검토」,『百濟學報』27, 百濟學會, 2019; 심광주,「임진강 유역 삼국의 성곽과 관방체계」,『임진강 유역, 분단과 평화의 고고학』2018 경기문화재연구원·중부고고학회 학술대회, 2018; 안성현,「경기도 지역 성곽유산 연구 현황과 보존·정비 방향」,『성곽유산의 연구성과와 보존정비 방향』, 2018 남한산성 학술심포지엄, 경기도·경기도남한산성 세계유산센터, 2018.

3) 申熙權,「風納土城의 축조기법과 그 성격에 대하여」,『風納土城의 發掘과 그 成果』, 한밭대학교 개교 제74주년기념 학술발표대회 논문집, 한밭大學校 鄕土文化研究所, 2001; 申熙權, 앞의 논문, 2008; 崔種圭,「風納土城의 축조기법」,『風納土城 500년 백제왕도의 비전과 과제』, 풍납토성 발굴 10주년 기념 제16회 문화재연구 국제학술대회 발표요지, 국립문화재연구소, 2007; 신희권,「삼국시대 토축 구조물의 부엽법(敷葉法) 연구」,『白山學報』第98號, 白山學會, 2014; 小山田宏一,「天然材料を用いた土構造物の補講と保護」,『狹山池博物館研究報告』6, 大阪府立狹山池博物館, 2009; 권오영,「오산천~황구지천 유역의 마한·백제 유적과 그 의미」,『오산천·황구지천 유역 발굴조사의 최신 성과와 마한·백제』(재)중앙문화재연구원·한신대학교박물관 공동학술대회 자료집, 2012a; 권오영,「고대 성토구조물의 재료에 대한 재인식」,『백제와 주변세계』, 성주탁 교수 추모논총 간행위원회, 2012b; 孫在賢,「韓國 古代 盛土構造物에서 土塊의 사용과 그 의미」, 한신대학교 대학원 석사학위논문, 2015; 안성현,「남한지역 토성벽에 잔존하는 석축부에 대한 연구」,『야외고고학』25, 한국매장문화재협회, 2016.

Ⅱ. 백제의 토성 축조기술

백제의 토성 축조기술을 공정별로 살펴보면 '입지선정→기저부 조성→체성축조→피복 마감'으로 정리할 수 있다. 또한 부속시설의 설치, 증축 및 보수 또한 토성의 구조를 이해하는데 있어 중요한 속성이다. 여기에서는 '입지선정과 기저부 조성', '체성축조', '공정의 마무리와 증축 및 보수' 순으로 살펴보겠다. 대상유적은 절개조사를 통해 축조기술이 드러난 자료로서, 총 28개소의 유적이다(도면 1).[4]

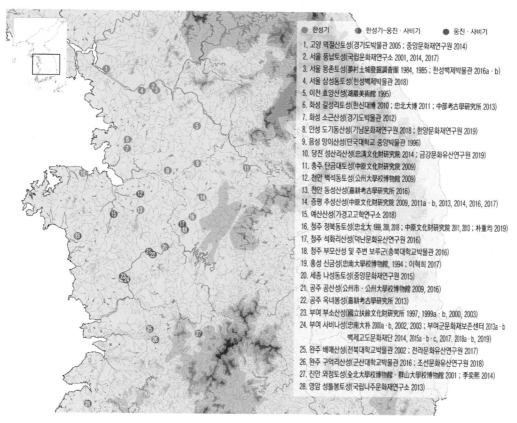

● 한성기   ◐ 한성기~웅진 · 사비기   ● 웅진 · 사비기

1. 고양 멱절산토성(경기도박물관 2005 ; 중앙문화재연구원 2014)
2. 서울 풍납토성(국립문화재연구소 2001, 2014, 2017)
3. 서울 몽촌토성(夢村土城發掘調査團 1984, 1985 ; 한성백제박물관 2016a · b)
4. 서울 삼성동토성(한성백제박물관 2018)
5. 이천 효양산성(湖巖美術館 1995)
6. 화성 길성리토성(한신大博 2010 ; 忠北大 2011 ; 中部考古學研究所 2013)
7. 화성 소근산성(경기도박물관 2012)
8. 안성 도기동산성(기남문화재연구원 2018 ; 한양문화재연구원 2019)
9. 음성 망이산성(단국대학교 중앙박물관 1996)
10. 당진 성산리산성(忠淸文化財研究院 2014 ; 금강문화유산연구원 2019)
11. 충주 탄금대토성(中原文化財研究院 2009)
12. 천안 백석동토성(公州大學校博物館 2009)
13. 천안 동성산성(嘉耕考古學研究所 2016)
14. 증평 추성산성(中原文化財研究院 2009, 2011a · b, 2013, 2014, 2016, 2017)
15. 예산산성(가경고고학연구소 2018)
16. 청주 정북동토성(忠北大 1999, 200, 2018 ; 中原文化財研究院 2011, 2013 ; 朴重均 2019)
17. 청주 석화리산성(덕난문화유산연구원 2016)
18. 청주 부모산성 및 주변 보루군(충북대학교박물관 2016)
19. 홍성 신금성(忠南大學校博物館, 1994 ; 이혁희 2017)
20. 세종 나성동토성(중앙문화재연구원 2015)
21. 공주 공산성(公州市 · 公州大學校博物館 2009, 2016)
22. 공주 옥녀봉성(嘉耕考古學研究所 2013)
23. 부여 부소산성(國立扶餘文化財研究所 1997, 1999a · b, 2000, 2003)
24. 부여 사비나성(忠南大 2000a · b, 2002, 2003 ; 부여군문화재보존센터 2013a · b 백제고도문화재단 2014, 2015a · b · c, 2017. 2018a · b, 2019)
25. 완주 배매산성(전북대학교박물관 2002 ; 전라문화유산연구원 2019)
26. 완주 구억리산성(군산대학교박물관 2016 ; 조선문화유산연구원 2018)
27. 진안 와정토성(全北大學校博物館 · 群山大學校博物館 2001 ; 李奕熙 2014)
28. 영암 성틀봉토성(국립나주문화재연구소 2013)

〈도면 1〉 축조기술이 드러난 백제의 토성 분포도
(경기도박물관, 2006, 『한성백제』 수정 후 인용)

---

4) 보고서의 견해와 달리 후속연구를 통해 백제 토성으로 재검토한 사례도 포함하였다(홍성 신금성). 한편 서천 봉선리유적의 '대지조성 성토부(충청남도역사문화연구원 2016)'와 아산 갈매리유적의 '木柵(금강문화유산연구원 2017)'도 분석대상에 포함될 가능성이 있지만 별도의 논의를 통해 판단하고자 한다.

1. 입지선정과 기저부 조성

1) 입지선정

토성 축조의 첫 번째 공정이다. 築城은 그야말로 大役事이므로 뚜렷한 목적을 갖고 이루어진다. 그러므로 지나치게 크거나, 작은 규모로 축조하지 않는다. 입지와 규모는 곧 성곽의 목적과 기능을 말해준다.

백제의 토성은 입지에 따라 平地城, 平山城, 山城으로 구분할 수 있다. 이를 각 토성의 규모와 연결하면 목적과 기능에 대한 추론이 가능하다. 평지성과 평산성은 둘레가 길고 가용면적이 넓은 대형이 주를 이룬다. 반면 소형 산성은 비고가 높고 조망이 탁월한 입지의 테뫼식 산성이 다수이다. 대형의 평지성과 평산성은 왕성, 행정치소 지역거점 등의 중심지적 성격이 강하며, 소형의 경우 교통로 및 감시망 확보 등의 목적이 추정된다.[5]

또한 주변 유적과의 관계, 입지 등을 통해 백제 토성의 기능을 地方城과 關防城으로 구분하기도 한다.[6] 전자는 지방의 정치적 중심지에 설치되어 군사적 방어 기능과 함께 내치를 위한 공권력의 거점으로 기능하며, 후자는 군사적 전략·전술과 밀접한 위치에 축조된 것으로 정의된다.

2) 기저부 정지

기저부 조성은 '기저부 정지'와 '기초성토'의 2단계를 거쳐 이루어진다.

토성을 포함한 모든 盛土構造物은 철저한 사전 준비와 설계를 통해 입지를 선정한 후 본격적인 축조공정을 밟는다. 高大한 성토구조물이 오랫동안 유지하려면 견고한 기초가 필수이므로 다양한 보강기술이 동원되는데 백제의 토성도 예외가 아니다.

토성은 길이가 길기 때문에 필연적으로 다양한 지형을 지나게 된다(도면 2). 저습지, 평지, 능선부, 완경사, 급경사가 그러하다.[7] 특히 저습지 구간이나 급경사 구간은 지지력 부

---

[5] 심광주, 「중부 내륙지역 고대산성의 성격과 특성」, 『한반도 중부내륙 옛 산성군 UNESCO 세계문화유산등재대상 선정 학술대회 발표집』, 한국성곽학회, 2007; 권오영, 2012a, 앞의 논문.

[6] 박순발, 「한반도 城의 출현과 전개−백제를 중심으로−」, 『김해 봉황동유적과 고대 동아시아−가야 왕성을 탐구하다−』, 제24회 가야사 국제학술회의, 인제대학교 가야문화연구소, 2018.

[7] 심상육·이명호·김태익·김선옥, 앞의 논문, 2014.

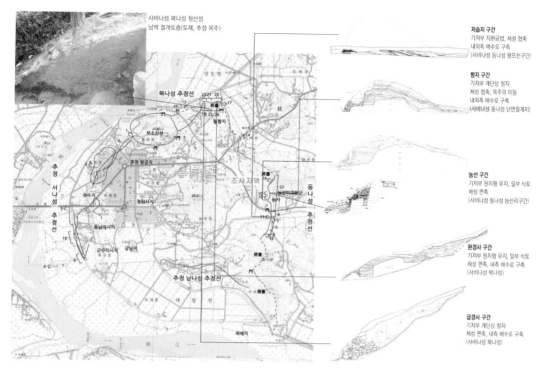

〈도면 2〉 다양한 지형조건을 지나는 토성의 사례 – 부여 사비나성
(심상육 외 2014 그림2·4 수정 후 인용)

족, 불안정, 슬라이딩, 물에 의한 문제, 침하 등 토성의 축조와 유지에 여러 문제를 야기한
다. 이러한 여건을 극복하기 위해서는 지형에 따라 효과적인 기술이 발휘되어야 한다.

기저부 정지는 토성벽을 축조할 공간과 그 주변을 정지하는 공정이다. 일반적으로 성
벽 축조 당시의 구지표와 자연퇴적층을 제거하며 정지하기 시작한다. 정지작업은 세부
지형에 따라 다양하게 이루어진다.

저습지에서는 연약한 지반을 수평으로 정지하거나, 구상으로 굴착하여 뻘흙을 제거
한다. 이후 마사토와 사질토를 층다짐하는 置換工法이 확인된다(서울 풍납토성 동성벽
A지점, 부여 사비나성 동나성). 또한 뻘흙과 나뭇가지, 나뭇잎 등을 반복적으로 깔아 성
토부를 조성하는 敷葉工法이 실시되기도 한다(공주 공산성 2014년 조사지점, 부여 사비
나성 동나성). 그 높이가 2m를 넘기도 하는데 연약지반에 활용된 부엽공법의 탁월한 하
중경감효과는 함안 성산산성의 부엽공법에 대한 토목공학적 분석을 통해 입증된 바 있

다.[8] 부엽공법에 의한 성토층에는 다수의 말뚝을 박는 말뚝지정을 통해 부피를 늘리기도 한다. 이는 사비나성 동나성 저습지구간에서 확인되었다(도면 2).

평지에 입지한 평지성을 살펴보면 주변지역에서 상대적으로 높은 자연제방이나 단구지형을 선호하였던 것으로 보인다. 서울 풍납토성과 청주 정북동토성이 그러하다.[9] 이 경우 자연제방이나 단구지형의 외측을 삭토하여 경사면을 마련하고, 경사면 내측 공간은 편평하게 정지하였다.

능선부는 구릉이나 능선의 평탄지를 말하며, 기반암을 울퉁불퉁하게 정지하거나, 낮은 계단상으로 정지하는 방식이 일반적이다.

완경사와 급경사에서는 주로 외측을 정지하여 암반을 볼록하게 만드는 巖盤突出面을 두거나(화성 길성리토성, 충주 탄금대토성), 계단상 혹은 L자형으로 삭토를 반복하여 후속공정의 공간을 마련한다. 경사가 급할수록 단을 반복적으로, 보다 깊게 L자형을 이루도록 함으로써 마찰력을 높였다(도면 3). 이는 평산성과 산성의 기저부 외측에서 확인할 수 있다.

한편 토성벽의 내·외측으로 隍(해자 또는 마른해자)을 굴착함으로써 자연스럽게 축조재료를 확보한다. 황은 방어력을 높이는 구조이자 배수기능도 겸하므로 대부분의 토성에서 적극적으로 조성하였다.

3) 기초성토

기저부 정지에 이어 기저부 정지면을 수평상 또는 경사지게 성토하는 공정이다. 기저부 정지 시 '성벽심'을 굴착하는 등의 예외적인 상황을 제외하면 대부분의 백제 토성에서 관찰할 수 있다. 평지와 능선부는 정지면 위로 수평상의 성토를 실시한다. 사면부(완경사, 급경사)는 외측을 경사지게 성토하여 순차적으로 수평면을 마련하는 방식인데 공주 옥녀봉성과 부여 사비나성이 그 예이다. 급경사일수록 L자형의 정지면이 상당히 깊기 때문에 두꺼운 두께의 기초성토가 이루어진다(도면 2·3).

---

8) 김진만, 「함안 성산산성 축조기법의 토목공학적 연구」, 『함안 성산산성 고대환경복원연구 결과보고서』, 국립가야문화재연구소, 2012.

9) 이홍종, 「한성 백제기 도성권의 지형경관」, 『고고학』 14-1호, 중부고고학회, 2015; 朴重均, 앞의 논문, 2019.

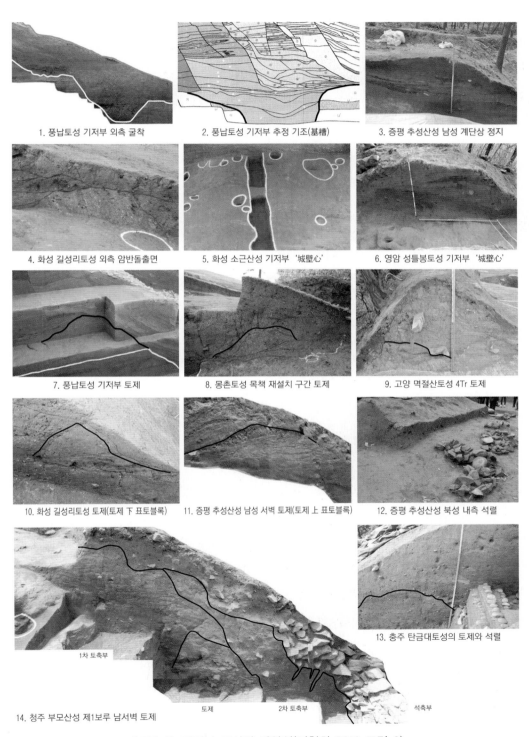

1. 풍납토성 기저부 외측 굴착

2. 풍납토성 기저부 추정 기조(基槽)

3. 증평 추성산성 남성 계단상 정지

4. 화성 길성리토성 외측 암반돌출면

5. 화성 소근산성 기저부 '城壁心'

6. 영암 성틀봉토성 기저부 '城壁心'

7. 풍납토성 기저부 토제

8. 몽촌토성 목책 재설치 구간 토제

9. 고양 멱절산토성 4Tr 토제

10. 화성 길성리토성 토제(토제 下 표토블록)

11. 증평 추성산성 남성 서벽 토제(토제 上 표토블록)

12. 증평 추성산성 북성 내측 석렬

13. 충주 탄금대토성의 토제와 석렬

1차 토축부
토제
2차 토축부
석축부

14. 청주 부모산성 제1보루 남서벽 토제

〈도면 3〉 기저부 조성의 다양성(이혁희 2016 도면 3)

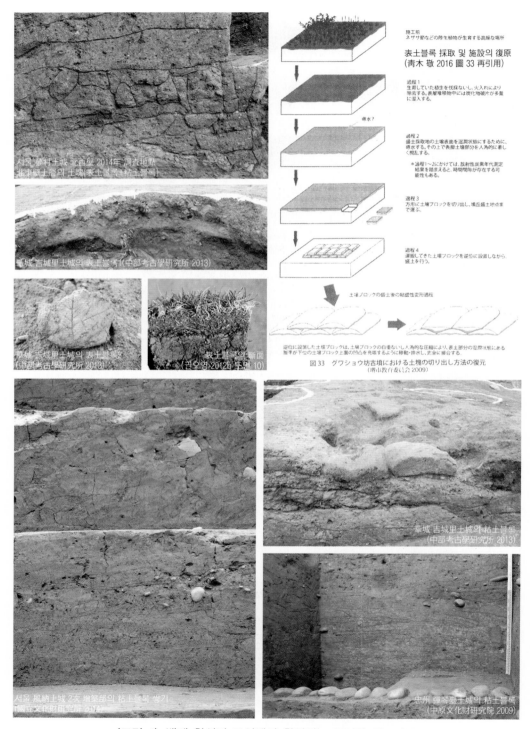

〈도면 4〉 백제 한성기 토성에서 확인되는 토괴와 비교자료

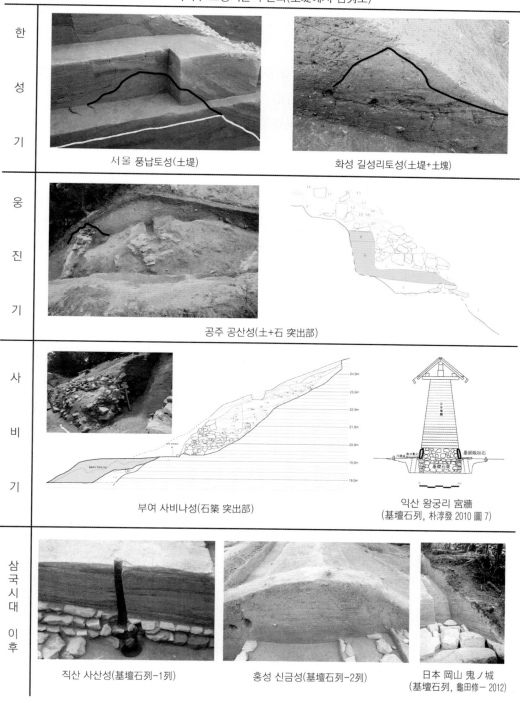

기저부 보강기술의 변화(土堤에서 石列로)

한성기

서울 풍납토성(土堤)　　　　화성 길성리토성(土堤+土塊)

웅진기

공주 공산성(土+石 突出部)

사비기

부여 사비나성(石築 突出部)　　익산 왕궁리 宮牆
(基壇石列, 朴淳發 2010 圖 7)

삼국시대 이후

직산 사산성(基壇石列-1列)　　홍성 신금성(基壇石列-2列)　　日本 岡山 鬼ノ城
(基壇石列, 龜田修一 2012)

〈도면 5〉 기저부 보강기술의 변화-토축에서 석축으로(李奕熙 2018 圖 19)

기초성토 공정에서 가장 눈에 띠는 기술은 토성벽의 외연을 따라 볼록한 돌출부를 구축하는 것이다. 이러한 돌출부는 기초성토 과정 중이나 마무리 단계에 조성된다. 기저부 정지 공정에서 언급된 암반돌출면처럼 볼록한 단면 형태를 보이는 점이 특징이다. 백제 토성에서는 성토한 돌출부(土堤), 흙과 돌을 섞어 다져 올린 돌출부(土+石 돌출부), 석재만을 사용한 돌출부가 확인된다(石築 突出部).

3가지 돌출부의 등장순서는 토제→토석 돌출부→석축 돌출부 순의 발전적인 변화를 보인다(도면 5).

우선 성토 돌출부 즉 토제는 한성기 토성의 기저부 조성에 일반적인 기술이며,[10] 한성기 이후의 웅진기(천안 백석동토성의 '흙멈추개')와 사비기(부여 사비나성 북나성)에서도 일부 확인된다. 토제와 함께 土塊(점토블록, 표토블록), 소토, 목탄 등을 추가하거나, 기둥을 박는 등 추가적인 보강이 이루어진다.[11] 특히 토괴는 토제의 보강재로서 함께 확인되는 사례가 화성 길성리토성, 증평 추성산성 남성, 충주 탄금대토성, 진안 와정토성 등에서 확인되었다.

다음으로 토+석 돌출부는 공주 공산성의 토성구간 및 2013년 성벽 붕괴지점, 부여 사비나성 동성벽 능사구간에서 확인되었으며, 석축 돌출부는 부여 사비나성 북나성 청산구간에서 확인되었다.

한편 화성 길성리토성의 일부구간과 천안 백석동토성의 일부구간에서는 기초성토 공정 시 시설된 석렬이 확인된다. 양 유적의 석렬은 일부 구간에 예외적으로 시설되었으며, 그 시설 방식도 정연하지 않지만, 7세기 이후에 일반화되는 기단석렬판축토성과 기술적 계보가 연결될 수 있어 의미를 갖는다. 이와 관련하여 사비기의 익산 왕궁리유적 宮墻에 정연한 기저부 석렬이 시설되는데, 관련하여 박순발은 기단석렬판축토성의 기저부 석렬을 비롯해, 일본열도의 신롱석계 산성으로 이어지는 것으로 지적한 바 있다(도면 5).[12]

---

10) 李奕熙, 앞의 논문, 2013a; 이혁희, 앞의 논문, 2013b; 朴重均, 앞의 논문, 2014.

11) 권오영, 앞의 논문, 2012b; 孫在賢, 앞의 논문, 2015.

12) 朴淳發, 「益山 王宮里 遺蹟 宮墻과 神籠石 山城의 起源」, 『百濟研究』 52, 忠南大學校 百濟研究所, 2010.

2. 체성축조

　백제 토성의 체성축조 양상은 크게 성토기법(A식)과 판축기법(B식)으로 구분할 수 있다. 양자는 체성축조 공정의 순서가 서로 정반대로 이루어지며 토층상태가 판이하기 때문에 별도로 살펴보아야 한다.

1) 성토기법(A식)

　성토기법의 가장 큰 특징은 版築構造物에 의한 축성이 아니라는 것에 있다. 판축의 증거가 확인되지 않는 토성에 대해서는 '성토다짐', '단순성토', '유사판축', '판축상의 성토다짐'과 같은 용어가 사용되고 있는데, 발표자는 '성토기법'으로 정의하여 사용하고 있다.[13]

　성토기법을 통한 체성축조는 기초성토 공정에서 마련된 토제나 암반돌출면에 기대어 진행되며, 기초성토 공정과 유사한 방식으로 토제를 추가한 뒤 덧붙이기를 반복한다. 체성축조의 재료는 물성이 다양한 흙을 섞은 혼합층이 특징이다. 여기에는 사질토와 점질토는 물론 점토블록, 표토블록, 소토, 목탄, 각종 유기물, 토기파편, 석재 등이 뒤섞인 상태로 사용된다. 이로 인해 복잡한 토층선을 남김에 따라 '정교한 판축층'과는 대조적이다. 그리고 완경사나 급경사 지형의 경우에는 외측으로 말뚝을 지정하기도 하는데, 화성 길성리토성과 증평 추성산성 남성에서 확인되었다. 이는 오늘날의 파일(Pile)공법과 비슷한 효과가 있을 것으로 추정된다. 현재까지 성토기법이 확인된 토성은 화성 길성리토성, 증평 추성산성 남성, 이천 효양산성, 안성 도기동산성, 충주 탄금대토성 등으로 백제 한성기에 해당한다(도면 6~8).[14]

---

[13] 이혁희, 앞의 논문, 2013a.

[14] 이외에도 최근 서울 삼성동토성 추정지의 7Tr에서도 삼국시대의 토성으로 추정되는 성토구조물이 확인되었는데 낮은 계단상의 기저부 정지, 토제, 교호성토 양상이 뚜렷하다. 반면 판축구조물의 흔적이 확인되지 않아 성토기법에 의해 축조된 구조물일 가능성이 높은 것으로 추정되었다(한성백제박물관, 『三成洞土城』, 2018).

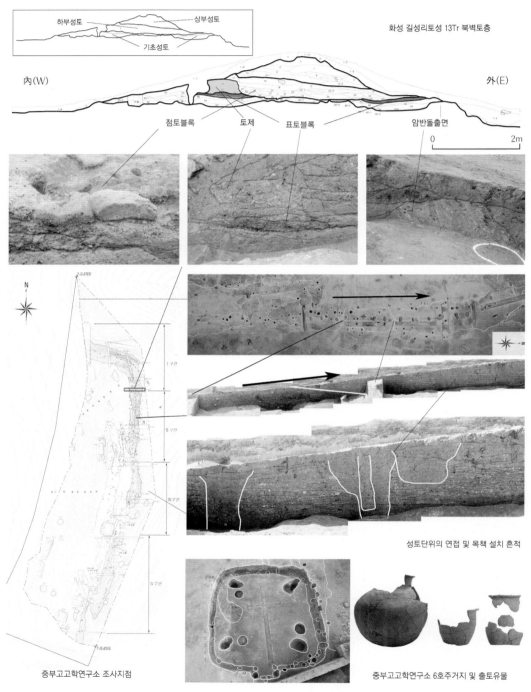

하부성토   상부성토
기초성토

화성 길성리토성 13Tr 북벽토층

內(W)   外(E)

점토블록   토제   표토블록   암반돌출면

0   2m

N

중부고고학연구소 조사지점

성토단위의 연접 및 목책 설치 흔적

중부고고학연구소 6호주거지 및 출토유물

〈도면 6〉 성토기법(A식)의 사례1-화성 길성리토성(中部考古學硏究所 2013; 이혁희 2013b 도면 5)

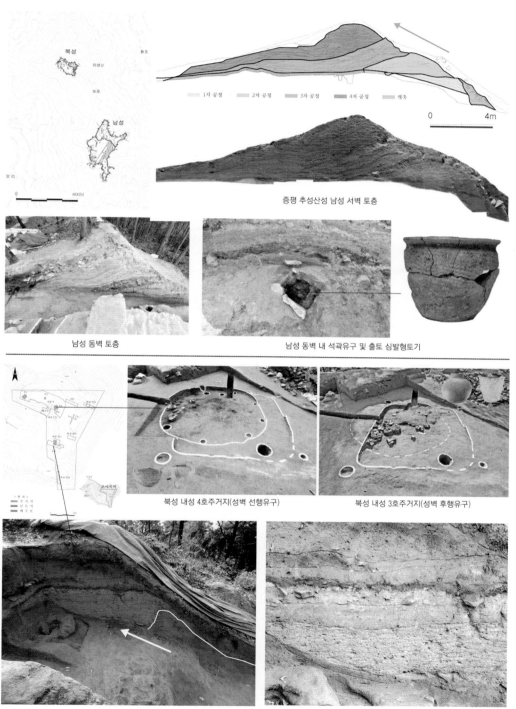

증평 추성산성 남성 서벽 토층

남성 동벽 토층

남성 동벽 내 석곽유구 및 출토 심발형토기

북성 내성 4호주거지(성벽 선행유구)

북성 내성 3호주거지(성벽 후행유구)

북성 내성 2Tr 토층 및 토층 세부

〈도면 7〉 성토기법(A식)의 사례2−증평 추성산성(中原文化財硏究院 2011 · 2013 · 2014; 이혁희 2016 도면 9)

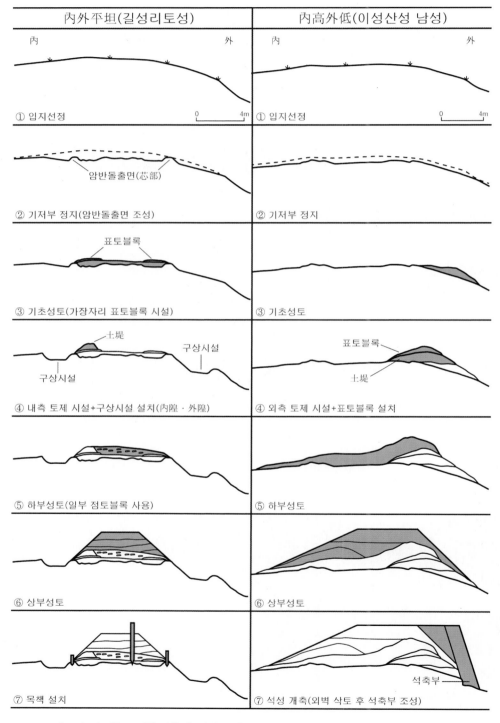

〈도면 8〉 성토토성(A식)의 지형별 축조공정 모식도(이혁희 2013b 도면 20)

성토기법의 평면확장 방식은 180m에 이르는 평·단면조사가 진행된 화성 길성리토성을 통해 살펴볼 수 있다. 각 성토단위는 길이 8~15m의 평면 타원형의 형태를 띠며 낮은 지점에서 높은 지점으로 공정이 이루어짐이 확인되었다. 각 성토 단위별 가장자리를 따라 말발굽 혹은 도넛형태의 토제와 표토블록, 석렬 등이 시설되었다. 성토단위의 경계는 사선의 구획선이 확인되어, 후속단위가 선행단위에 기대는 형태여서 마치 다수의 봉토분이 연접한 모습과 유사하다(도면 6).

한편 토성벽의 상부 혹은 가장자리에 목책을 시설하는 사례가 있다. 백제의 목책은 서울 몽촌토성의 발굴조사를 통해 잘 알려져 있다. 그런데 목책 확인이 확인된 3개의 지점 중 1개소에 대한 재조사 결과, 목책이 아니라 판축구조물의 목주로 재검토되었다.[15] 분명한 목책의 흔적은 화성 길성리토성, 안성 도기동토성, 충주 탄금대토성에서 확인할 수 있다(도면 6·8). 일종의 '城柵', '木柵城'인 셈이다. 화성 길성리토성과 충주 탄금대토성의 목책은 초축성벽의 완공 이후 일정기간이 지난 뒤 설치된 것으로 확인되었다. 최초에는 토성 축조가 목적이었다가 증축과 보수를 거듭하는 과정에서 목책을 부가한 셈이다. 반면 최근 보고된 안성 도기동산성은 추정둘레 2km에 달하는데, 전 구간에 걸쳐 토루+목책의 결합상이 확인된다.[16] 이와 같이 토루에 조합된 상부의 목책을 『三國史記』의 축성기사에 등장하는 '柵'과 접목함으로써 '목책성'으로 분류한 견해가 있어 주목된다.[17]

2) 판축기법(B식)

판축은 기둥과 판재를 결구한 사각의 거푸집을 짜고(版), 그 안을 다지는 것(築)을 말한다. 주로 중심토루를 구축한 뒤 내·외측으로 외피토루(護城坡)를 덧붙이는 방식이 일반적이나, 외피토루를 덧붙이지 않는 경우도 존재하므로 일반화할 수 없다는 지적도 있다.[18]

발표자는 백제의 토성에서 확인되는 판축기법을 2가지로 구분하여 이해하고 있다(B1식, B2식).

---

[15] 한성백제박물관, 『夢村土城 II』, 2016b.

[16] 김진영, 「안성 도기동산성의 발굴성과와 성벽구조에 대한 소고」, 『高句麗渤海研究』 第58輯, 고구려발해학회, 2017.

[17] 심광주, 앞의 논문, 2018.

[18] 안성현, 앞의 논문, 2016.

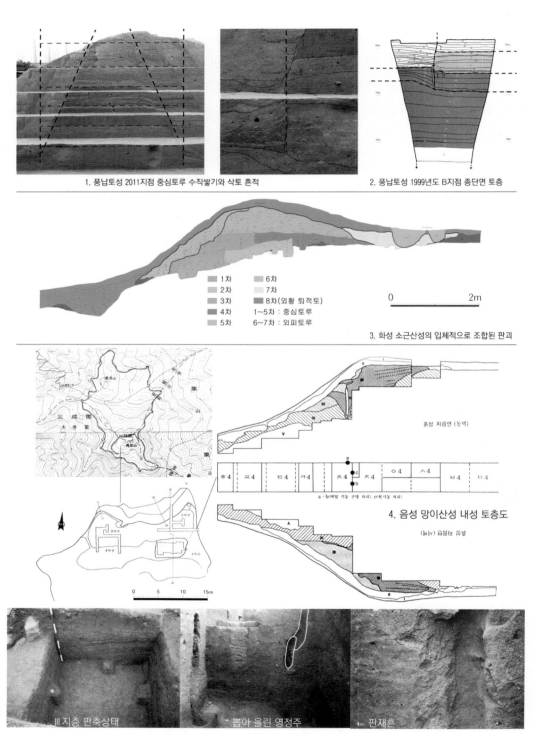

1. 풍납토성 2011지점 중심토루 수직쌓기와 삭토 흔적

2. 풍납토성 1999년도 B지점 종단면 토층

1차 6차
2차 7차
3차 8차(외황 퇴적토)
4차 1~5차 : 중심토루
5차 6~7차 : 외피토루

0　　　　2m

3. 화성 소근산성의 입체적으로 조합된 판괴

흥성 자름면 (농벽)

a·b(벽렬 기둥 구멍 자리), 연헏기둥 자리)

4. 음성 망이산성 내성 토층도

흥성 자름면 (원벽)

0　5　10　15cm

Ⅲ지층 판축상태 　 뽑아 올린 영정주 　 판재흔

〈도면 9〉 판축기법 B1식의 설정 근거－판축구조물의 이동(이혁희 2016 도면 5)

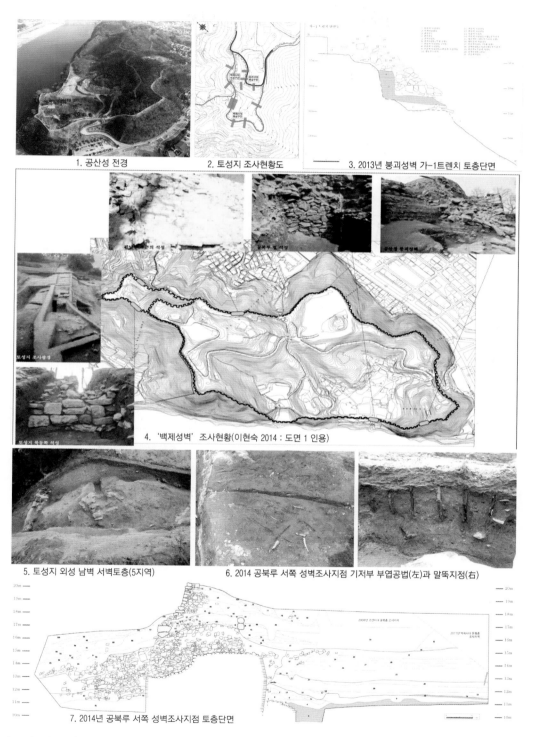

1. 공산성 전경

2. 토성지 조사현황도

3. 2013년 붕괴성벽 가-1트렌치 토층단면

4. '백제성벽' 조사현황(이현숙 2014 : 도면 1 인용)

5. 토성지 외성 남벽 서벽토층(5지역)

6. 2014 공북루 서쪽 성벽조사지점 기저부 부엽공법(左)과 말뚝지정(右)

7. 2014년 공북루 서쪽 성벽조사지점 토층단면

〈도면 10〉판축기법 B1식의 사례-공주 공산성(公州市·公州大學校博物館 2016; 이혁희 2016 도면 13)

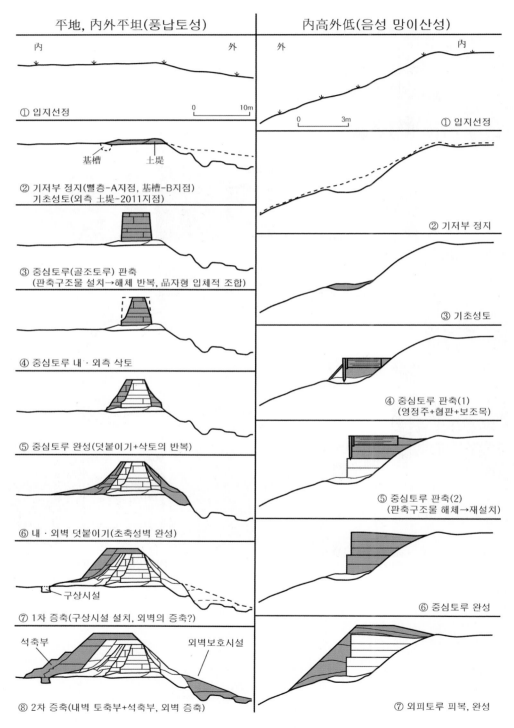

〈도면 11〉 판축기법 B1식의 지형별 축조공정 모식도(이혁희 2013b 도면 21 수정)

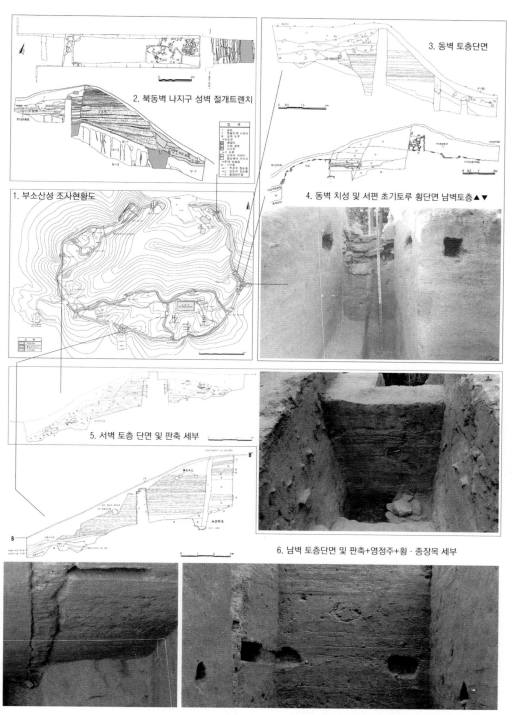

〈도면 12〉 판축기법 B2식의 사례 - 부여 부소산성
(부여문화재연구소 1995; 국립부여문화재연구소 1997, 1999a · b, 2000, 2003; 이혁희 2016 도면 16)

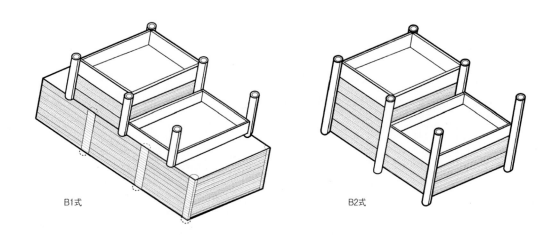

B1式　　　　　　　　　　　　　　　　　B2式

1. 版築構造物 復原 模式圖(이혁희 2013b 그림 18 修訂)

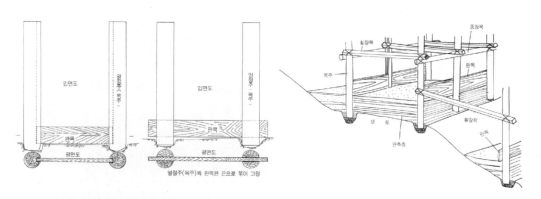

2. 扶餘 扶蘇山城 版築構造物 復原案(金容民 1997 도면 16 · 17)

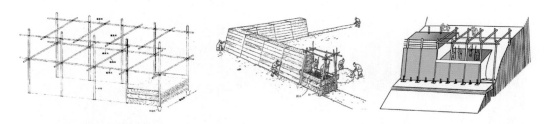

3. 韓 · 中 · 日의 版築技法 復原案
(a : 扶餘 扶蘇山城-崔孟植의 案, b : 中國 江西城-楊鴻勳의 案, c : 日本 豊前 御所ヶ谷 神籠石)

〈도면 13〉 판축구조물 복원 모식도 및 각종 韓 · 中 · 日의 각종 판축기법 모식도(李奕熙 2018 圖 17)

B1식은 일종의 해체식으로, 일정 높이에 따라 판축구조물의 설치→해체→재설치를 반복하는 방식이다(도면 9~11, 13). B1식 가장 뚜렷한 증거는 판축구조물을 위해 설치한 기둥이 엇갈려 확인되거나, 토성벽의 중간높이 혹은 상부에 걸쳐있듯 확인되는 것이다. 교차된 목주와 이에 맞물린 판축층을 살펴보면 한 단위의 높이는 대개 50~100cm 정도 이다. 목주의 위치가 다양한 점은 선행공정의 목주를 뽑아 올리거나, 후행공정의 판축 구조물을 설치하는 과정에서 생겨난 흔적으로 추정된다. 주목할 포인트는 판축구조물 에 의한 사각의 육면체 덩어리(版塊)가 수직 또는 순차적으로 이어지기보다는, '品'자형 에 가깝게 입체적으로 맞물려있다는 점이다(도면 9 · 13). 따라서 판축구조물의 목주가 하부로부터 첨단까지 고정된 상태로 2~10m 이상 다져올라가는 것이 아니라, 일정한 높 이만 쌓은 후 해체와 재설치를 반복하였던 것임을 알 수 있다.

B1식에 사례로는 서울 풍납토성, 서울 몽촌토성 북서벽 목책 재설치구간, 화성 소근 산성, 음성 망이산성 내성, 고양 멱절산토성, 청주 정북동토성, 증평 추성산성 북성, 완 주 배매산성 등 한성기 토성을 비롯해 공주 옥녀봉성, 부여 사비나성 동나성 일부구간 에서도 확인되어 사비기까지 지속된다.

한편 서울 풍납토성 중심토루(골조토루)에서 확인되는 수직 판축 후 가장자리 삭토에 대해서는 그 원인이 불분명하여 축조공정의 복원에 맞은 의문을 갖게 한다. 그 원인에 대해 2가지의 가능성을 제시한 바 있다.[19] 첫째, 판축 공정에서 달구질을 꼼꼼하게 하 여도 가장자리의 다짐정도는 비교적 약할 것이라는 추정이다. 둘째, 중심토루에 덧댈 후속 판괴의 하중을 중심으로 향하도록 한 결과물이라는 추정이다. 이 중 발표자는 후 자의 입장에 무게를 두고 있다(도면 9 · 11).

B2식은 일종의 고정식으로, 목주(永定柱)를 고정시킨 채 판축구조물을 하부에서 첨단 까지 쌓아 올리는 방식이다(도면 12 · 13). 이는 기존 선학에 의해 제시된 각종 판축 복 원안과 맞아 떨어지는 것이다. 현재까지 초축시기가 가장 이른 사례로는 한성기 말로 비정되는 진안 와정토성이다.[20] 이후 사비기에 들어 매우 발전된 형태로 나타나는데, 영정주와 판재흔적을 비롯해 횡장목과 종장목의 사용 흔적이 뚜렷하다. 이는 부여 부소 산성의 조사 성과에서 비롯된 것으로서, 동 · 서 · 남 · 북벽 모두 일관되게 확인되었다.

[19] 이혁희, 앞의 논문, 2016.
[20] 李奕熙, 앞의 논문, 2014.

부여 부소산성은 기저부 정지 공정에서 2조의 구상유구(성벽심)를 굴착한 뒤 여기에 영정주를 비롯한 판축구조물을 조립한 사례이기도 하다(도면 12).

B2식의 평면확장 방식은 방형의 판괴가 성벽 진행 방향을 따라 순차적으로 확장한다. 부여 부소산성을 통해 추정할 수 있으며, 기단석렬판축토성의 평·단면조사를 통해 잘 알려진 것이기도 하다.

3. 공정의 마무리와 증축 및 보수

토성 축조의 가장 마지막 공정은 피복 마감이다. 한반도 기후의 특징인 뚜렷한 사계절과 많은 강수량은 세굴을 야기한다. 이를 방지하기 위해서는 피복이 반드시 필요하다. 그러나 후대 유실과 침식으로 인해 양호하게 잔존하는 경우는 거의 없다. 분명한 피복의 사례는 서울 풍납토성의 외벽에서 확인된 벽면보호시설(점토+강돌)뿐이다(도면 14-1). 토성벽의 첨단에는 여장과 같은 시설을 부가하였을 것으로 추정된다. 여장의 재료로 무엇이 사용되었는지 추측하기 어렵지만 호서문화유산연구원(2015)이 조사한 청주 우암산성 내성 제3곽에서 석축여장으로 추정되는 구조물이 발견되어 참고할 수 있다(도면 14-2).

토성은 방어력 보강, 내부시설 이용 변화, 지속적인 유실 등으로 인하여 초축 이후 증축, 개축, 수축, 보수가 이루어진다. 이는 토성뿐만 아니라, 석축성곽에서도 흔히 목격할 수 있다. 성곽의 특성 상 사용주체가 자주 바뀔 수 있으며 장기간 사용하기도 한다. 따라서 증축, 개축, 수축, 보수는 꾸준한 유지관리의 산물인 셈이다. 증축과 개축은 토성벽의 외연확장이자 근본적인 변화라면, 수축과 보수는 국지적인 수리, 보수, 보강을 의미한다. 이러한 흔적을 백제 토성에서 다양하게 확인할 수 있다.

증축은 성벽의 폭과 높이가 확장하는 것으로, 기존의 황을 메우고 새로운 황을 굴착하여 확장하거나, 登城施設의 역할을 하는 내측 석축부를 설치하는 모습이 주로 확인된다. 서울 풍납토성, 서울 몽촌토성, 충주 탄금대토성, 당진 성산리산성, 공주 공산성 등이 그 예이다. 특히 서울 풍납토성의 증축에 대해서는 유적이 갖는 중요도, 백제 한성기 토기편년, 한성기 왕성 정비과정 문제 등과 맞물려 다양한 논의가 이루어지고 있다. 크게 긍정론과 부정론으로 구분할 수 있으며, 긍정론의 입장에 있어서도 다양한 해석이

1. 피복의 사례 - 풍납토성 외측 벽면보호시설(국립문화재연구소 2014)

2. 상부 여장의 사례 - 청주 우암산성 내성 제3곽 상부의 석축여장(호서문화유산연구원 2015)

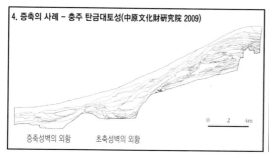

3. 증축과 보수의 사례 - 풍납토성 동성벽 태양열주택부지(국립문화재연구소 2017)

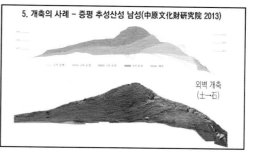

4. 증축의 사례 - 충주 탄금대토성(中原文化財研究院 2009)

5. 개축의 사례 - 증평 추성산성 남성(中原文化財研究院 2013)

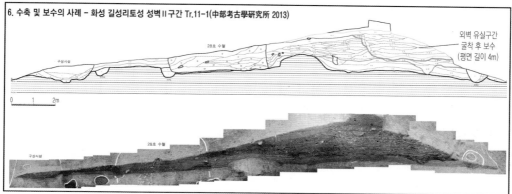

6. 수축 및 보수의 사례 - 화성 길성리토성 성벽Ⅱ구간 Tr.11-1(中部考古學研究所 2013)

〈도면 14〉 공정의 마감과 증축·개축·수축 및 보수의 사례 존재한다. 발표자는 서울 풍납토성의 증축에 대한 기존 견해를 수정하여,[21] 내벽은 2차 례, 외벽은 최소 1차례 이상의 증축이 이루어졌던 것으로 파악하고 있다(도면 14-3 · 4).

개축은 토성을 석성으로, 석성을 토성으로 변화시키는 경우인데, 분명한 전자의 사례 가 증평 추성산성 남성 서벽과 청주 부모산성 제1보루에서 확인되었다. 반면 논쟁의 대 상으로는 부여 사비나성이 꼽힌다(도면 2). 부여 사비나성은 토축부와 석축부가 대부분 의 조사지점에서 함께 확인된다. 외측 하단으로 석축 돌출부가 토축부와 맞물리거나, 선행공정에서 마련된 토축부를 L자형으로 굴착한 뒤 면석과 일부의 뒷채움을 부가한 방식으로 구분할 수 있다. 이렇듯 토축부와 석축부의 동시 축조 사례와 단절적인 양상 이 함께 확인됨에 따라, '土石混築', '石築附加', '土築+石築 동시', '土芯石築工法' 등의 다 양한 해석을 낳았다.[22]

수축 및 보수의 양상은 주로 외측에서 이루어지며, 외벽을 계단상, 또는 호상으로 삭 토한 뒤 성토한 흔적을 통해 추정할 수 있다. 서울 풍납토성, 고양 멱절산토성, 화성 길 성리토성, 화성 소근산성, 부여 사비나성 등에서 확인되었다(도면 14-3 · 6).

지금까지 살펴본 백제 토성의 축조기술에서 확인되는 공정별 특징을 정리하면 〈표 1〉 과 같다.

Ⅲ. 함안 가야리유적 토성의 축조기술

1. 입지와 규모, 그리고 경관

함안 가야리유적(傳 아라가야 왕궁지)은 경상남도 함안군 가야읍 가야리 289번지 일 원에 위치하며, 해발 약 25~45m의 낮은 독립구릉에 위치한다. 구릉은 큰가야동을 병풍 처럼 둘러싼 형태이며 정상부를 따라 성벽이 축조된 것으로 추정되는데, 입지 조건으로 보자면 평산성으로 분류할 수 있다.

---

21) 이혁희, 「백제 한성기 도성지역의 토지활용과 경관의 변화-마한 백제국에서 고구려 점령기까지-」, 『韓國考古學報』 111, 韓國考古學會, 2019.

22) 忠南大學校百濟研究所, 『泗沘都城』, 2003; 朴泰祐, 앞의 논문, 2007; 심광주, 앞의 논문, 2013; 심상 육 · 이명호 · 김태익 · 김선옥, 앞의 논문, 2014.

〈표 1〉 백제 토성 축조기술의 분류와 공정별 특징(李奕熙 2018a 表 1 수정)

	성토기법(A식)	판축기법(B식)				
		B1식				B2식
지형	능선부, 완경사	저습지	평지	능선부, 완경사, 급경사		능선부, 완경사
기저부 정지	요철면, 암반돌출면 계단상 정지	수평상 정지 기조 굴착	외측 굴착 중앙 평탄화	(내)외측 굴착, 암반돌출면 요철면, 계단상 정지	'성벽심' 요철면	계단상 정지 '성벽심'(부소산성)
기초 성토	토제, 표토블록 수평상 성토 사방향 성토 짧은 석렬(길성리토성)	뻘층성토 치환공법 부엽공법 말뚝지정 수평상 성토	토제 수평상 성토	토제, 점토블록, 표토블록 수평상 성토(능선부) 사방향 성토(완·급경사) 토+석 돌출부(공산성) 석축 돌출부(나성 급경사) 짧은 석렬(백석동토성)		토제, 사방향 성토, 표토블록(와정토성) 부소산성의 능선부 일부는 수평상 성토
체성 축조	내·외→중심(내향적) 수평상 성토 사방향 성토, 토제 점토블록, 말뚝지정	중심→내·외(외향적), 급경사 지형은 경사면 하단부터 판축 판축구조물 설치→해체→재설치의 반복, 판괴의 입체적 조합 외피토루 부가, 가장자리 삭토→덧붙이기의 반복(서울 풍납토성)				중심→내·외(외향적) 고정된 영정주 판축 외피토루 부가
평면 확장	평면 타원형 성토단위의 연접	사각 육면체의 판괴를 품자형으로 쌓기, 입체적 확장				사각 육면체의 판괴를 순차적 확장
증축 및 보수	내·외 증축(탄금대) 내측 증축(길, 추) 내측 석축부(탄, 추) 상부 목책(길, 탄) 석성 개축(추)	내외 증축(서울 풍납토성) 내측 석축(서울 풍납토성) 내측 증축(공주 공산성)		내·외 증축(부모산성 제1보루, 공주 공산성) 석성으로 개축 여부 논쟁(부여 사비나성)		석성으로 개축 여부 논쟁(부여 부소산성)
	외측 보수(길성리토성)	외측 보수(서울 풍납토성)		외측 보수(멱절산토성, 소근산성, 사비나성)		·
해당 유적	화성 길성리토성 이천 효양산성 증평 추성산성 남성 충주 탄금대토성 (서울 삼성동토성?, 안성 도기동산성?)	서울 풍납토성 청주 정북동토성 공주 공산성(평지, 저습지) 부여 사비나성(평지, 저습지) (홍성 신금성?)		서울 몽촌토성 고양 멱절산토성 음성 망이산성 내성 천안 동성산성 증평 추성산성 북성 세종 나성동토성 청주 부모산성 및 보루군 완주 배매산성 공주 공산성(사면부) 천안 백석동토성 부여 사비나성 북나성 부여 사비나성 동나성	화성 소근산성 영암 성틀봉토성	진안 와정토성 부여 부소산성
역연대	5세기 이전의 기술	3세기 후반부터 지속				5세기 후엽부터 지속

가야리유적 토성의 규모는 『咸州識』에 근거하면 514.4m(1,606尺)으로 산출할 수 있다.[23] 그러나 토성이 자리한 독립구릉과 더불어, 가야동 190-9번지 일대에서 확인된 주혈군의 존재를 고려하면,[24] 그 규모가 훨씬 클 것임을 추정할 수 있다.

이러한 가야리유적 토성의 입지 및 규모와 비교할 수 있는 백제 토성으로는 서울 몽촌토성, 화성 길성리토성, 이천 효양산성, 공주 공산성 등이 있다. 모두 길이 1,500m 이상의 중·대형급인 점이 참고된다. 평산성은 주로 넓은 가용면적 확보와 주변 저지대에 대한 가시권 확보를 목적으로 하는 것이 일반적이다. 가야리유적 토성의 입지와 추정 규모 또한 역시 같은 맥락에서 이해할 수 있다.

한편 가야리유적 토성의 주변 경관을 살펴보는데 있어 가야리 제방의 존재는 중요한 의미를 갖는다. 가야리 제방은 가야리유적 토성의 동쪽에서 분기하는 가지능선과 남문외고분군 일대의 구릉을 연결하여 축조하였다. 가야리 제방에 대한 기능에 대해서는 가야리 일대를 동쪽의 범람으로부터 보호하는 차수용 제방으로 보고 있다.[25] 이를 중심으로 內地와 外地를 구분하는 경계의 의미로도 작용할 수 있으며, 제방의 축조를 통해 토지이용 조건이 개선될 평탄지를 개발하려는 의도를 엿볼 수 있다(도면 15·16).

이상을 정리하면 독립구릉의 지형을 최대한 활용하여 대형의 평산성을 축조하였고, 그 주변은 지형 여건을 극복하기 위한 토목공사(가야리 제방)를 실시함으로써 가야리유적 토성의 인근지역을 개발 및 정비하는 모습이 그려진다. 주변의 구릉지에는 대형 고분군이 조영되어 신성한 공간으로서 관리되었을 것이며, 보다 바깥으로는 남쪽으로 자연해자 역할을 하는 신음천이, 북쪽으로 고지대에 외곽 방어시설인 함안 봉성산성이 존재하는 복합적인 구조의 경관을 추정할 수 있다(도면 15·16).

---

23) 이춘선, 「함안 아라가야 추정 왕궁지 발굴조사 성과」, 『2018 가야문화유산 최신조사성과』, 국립나주문화재연구소·국립가야문화재연구소, 2018, 53쪽.

24) 우리문화재연구원, 『함안 가야읍 가야리 190-9번지 근린주택조성부지내 문화재 시굴조사 약보고서』, 2014.

25) 우리문화재연구원, 『咸安 伽倻里 堤防遺蹟』, 2010; 우리문화재연구원, 『咸安 伽倻里 堤防遺蹟2』, 2013.

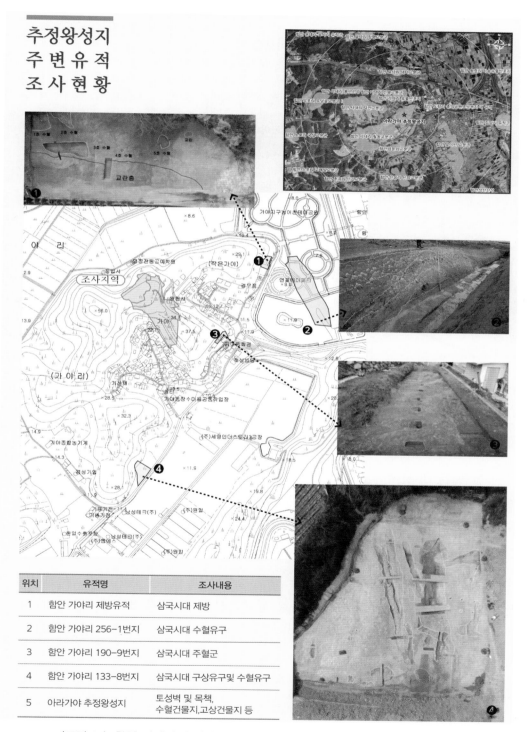

위치	유적명	조사내용
1	함안 가야리 제방유적	삼국시대 제방
2	함안 가야리 256-1번지	삼국시대 수혈유구
3	함안 가야리 190-9번지	삼국시대 주혈군
4	함안 가야리 133-8번지	삼국시대 구상유구및 수혈유구
5	아라가야 추정왕성지	토성벽 및 목책, 수혈건물지,고상건물지 등

〈도면 15〉 함안 가야리 유적과 주변유적 현황(국립가야문화재연구소 2018b)

〈도면 16〉 함안 아라가야 왕성지 일대의 경관(우리문화재연구원 2013 원색사진2 수정 후 인용)

2. 축조기술

여기에서는 전 장에서 소개한 백제 토성의 축조공정인 '입지선정→기저부 조성→체성 축조→피복 마감'을 함안 가야리토성에 대입하여 비교·검토하겠다. 또한 증축 및 보수의 가능성 여부도 살펴보도록 하겠다.

조사단에 따르면,[26] 함안 가야리토성의 축조공정은 1단계 기반암 삭토, 2단계 기저부 정지 및 성토, 3단계 중심토루 조성을 위한 영정주 및 목조구조물 설치, 4단계 내벽부 평탄면 조성, 5단계 중심토루 상단 목책 설치의 5단계를 거쳐 초축성벽이 완성된 것이라 한다. 다음으로 2차례의 수축흔적이 외벽을 중심으로 확인된 것으로 판단하였다(도면 17·18).

26) 국립가야문화재연구소, 『함안 아라가야 추정왕성지 발굴조사 자료집』, 2018; 국립가야문화재연구소, 『사적 제554호 함안 가야리유적 아라가야 추정 왕궁지 발굴조사 자료집』, 2019; 이춘선, 앞의 논문, 2018.

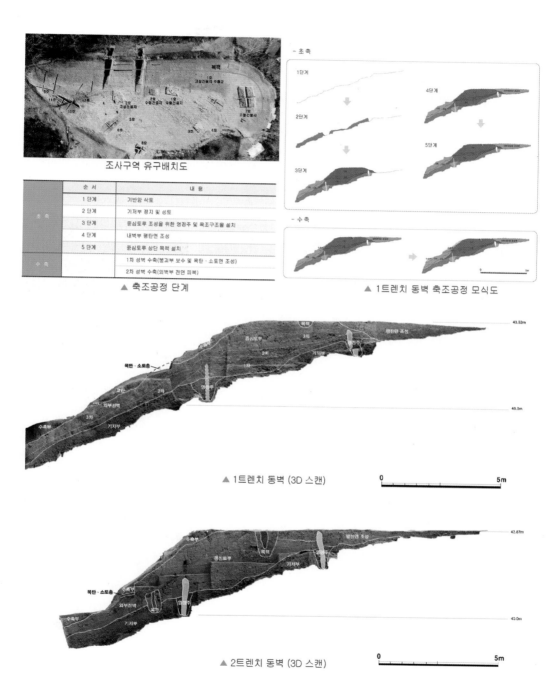

조사구역 유구배치도

순 서		내 용
초 축	1 단계	기반암 삭토
	2 단계	기저부 정지 및 성토
	3 단계	중심토루 조성을 위한 영정주 및 목조구조물 설치
	4 단계	내벽부 평탄면 조성
	5 단계	중심토루 상단 목책 설치
수 축		1차 성벽 수축(붕괴부 보수 및 목탄·소토면 조성)
		2차 성벽 수축(외벽부 전면 피복)

▲ 축조공정 단계

▲ 1트렌치 동벽 축조공정 모식도

▲ 1트렌치 동벽 (3D 스캔)

▲ 2트렌치 동벽 (3D 스캔)

〈도면 17〉 함안 가야리토성의 축조공정(국립가야문화재연구소 2019)

▲ 횡장목 노출모습

▲ 횡장목 모식도   달구질 흔적(직경 8~12cm) ▶

▲ 목책 평면 모습   ▲ 목책 단면 모습

〈도면 18〉 함안 가야리토성의 축조관련 세부기술과 상부 목책(국립가야문화재연구소 2019)

1) 입지선정과 기저부 조성

함안 가야리토성에서 성벽이 확인된 지점은 북벽에 해당하며 외측으로 급경사를 이루는 지형이다. 외측을 중심으로 완만한 계단상의 삭토를 반복하였다. 급경사의 조건을 극복하고 구조물을 안정적으로 유지하기 위해서는 필수적인 조치이다. 급경사면을 계단상 또는 L자형으로 정지하는 방식은 산성과 평산성 입지의 백제 토성에서 일반적으로 확인할 수 있다.

기저부 정지에 이어 기초성토가 이루어진다. 함안 가야리토성의 경우 조사단이 '기저부 조성'으로 표현한 공정에 해당한다. 1단계에 진행된 기반암 삭토면을 따라 성토하여 기저부를 조성하였다. 삭토과정에서 생겨난 기반암 쇄석(회자색암반덩어리)과 암갈색 사질점토를 이용하여 사면을 따라 성토하였다.

2) 체성 축조

다음으로 체성 축조 공정으로 3단계와 4단계에 해당한다. 기저부 조성 후 성벽의 중심토루 조성구간을 구획하여, 토루 내외부에 6m 간격의 일정한 선을 따라 기반암과 기초성토층을 단면 'U'자형으로 굴착하였다. 그 내부에 60~80cm, 160~180cm의 목주(추정 영정주)를 세워 중심토루를 조성하였다. 1트렌치 동벽토층을 살펴보면, 성벽의 내측의 목주는 어긋나 있는 형태이다. 목주의 설치에 앞서 중심토루의 내외측으로 단면 'U'자형으로 굴착한 부분은 평면조사에서 도랑(溝)의 형태로 확인되었다. 이는 화성 소근산성, 부여 부소산성, 영암 성틀봉토성 등의 일부 백제토성에서도 확인된 바 있다. 함안 가야리토성은 '기저부 정지→기초성토→도랑 굴착→목주 설치'의 공정을 거치는데 반해, 백제 토성에서는 '기저부 정지→도랑 굴착→목주 설치'의 공정이 확인되는 점에서 차이점을 지적할 수 있겠다.

조사단은 중심토루와 외부성벽[27]이 3차에 걸쳐 조성된 것으로 판단하였다.

1차 성토는 영정주를 기준으로 중심토루와 외부성벽을 구분하여 축조하였다. 외부 영

[27] 함안 가야리토성의 중심토루 외측에서 확인되는 사방향의 성토부에 대해서는 필자의 경우 외피토루 또는 호성파(護城坡)라는 용어를 사용하고 있다. 그런데 함안 가야리토성의 외부성벽은 일반적인 판축토성의 외피토루와는 차이가 있어 보이며, 조사단 또한 이 점을 고려하여 외부성벽이라는 용어를 사용한 것으로 생각된다. 본고에서는 조사단의 용어를 사용하였음을 밝혀둔다.

정주 바깥으로 토제를 만들고 그 안쪽으로 중심토루를 쌓았다. 중심토루는 토질이 다른 점토를 수평으로 겹겹이 다져 성토한 흔적이 뚜렷하며, 약 다섯 차례에 걸쳐 외부 보강토를 덧대어 가며 순차적으로 중심토루 외측에 설치된 목주의 상면 높이까지 수평 성토하였다.

2차 성토는 1차 성토부의 일부를 삭토하고 성벽 보강을 위한 외부성벽을 쌓았다. 2차 성토 시의 외부성벽과 중심토루가 만나는 지점에는 작은 토제를 만들고, 토제에 붙여서 중심토루를 성토하였다.

3차 성토는 2차 성토와 유사한 공정으로 성토가 이루어졌다. 외부성벽과 중심토루가 만나는 지점에 큰 규모의 토제(잔존너비 약 80cm, 잔존 높이 약 80cm)를 조성하여 보강하였다. 한편 3차 성토부의 윗부분에서 확인되는 적갈색점질토층에서 직경 약 8~12cm의 달구질 흔적이 확인되어 주목된다.

중심토루와 외부성벽을 포함한 초축성벽의 축조 완료 이후 성벽의 상부를 최대직경 109cm, 최대깊이 114cm로 굴착한 뒤 직경 30cm 내외의 목주를 1.2~1.3m 간격으로 설치함으로써 목책을 조성하였다. 이 목책열은 약 100m 범위로 조사구역 전면에서 확인된 것이다.

한편 중심토루 내부에서는 성벽의 진행방향과 직교하여 횡장목이 확인된다. 횡장목은 중심토루 상부에서 약 60~70cm 지점에서 확인된다. 직경 10~15cm 내외의 원형이고, 내측 영정주에서 시작하여 외벽 쪽으로 4.8m 정도 뻗어 있는 모습이 평면상에서 노출되었다. 횡장목은 약 60~80cm의 등간격으로 8개가 좁은 범위에서 확인되었다.

필자가 함안 가야리토성의 체성 축조공정에서 주목하고자 하는 것은 세부 공정마다 확인되는 목주이다. 현장에서 실견한 결과, 중심토루와 외부성벽의 중간 중간에도 걸쳐 있는 모습이었다. 중요한 점은 목주의 잔존깊이가 세부공정 단위의 높이와 맞물려 있으며, 여기에 연결되는 각 성토단위는 수평상으로 치밀하게 쌓여있다는 것이다. 체성 축조층에서 관찰할 수 있는 목주는 상부의 목책과는 차이가 크므로 다른 성격이었을 가능성이 높다. 조사단은 '토사가 밀리지 않도록 고정해 주는 역할' 즉 '지정말뚝'과 같은 의미로 바라보는 듯하다. 물론 이 가능성을 완전히 배제할 수 없으나, 목책열을 제외한 목주 전체에 적용하기에는 삼국시대의 토성은 물론 후대의 토성에서 확인되는 지정말뚝과는 위치나 기능이 상이한 점도 고려되어야 할 것이다.

무엇보다 체성 축조공정에서 확인되는 '수평상의 토층선과 단위마다 확인되는 목주'라는 요소는 일정한 높이에 따라 판축구조물(거푸집)의 설치→해체→재설치를 반복한 B1식의 백제 토성과 유사성이 높음을 지적하고자 한다. 특히 급경사면을 계단상으로 정지하고 판축구조물의 설치와 해체를 반복하면서 일종의 內托式 城壁을 조성해나가는 방식은 서울 몽촌토성, 음성 망이산성, 청주 부모산성 제1보루, 공주 공산성, 공주 옥녀봉성, 부여 사비나성 등 다수의 B1식 토성에서 관찰할 수 있다. 목주와 조합된 수평상의 치밀한 성토층은 단순성토 행위만으로 나타나기 어려운 결과이기도 하다. 따라서 함안 가야리토성의 성벽은 성토다짐에 의한 것이기보다는 판축에 의한 결과물이 아닐까 추정해본다.

이 같은 추정은 평면조사를 통해 검증이 가능하다. 판축구조물의 적극적인 증거인 협판흔이 목주와 결구된 위치에서 나타난다면 가장 확실할 것이다. 이외에도 성토단위의 평면형태가 근거로 작용할 수 있다. 非판축기법 즉 성토기법(A식)으로 축조된 토성은 성토단위가 타원형 계열인 반면, 판축토성의 성토단위는 방형이거나 직선 위주이다. 또한 목주와 목주 사이를 잇는 평면의 선이 드러난다면 판축의 근거로 제시할 수 있다. 이러한 현상이 복잡하고 입체적으로 겹쳐 있는 것(B1식)과 사각의 방형단위가 순차적으로 연속되는 것(B2식)으로 구분이 가능하다. 향후 이 같은 의문을 명쾌하게 해결될 평·단면조사가 이루어지기를 기대한다.

3) 공정의 마무리와 증축 및 수축

한편 기초성토층에서 목탄층과 소토층이 관찰되는 예는 백제 한성기를 중심으로 다수의 사례가 있다(도면 3·4). 최근 신라의 토성(경주 월성, 경주 교동 도당산토성, 강릉 강문동토성)과 가야의 토성(김해 봉황토성, 합천 성산산성)에서도 자료가 증가함에 따라 삼국시대의 보편적인 기술로 판단할 수 있다. 주로 기저부의 외측을 중심으로 확인되기 때문에 구조물의 하중이 집중되는 구간에 대한 보강기술이었음을 알 수 있다. 토층단면에서 관찰되는 특징은 '上소토－下목탄' 상태가 일반적이며, 분말상태의 흙을 펴다지거나, 혼합하는 일반적인 성토층과는 달리 덩어리 형태로 확인되는 경우가 많으므로 표토블록으로 판단할 수 있다.[28] 함안 가야리토성에서 확인된 목탄층 또한 '上소토－下목탄'이기 때문에 동일한 범주에서 이해할 수 있다.

함안 가야리토성의 축조공정은 목책의 설치를 통해 마무리된다. 외견 상 木柵土城, 木柵城, 城柵 등의 형태가 된다. 성벽 상부에는 2열의 목주열이 확인되는데, 성벽 내측의 목주열과 외측의 목주열로 구분할 수 있다. 우선 성벽 내측의 1열은 주혈과 목주의 크기가 돋보인다. 기존에 보고된 목책유적의 사례와도 잘 부합하므로 목책의 중심주혈로 판단할 수 있다. 성벽 외측의 목책열은 성벽 내측의 목책열과 나란히 진행하고 있는데, 성벽 내측의 목책열에 비해 현저하게 작은 규모이다. 성벽 외측의 유실과 삭평에 의하여 하부만 잔존한 상황일 수도 있으며, 목책이 아닌 다른 용도의 목주일 가능성도 있다. 후자의 가능성을 구체화하면, 1열의 목책을 보조하는 보조기둥이거나 체성 축조에 사용된 판축구조물의 목주가 잔존하였을 가능성이 있다.

백제의 목책 가운데 함안 가야리토성의 목책과 가장 유사한 사례는 화성 길성리토성을 들 수 있다(도면 9). 목책을 조성하기 위해 굴착한 수혈의 규모, 목주의 두께 및 길이가 상당부분 유사하다. 화성 길성리토성의 경우 1열의 목책이며, 기존 목책의 노후에 따른 재설치의 흔적도 관찰되었다. 이외에도 안성 도기동산성, 충주 탄금대토성, 청주 석화리산성에서도 목책이 확인되었으며, 모두 1열의 목책이 확인된 점이 공통된다.[29]

한편 목책의 시설시점과 관련하여 '정지면 조성층'의 성벽 외측 구간에서 확인된 수직선 또는 사선의 토층선을 재차 언급할 필요가 있다. 이 토층선을 굴착에 의한 절개흔적으로 바라보는 시각에서는 수축흔 또는 보수흔으로 해석할 수 있다. 이 경우 목탄층보다 상부의 성토층은 모두 초축성벽의 조성층이 아니게 되며, 성벽의 수직·수평적인 확장이 대대적으로 이루어진 증축의 수준으로 해석할 수 있다. 자연스럽게 목책의 시설은 이보다 늦은 시점이 된다. 즉 '초축→증축(목탄층 포함)→목책 설치'의 변화가 상정된다. 함안 가야리토성의 시간 폭과 연결하면 역동적인 변화를 추정해 볼 수 있을 것이다. 따라서 조사단이 '정지면 조성층'으로 판단한 층군 가운데 외측 토층의 층서에 대해서는 면밀하게 검토할 필요가 있다. 또한 '정지면 조성층'의 전체적인 양상이 파악되기 위해서는 현 조사지점보다 외측으로 확장조사도 필요할 것이다. 이는 성벽의 전체적인 규모 파악과도 연동하는 것이므로 적극적으로 검토되길 바란다.

---

28) 도면 4를 통해 인용된 백제 토성의 표토블록 사례와 일본 고분시대의 표토블록 제작 모식도를 통해, '上소토－下목탄'의 덩어리형태가 어떻게 제작되었는지를 추정할 수 있다.
29) 김진영, 앞의 논문, 2017; 심광주, 앞의 논문, 2018.

Ⅳ. 맺음말

이상으로 함안 가야리토성의 구조와 그 의미를 파악하기 위해 백제 토성과의 비교·검토를 시도하였다. 함안 가야리토성이 현재 조사가 진행 중이기 때문에 현재까지 공개된 자료를 토대로 축조기술을 이해하고자 하였으며, 일부 해석에 대해서는 이견 내지는 의문을 제기해보았다. 이상의 논의를 요약하면서 마무리하고자 한다.

우선 백제 토성의 주요 특징을 공정별로 나열하였다. 현재까지 조사된 백제 토성은 삼국 가운데 가장 많은 숫자이다. 백제 토성이 자리한 입지와 지형을 비롯해 한성-웅진-사비기에 걸치는 다양한 토성을 축조공정이라는 공통적인 틀에서 정리하였다.

다음으로 함안 가야리토성에 대해서도 공정별 특징을 살펴보았다. 그 결과 함안 가야리토성은 평산성이며, 주변에 제방을 비롯한 적극적인 개발을 통하여 지형여건을 극복하고 복합적인 구조의 도성을 갖추고자 노력하였던 것으로 보인다. 토성으로 시야를 좁히면, 급경사에 자리하였기 때문에 계단상 삭토가 실시된 점, 기초성토의 마무리로 목탄층과 소토층이 확인되는 점, 치밀한 다짐을 통해 체성을 축조한 점, 목책을 설치한 점 등 각 요소별로 백제 토성의 사례를 제시하며 유사점을 지적하였다.

함안 가야리유적의 조사는 현재 시작단계이며 조사구역도 일부에 해당하므로 현재의 조사내용을 통해 단정적인 이해는 곤란할 것이다. 그러나 대형의 토축성곽과 그 위상을 짐작케 하는 내부의 유구는 아라가야 왕성의 유력 후보지임을 웅변한다. 토성이 자리한 독립구릉을 비롯해, 가야리 제방, 제방의 내지에 대한 적극적인 개발을 통하여 복합적인 공간구조를 갖춘 중심지(都城 또는 王都)를 형성하였던 것으로 보인다. 이러한 대규모 토목사업은 아라가야가 갖춘 역량과 성숙도를 잘 보여주는 물적 증거이다. 향후 지속될 연차발굴조사를 통하여 아라가야의 진면모가 더욱 선명해지길 기대한다.

【참고문헌】

〈논문〉

高龍圭, 「韓國南部地域 版築土城의 研究」, 『古文化』 58, 한국대학박물관협회, 2001.

국립가야문화재연구소, 『함안 아라가야 추정왕성지 발굴조사 자료집』, 2018.

국립가야문화재연구소, 『사적 제554호 함안 가야리유적 아라가야 추정 왕궁지 발굴조사 자료집』, 2019.

권오영, 「오산천~황구지천 유역의 마한·백제 유적과 그 의미」, 『오산천·황구지천 유역 발굴조사의 최신 성과와 마한·백제』, (재)중앙문화재연구원·한신대학교박물관 공동학술대회 자료집, 2012a.

권오영, 「고대 성토구조물의 재료에 대한 재인식」, 『백제와 주변세계』, 성주탁 교수 추모논총 간행위원회, 2012b.

金容民, 「扶蘇山城의 城壁築造技法 및 變遷에 대한 考察」, 『韓國上古史學報』 26, 韓國上古史學會, 1997.

김진만, 「함안 성산산성 축조기법의 토목공학적 연구」, 『함안 성산산성 고대환경복원연구 결과보고서』, 국립가야문화재연구소, 2012.

김진영, 「안성 도기동산성의 발굴성과와 성벽구조에 대한 소고」, 『高句麗渤海研究』 第58輯, 고구려발해학회, 2017.

金虎俊, 「美湖川 中上流의 百濟土城 現況과 特徵」, 『百濟學報』 10, 百濟學會, 2013.

羅東旭, 「慶南地域의 土城研究-基壇石築型 版築土城을 中心으로-」, 『博物館研究論集』 5, 釜山廣域市立博物館, 1996.

朴淳發, 「益山 王宮里 遺蹟 宮墻과 神籠石 山城의 起源」, 『百濟研究』 52, 忠南大學校 百濟研究所, 2010.

박순발, 「한반도 城의 출현과 전개-백제를 중심으로-」, 『김해 봉황동유적과 고대 동아시아-가야 왕성을 탐구하다-』, 제24회 가야사 국제학술회의, 인제대학교 가야문화연구소, 2018.

朴重均, 「忠北地域 百濟 初期 山城의 類型」, 『韓國城郭學報』 26, 韓國城郭學會, 2014.

박중균, 「한성백제 성곽유적의 최근 발굴성과와 과제」, 『서울지역 고중세 성곽유적에 대한 주요 조사연구 성과와 과제』, 제60회 전국역사학대회 고고학부 발표자료집, 전국역사학대회협의회, 2017.

朴重均, 「정북동토성의 성벽 축조기법과 축조시기 검토」, 『百濟學報』 27, 百濟學會, 2019.

朴泰祐, 「百濟 泗沘羅城 構造에 대한 檢討」, 『湖西考古學』 16, 湖西考古學會, 2007.

成周鐸, 「百濟都城築造의 發達過程에 대한 硏究」, 『百濟硏究』 19, 忠南大學校 百濟硏究所, 1988.

孫在賢, 「韓國 古代 盛土構造物에서 土塊의 사용과 그 의미」, 한신대학교 대학원 석사학위논문, 2015.

申熙權, 「風納土城의 축조기법과 그 성격에 대하여」, 『風納土城의 發掘과 그 成果』, 한밭대학교 개교 제74주년기념 학술발표대회 논문집, 한밭大學校 鄕土文化硏究所, 2001.

申熙權, 「中韓 古代 築城方法 比較 檢討－西山城址와 風納土城의 비교를 중심으로－」, 『湖西考古學』 18, 湖西考古學會, 2008.

신희권, 「삼국시대 토축 구조물의 부엽법(敷葉法) 연구」, 『白山學報』 第98號, 白山學會, 2014.

심광주, 「중부 내륙지역 고대산성의 성격과 특성」, 『한반도 중부내륙 옛 산성군 UNESCO 세계문화유산등재대상 선정 학술대회 발표집』, 한국성곽학회, 2007.

심광주, 「청주 부모산성의 축조 방법」, 『청주 부모산성의 종합적 고찰』, 2013 충북대학교박물관 학술대회, 2013.

심광주, 「임진강 유역 삼국의 성곽과 관방체계」, 『임진강 유역, 분단과 평화의 고고학』, 2018 경기문화재연구원·중부고고학회 학술대회, 2018.

심규훈, 「백제성곽의 축조기법 연구」, 공주대학교대학원 석사학위논문, 2016.

심상육·이명호·김태익·김선옥, 「부여나성 동나성 2문지 발굴조사의 의의」, 『百濟文化』 51, 공주대학교 백제문화연구소, 2014.

沈正輔, 「風納土城의 築造技法과 性格에 대한 考察」, 『文物硏究』 7, 동아시아문물연구학술재단, 2003.

안성현, 「남한지역 토성벽에 잔존하는 석축부에 대한 연구」, 『야외고고학』 25, 한국매장문화재협회, 2016.

안성현, 「경기도 지역 성곽유산 연구 현황과 보존·정비 방향」, 『성곽유산의 연구성과와 보존정비 방향』, 2018 남한산성 학술심포지엄, 경기도·경기도남한산성 세계유산센터, 2018.

우리문화재연구원, 『咸安 伽倻里 堤防遺蹟』, 2010.

우리문화재연구원, 『咸安 伽倻里 堤防遺蹟2』, 2013.

우리문화재연구원, 『함안 가야읍 가야리 190-9번지 근린주택조성부지내 문화재 시굴조사 약보고서』, 2014.

尹武炳, 「扶蘇山城 城壁調査」, 『韓國考古學報』 13輯, 韓國考古學會, 1982.

이성준·김명진·나혜림, 「풍납토성 축조연대의 고고과학적 연구－2011년 동성벽 조사결과를 중심으로－」, 『韓國考古學報』 88, 韓國考古學會, 2013.

이춘선, 「함안 아라가야 추정 왕궁지 발굴조사 성과」, 『2018 가야문화유산 최신조사성과』, 국립나주문화재연구소·국립가야문화재연구소, 2018.

李奕熙, 「漢城百濟期 土城의 築造技法」, 한신대학교대학원 석사학위논문, 2013a.

이혁희, 「한성백제기 토성의 축조기법과 그 의미」, 『한국고고학보』 89, 한국고고학회, 2013b.

李奕熙, 「鎭安 臥亭土城의 構造와 性格 再檢討」, 『湖西考古學』 31, 호서고고학회, 2014.

이혁희, 「백제 토성 축조기법의 특징과 변천」, 『유리건판으로 보는 백제의 성곽』, 국립중앙박물
      관, 2016.

이혁희, 「홍성 신금성의 구조와 성격 재검토」, 『야외고고학』 30, 한국매장문화재협회, 2017.

李奕熙, 「百濟土城의 築造技術 檢討」, 『水利·土木考古學의 現況과 課題Ⅱ』, 우리문화재연구원,
      2018.

이혁희, 「백제 한성기 도성지역의 토지활용과 경관의 변화 - 마한 백제국에서 고구려 점령기까지 - 」,
      『韓國考古學報』 111, 韓國考古學會, 2019.

이홍종, 「한성 백제기 도성권의 지형경관」, 『고고학』 14-1호, 중부고고학회, 2015.

車勇杰, 「百濟의 築城技法 - 版築土壘의 調査를 중심으로 - 」, 『百濟研究』 19, 忠南大學校 百濟研
      究所, 1988.

崔種圭, 「風納土城의 축조기법」, 『風納土城 500년 백제왕도의 비젼과 과제』, 풍납토성 발굴 10주
      년 기념 제16회 문화재연구 국제학술대회 발표요지, 국립문화재연구소, 2007.

한병길, 「충청지역 백제토성의 축조양상」, 『先史와 古代』 19, 韓國古代學會, 2003.

小山田宏一, 「天然材料を用いた土構造物の補講と保護」, 『狹山池博物館研究報告』 6, 大阪府立狹
      山池博物館, 2009.

〈보고서(도면 1 분포도의 출전)〉

1. 경기도박물관, 『고양 멱절산유적』, 2005.
    중앙문화재연구원, 『고양 멱절산유적(1차)』, 2014.

2. 국립문화재연구소, 『風納土城Ⅱ』, 2001.
    국립문화재연구소, 『風納土城ⅠⅥ』, 2014.
    국립문화재연구소, 『風納土城ⅩⅧ』, 2017.

3. 夢村土城發掘調査團, 『整備·復元을 위한 夢村土城發掘調査報告書』, 1984.
    夢村土城發掘調査團, 『夢村土城 發掘調査報告』, 1985.
    한성백제박물관, 『夢村土城Ⅰ』, 2016a.
    한성백제박물관, 『夢村土城Ⅱ』, 2016b.

4. 한성백제박물관, 『三成洞土城』, 2018.

5. 湖巖美術館, 『利川 孝養山遺蹟 발굴조사 보고서』, 1995.

6. 한신大學校博物館, 『華城 吉城里土城Ⅰ』, 2010.

　　忠北大學校博物館, 『華城 吉城里土城Ⅱ-화성 향남읍 요리 270-8번지 및 270-4번지내 유적조
　　　　사-』, 2011.

　　中部考古學研究所, 『華城 吉城里土城』, 2013.

7. 경기도박물관, 『소근산성』, 2012.

8. 기남문화재연구원, 『安城 道基洞山城』, 2018.

　　한양문화재연구원, 『안성 도기동산성 정밀발굴조사 약식보고서』, 2019.

9. 단국대학교 중앙박물관, 『望夷山城 發掘 報告書(1)』, 1996.

10. 忠淸文化財研究院, 『唐津 城山里遺蹟(3-1地點)』, 2014.

　　금강문화유산연구원, 『당진 성산리 산성』, 2019.

11. 中原文化財研究院, 『충주 탄금대토성Ⅰ』, 2009.

12. 公州大學校博物館, 『天安 白石洞土城』, 2009.

13. 嘉耕考古學研究所, 『天安 銅城山城 試掘調査』, 2016.

14. 中原文化財研究院, 『曾坪 二城山城Ⅰ-南城 南水門址-』, 2011a.

　　中原文化財研究院, 『曾坪 二城山城Ⅱ-南城 北東門址-』, 2011b.

　　中原文化財研究院, 『曾坪 二城山城Ⅲ-南城 1·2·3次 發掘調査 綜合報告書-』, 2013.

　　中原文化財研究院, 『曾坪 杻城山城-4次(北城 1次) 發掘調査 報告書-』, 2014.

　　中原文化財研究院, 『曾坪 杻城山城-5次(北城 2次) 發掘調査 報告書-』, 2016.

　　中原文化財研究院, 『曾坪 杻城山城-6次(南城 4次) 發掘調査 報告書-』, 2017.

　　충청북도문화재연구원, 『증평 추성산성-7차 발굴조사 보고서-』, 2019.

15. 덕난문화유산연구원, 「청주 석화리 산23번지 버섯재배사부지 내 유적 발굴조사 자료집」, 2016.

16. 가경고고학연구소, 「충청남도 기념물 제30호 예산산성 문화유적 발굴조사 및 추가 시굴조사
　　　　약식보고서」, 2018.

17. 忠北大學校 中原文化研究所, 『清州 正北洞土城Ⅰ-1997年度 發掘調査 報告書-』, 1999.

　　忠北大學校 中原文化研究所, 『清州 正北洞土城Ⅱ-99年度 發掘調査 報告書-』, 2002.

　　中原文化財研究院, 『청주 정북동토성 화장실 및 관리사 신축부지 발굴조사』, 2011.

　　中原文化財研究院, 『清州 井北洞土城Ⅲ-北門址 發掘調査-』, 2013.

　　忠北大學校博物館, 『청주 정북동토성Ⅳ-해자 터 발굴조사-』, 2018.

18. 충북대학교박물관, 『청주 부모산성Ⅱ-서벽구간 및 집수지, 제1보루, 학천산성-』, 2016.

19. 忠南大學校博物館, 『神衿城』, 1994.

20. 중앙문화재연구원,『燕岐 羅城里遺蹟』, 2015.

21. 공주대학교박물관·공주시,『웅진성 공산성』, 2014.

    公州市·公州大學校博物館,『公山城－城郭 發掘調査－』, 2016.

22. 嘉耕考古學研究所,『공주 옥녀봉성 발굴(시굴)조사 보고서』, 2013.

23. 扶餘文化財研究所,『扶蘇山城－發掘調査 中間報告－』, 1995.

    國立扶餘文化財研究所,『扶蘇山城－發掘調査 中間報告Ⅱ－』, 1997.

    國立扶餘文化財研究所,『扶蘇山城－發掘調査 整備에 따른 緊急發掘調査－』, 1999a.

    國立扶餘文化財研究所,『扶蘇山城－發掘調査 發掘調査 中間報告Ⅲ－』, 1999b.

    國立扶餘文化財研究所,『扶蘇山城－發掘中間報告書Ⅳ－』, 2000.

    國立扶餘文化財研究所,『扶蘇山城－發掘調査報告書Ⅴ－』, 2003.

24. 忠南大學校百濟研究所,『夫餘泗沘羅城』, 2000a.

    忠南大學校百濟研究所,『夫餘泗沘羅城』Ⅱ, 2000b.

    忠南大學校百濟研究所,『夫餘泗沘羅城』Ⅲ, 2002.

    忠南大學校百濟研究所,『泗沘都城』, 2003.

    부여군문화재보존센터,『부여나성－북나성Ⅰ－』, 2013a.

    부여군문화재보존센터,『부여나성－북나성Ⅱ－』, 2013b.

    백제고도문화재단,『부여나성－북나성Ⅲ－』, 2014.

    백제고도문화재단,『부여나성－동나성Ⅰ－능산리사지구간－』, 2015a.

    백제고도문화재단,『부여나성－동나성Ⅱ－동나성 2문지－』, 2015b.

    백제고도문화재단,『부여나성－북나성Ⅳ－』, 2015c.

    백제고도문화재단,『부여나성－북나성Ⅶ－치성벽 내측조사－』, 2017.

    백제고도문화재단,『부여나성－동나성Ⅲ－필서봉 구간－』, 2018a.

    백제고도문화재단,『부여나성－동나성Ⅳ－능산리산구간 치·성벽－』, 2018b.

    백제고도문화재단,『부여나성－북나성 시굴조사－쌍북리 산지구간－』, 2019.

25. 전북대학교박물관,『배매산－완주 봉동읍 배수지 시설부지 내 문화유적 발굴조사 보고서－』,
        2002.

    전라문화유산연구원,『완주 배매산성 비지정 문화재 학술발굴조사』, 2017.

26. 군산대학교박물관,「완주 구억리산성 긴급발굴조사 약보고서」, 2016.

    조선문화유산연구원,「완주 구억리산성 시·발굴조사 약식보고서」, 2018.

27. 全北大學校博物館·群山大學校博物館,『臥亭遺蹟』, 2001.

28. 국립나주문화재연구소,「영암 성틀봉토성 시굴조사」,『영산강유역 고대산성』, 2013.

필자소개

전덕재 | 단국대학교 사학과

남재우 | 창원대학교 사학과

위가야 | 성균관대학교 박물관

정대홍 | 국립경주문화재연구소

김규운 | 강원대학교 사학과

김현희 | 국립제주박물관

이춘선 | 국립가야문화재연구소

심광주 | 토지주택박물관

이관희 | 경남도립거창대학교

이혁희 | 한성백제박물관